高等职业教育理实一体化系列教材·汽车类

发动机原理与汽车理论

主　编：白秀秀　高翠翠
副主编：魏　丽　潘　飞　倪春明
参　编：董　秀

北京理工大学出版社
BEIJING INSTITUTE OF TECHNOLOGY PRESS

内容简介

本教材以"发动机循环与性能指标—发动机的换气过程—发动机的燃烧与排放—发动机的特性"的知识脉络为主线,介绍发动机工作的有关原理;以汽车整车及其部件的受力分析为基础,建立有关的动力学方程,研究汽车的各种使用性能——动力性、燃油经济性、制动性、操纵稳定性、平顺性及通过性。

本教材在每个模块后附有和课程内容相关的拓展知识、模块小结和思考与练习,用于学生的自我学习和检验。相对《汽车构造》《汽车电控技术》等实践性较强的专业核心课教材,《发动机原理与汽车理论》更加侧重对汽车专业理论体系的学习。

版权专有　侵权必究

图书在版编目(CIP)数据

发动机原理与汽车理论/白秀秀,高翠翠主编. —北京:北京理工大学出版社,2020.9(2020.10重印)

ISBN 978-7-5682-9101-9

Ⅰ.①发… Ⅱ.①白… ②高… Ⅲ.①汽车-发动机-理论-高等职业教育-教材 ②汽车-理论-高等职业教育-教材　Ⅳ.①U464.11②U461

中国版本图书馆CIP数据核字(2020)第187060号

出版发行　/　北京理工大学出版社有限责任公司
社　　址　/　北京市海淀区中关村南大街5号
邮　　编　/　100081
电　　话　/　(010)68914775(总编室)
　　　　　　　(010)82562903(教材售后服务热线)
　　　　　　　(010)68948351(其他图书服务热线)
网　　址　/　http://www.bitpress.com.cn
经　　销　/　全国各地新华书店
印　　刷　/　雅迪云印(天津)科技有限公司
开　　本　/　787毫米×1092毫米　1/16
印　　张　/　13　　　　　　　　　　　　　　　　　责任编辑　/　梁铜华
字　　数　/　306千字　　　　　　　　　　　　　　文案编辑　/　梁铜华
版　　次　/　2020年9月第1版　2020年10月第2次印刷　责任校对　/　周瑞红
定　　价　/　49.80元　　　　　　　　　　　　　　责任印制　/　李志强

图书出现印装质量问题,请拨打售后服务热线,本社负责调换

前言

本教材主要面向高职高专对接本科院校的汽车类对口贯通分段培养的学生。对口贯通分段培养是国家为了完善职业教育体系而推出的一种全新培养模式，贯通了高职高专和应用型本科，既注重理论基础，又强调实践应用。本教材结合对口贯通分段培养发展时间短、与培养规格对应的课程教材开发不够的特点进行编写，注重理论和实践的结合，在教材中引入汽车发动机原理和整车使用性能相关的理论、实践及前沿知识，使学生在学习过程中能更好地利用教材，对汽车发动机原理及汽车理论相关知识有更加深入、系统的体会，为本科阶段的学习打下坚实的基础。

本教材可分为发动机原理和汽车理论两大体系内容，建议学时数为 36 学时。模块 1 ~ 模块 4 属于发动机原理的内容，建议学时数为 16 学时，模块 5 ~ 模块 10 属于汽车理论的内容，建议学时数为 20 学时。本教材以"发动机循环与性能指标—发动机的换气过程—发动机的燃烧与排放—发动机的特性"的知识脉络为主线，介绍发动机工作的有关原理；以汽车整车及其部件的受力分析为基础，建立有关的动力学方程，研究汽车的各种使用性能——动力性、燃油经济性、制动性、操纵稳定性、平顺性及通过性。

本教材在每个模块后附有和课程内容相关的拓展知识、模块小结和思考与练习，用于学生的自我学习和检验。相对《汽车构造》《汽车电控技术》等实践性较强的专业核心课教材，《发动机原理与汽车理论》更加侧重对汽车专业理论体系的学习。

本书主编为白秀秀、高翠翠，副主编为魏丽、潘飞、倪春明。其中，模块 1 由高翠翠编写，模块 2、3、4 由魏丽编写，模块 5、6、9 由倪春明编写，模块 7 和模块 10 由潘飞编写，模块 8 由白秀秀编写。本书在编写过程中，深入贯彻落实"深化教育教学改革，提高汽车技术人才培养质量，满足 1 + X 教学及创新型、应用型人才培养目标"的文件精神，参考了大量书籍和资料，在此向其作者表示诚挚的谢意。

由于编者水平有限，书中难免有疏漏和错误之处，恳请专家和读者批评指正。

编　者

目录

模块 1 发动机循环与性能指标 ▶ 001

学习目标 / 001
学习重点 / 001
学习难点 / 001
模块概述 / 001

1.1 发动机理想循环 / 002
    1.1.1 理论循环 / 002
    1.1.2 实际循环 / 005

1.2 发动机的指示指标 / 009
    1.2.1 发动机动力性指示指标 / 009
    1.2.2 发动机经济性指示指标 / 011

1.3 发动机的有效指标 / 011
    1.3.1 发动机动力性有效指标 / 011
    1.3.2 发动机经济性有效指标 / 013
    1.3.3 发动机强化指标 / 013

1.4 发动机的机械损失与机械效率 / 014
    1.4.1 机械效率 η_m / 014
    1.4.2 影响机械损失的因素 / 015

拓展知识 / 017
模块小结 / 018
思考与练习 / 019

模块 2 发动机的换气过程 ▶ 021

学习目标 / 021
学习重点 / 021
学习难点 / 021
模块概述 / 021

2.1 四冲程发动机的换气过程 / 022
    2.1.1 换气过程 / 022
    2.1.2 换气损失 / 024

2.2 换气过程的性能指标 / 027
    2.2.1 充量系数 η_v / 027
    2.2.2 残余废气系数 / 028

　　2.3　影响充量系数的因素 / 028
　　　　2.3.1　进气终了压力 p_{ca} / 029
　　　　2.3.2　进气终了温度 / 029
　　　　2.3.3　转速与配气相位 / 030
　　　　2.3.4　负荷 / 030
　　　　2.3.5　压缩比 / 031
　　　　2.3.6　进气（或大气）状态 / 031
　　2.4　提高充量系数的措施 / 031
　　　　2.4.1　减小进气系统的阻力 / 031
　　　　2.4.2　合理选择配气定时 / 033
　　　　2.4.3　减小排气系统阻力 / 033
　　　　2.4.4　减小对进气的加热 / 033
　　拓展知识 / 033
　　模块小结 / 035
　　思考与练习 / 035

模块3　发动机的燃烧与排放 ▶ 037

学习目标 / 037

学习重点 / 037
学习难点 / 037
模块概述 / 037
3.1　发动机的燃料 / 038
　　3.1.1　燃料的使用特性 / 038
　　3.1.2　燃料热化学 / 041
　　3.1.3　燃烧的基本知识 / 042
3.2　汽油机混合气的形成与燃烧 / 044
　　3.2.1　汽油机混合气的形成 / 044
　　3.2.2　汽油机的燃烧过程及其影响因素 / 047
　　3.2.3　汽油机的燃烧室 / 053
3.3　柴油机混合气的形成与燃烧 / 056
　　3.3.1　柴油机混合气的形成 / 056
　　3.3.2　柴油机的燃烧过程及其影响因素 / 058
　　3.3.3　柴油机的燃烧室 / 062
3.4　发动机排放污染及其控制 / 065
　　3.4.1　汽油机的排放污染 / 065
　　3.4.2　柴油机排放污染 / 068
　　3.4.3　发动机有害排放物的控制 / 069

拓展知识 ／ 073

模块小结 ／ 074

思考与练习 ／ 075

模块 4　发动机的特性 ▶ 077

学习目标 ／ 077

学习重点 ／ 077

学习难点 ／ 077

模块概述 ／ 077

4.1　发动机的工况 ／ 078

4.2　发动机的负荷特性 ／ 079

4.2.1　汽油机的负荷特性 ／ 079

4.2.2　柴油机的负荷特性 ／ 081

4.2.3　汽油机和柴油机负荷特性的对比 ／ 082

4.3　发动机的速度特性 ／ 083

4.3.1　汽油机的速度特性 ／ 083

4.3.2　柴油机的速度特性 ／ 085

4.3.3　转矩特性 ／ 087

4.4　发动机的万有特性 ／ 089

4.4.1　汽油机与柴油机万有特性的比较 ／ 089

4.4.2　万有特性的制取 ／ 090

4.4.3　万有特性的应用 ／ 091

拓展知识 ／ 092

模块小结 ／ 093

思考与练习 ／ 094

模块 5　汽车的动力性 ▶ 095

学习目标 ／ 095

学习重点 ／ 095

学习难点 ／ 095

模块概述 ／ 095

5.1　汽车的动力性指标 ／ 096

5.2　汽车的驱动力与行驶阻力 ／ 097

5.2.1　汽车的驱动力 ／ 097

  5.2.2 汽车的行驶阻力 / 098
  5.2.3 汽车行驶方程式 / 105
 5.3 汽车行驶的附着条件与汽车的附着率 / 105
  5.3.1 汽车行驶的附着条件 / 105
  5.3.2 汽车的附着力与地面法向反作用力 / 106
  5.3.3 附着率 / 107
 拓展知识 / 108
 模块小结 / 110
 思考与练习 / 111

模块 6 汽车的燃油经济性 ▶ 113

 学习目标 / 113
 学习重点 / 113
 学习难点 / 113
 模块概述 / 113
 6.1 汽车燃油经济性的评价指标 / 114
 6.2 影响汽车燃油经济性的主要因素 / 115
  6.2.1 使用方面 / 115
  6.2.2 汽车结构方面 / 116
 6.3 汽车动力性、燃油经济性试验 / 118
  6.3.1 路上试验 / 118
  6.3.2 汽车燃油经济性台架试验 / 121
 拓展知识 / 122
 模块小结 / 123
 思考与练习 / 125

模块 7 汽车的制动性 ▶ 127

 学习目标 / 127
 学习重点 / 127
 学习难点 / 127
 模块概述 / 127
 7.1 汽车制动性的评价指标 / 128
 7.2 制动时车轮的受力 / 129
  7.2.1 地面制动力 / 129
  7.2.2 制动器制动力 / 129
  7.2.3 地面制动力、制动器制动力与附着力之间的关系 / 130

7.2.4 硬路面上的附着系数 / 130
7.3 汽车的制动效能及其恒定性 / 131
7.3.1 制动距离与制动减速度 / 131
7.3.2 制动效能的恒定性 / 133
7.4 制动时汽车的方向稳定性 / 134
7.4.1 汽车的制动跑偏 / 134
7.4.2 制动时后轴侧滑与前轴转向能力的丧失 / 136
7.5 理想的制动性能 / 136
7.5.1 制动力与同步附着系数 / 136
7.5.2 制动防抱死系统（ABS） / 137
7.5.3 驱动防侧滑系统（ASR） / 139
7.6 影响汽车制动性的主要因素 / 139
7.7 汽车制动性的试验 / 140
7.7.1 制动性的台架试验 / 140

7.7.2 制动性的道路试验 / 141
拓展知识 / 142
模块小结 / 143
思考与练习 / 143

模块8 汽车的操纵稳定性 ▶ 145

学习目标 / 145
学习重点 / 145
学习难点 / 145
模块概述 / 145

8.1 汽车操纵稳定性的概述 / 146
8.1.1 汽车操纵稳定性包含的内容 / 146
8.1.2 车辆坐标系与转向盘角阶跃输入下的时域响应 / 147
8.1.3 人–汽车闭路系统 / 149

8.2 轮胎的侧偏特性 / 150
8.2.1 轮胎的坐标系 / 150
8.2.2 轮胎的侧偏现象和侧偏力–侧偏角曲线 / 151
8.2.3 轮胎的结构、工作条件对侧偏特性的影响 / 153
8.2.4 回正力矩——绕 z 轴的力矩 / 156

8.3 线性二自由度汽车模型对前轮转角输入的响应 / 158
    8.3.1 线性二自由度汽车模型的运动微分方程 / 158
    8.3.2 前轮转角阶跃输入下进入的汽车稳态响应——等速圆周行驶 / 160

8.4 汽车的侧翻 / 164
    8.4.1 刚性汽车的准静态侧翻 / 164
    8.4.2 带悬架汽车的准静态侧翻 / 166
    8.4.3 汽车的瞬态侧翻 / 167

8.5 汽车操纵稳定性的路上试验 / 168
    8.5.1 低速行驶转向轻便性试验 / 168
    8.5.2 稳态转向特性试验 / 169
    8.5.3 阶跃试验 / 170
    8.5.4 汽车回正能力试验 / 170
    8.5.5 转向盘角脉冲试验 / 171

拓展知识 / 171
模块小结 / 174
思考与练习 / 174

模块 9　汽车的平顺性　▶ 175

学习目标 / 175
学习重点 / 175
学习难点 / 175
模块概述 / 175

9.1 汽车的行驶平顺性 / 176
9.2 汽车振动系统的简化 / 177
    9.2.1 四轮汽车的简化振动系统 / 177
    9.2.2 单质量系统的自由振动 / 178
9.3 汽车平顺性的主要影响因素 / 179
    9.3.1 悬架结构 / 180
    9.3.2 轮胎 / 180
    9.3.3 悬挂质量 / 181
    9.3.4 非悬挂质量 / 181
9.4 汽车平顺性试验 / 181
    9.4.1 试验目的和任务 / 181
    9.4.2 试验内容和条件 / 181

    9.4.3 试验仪器和试验装置 / 182
    9.4.4 试验方法和过程 / 183
    9.4.5 试验注意事项 / 184
    9.4.6 附录 / 184
  拓展知识 / 184
  模块小结 / 186
  思考与练习 / 186

模块 10　汽车的通过性　▶ 187

学习目标 / 187
学习重点 / 187
学习难点 / 187
模块概述 / 187

10.1 汽车通过性的评价指标及几何参数 / 188
  10.1.1 汽车通过性的评价指标 / 188
  10.1.2 汽车通过性的几何参数 / 189
10.2 影响通过性的主要因素 / 190
拓展知识 / 192
模块小结 / 192
思考与练习 / 193

　194

模块 1

发动机循环与性能指标

📘 学习目标

1. 掌握发动机性能指标体系；
2. 掌握发动机指标体系的意义和数学表达式；
3. 了解四冲程发动机实际循环与理想循环的差异；
4. 掌握影响机械损失的因素。

📙 学习重点

1. 发动机指示指标；
2. 发动机有效指标；
3. 机械效率。

📘 学习难点

1. 平均有效压力；
2. 发动机机械效率的测定方法。

📗 模块概述

发动机的性能指标很多，主要有动力性能指标（功率、压力和转速等）、经济性能指标（燃油消耗率和热效率）、运转性能指标（冷起动性能、噪声和排气品质）及耐久可靠性指标等。发动机的质量主要通过以上性能指标进行评定，但在评定时要把各种性能指标有机地结合起来。本章主要阐述发动机的理论循环和实际循环、发动机的指示指标和有效指标，并通过对它们的分析，从中找出影响发动机性能的主要因素等。

1.1 发动机理想循环

发动机的工作循环是指在气缸内进行的每一次将燃料燃烧的热能转换为机械能的一系列连续过程。由于发动机实际循环的所有热力过程都是非常复杂的，为便于分析，根据实际工作过程所表现的特征将其简化。用理论循环代替复杂的实际循环，进行理论分析和计算，可以用较简单的公式说明影响发动机性能的某些重要因素，从而指明提高发动机动力性和经济性的方向。最简单的理论循环为空气标准循环，其简化的假设条件如下：

(1) 假设工质为理想气体，循环过程中物理和化学性质不变，其比热容为定值。
(2) 假设工质的质量不变，不考虑进、排气过程，并忽略漏气影响。
(3) 假设工质的压缩和膨胀均是绝热过程，工质与外界不存在热量交换。
(4) 假设工质燃烧为定压或定容加热过程，排气为定容放热过程。
(5) 假设循环过程为可逆循环，且不考虑实际循环中存在的各种能量损失。

1.1.1 理论循环

一、理论循环种类

根据对燃烧过程即加热方式的不同假设，可以得到发动机三种基本理论循环，分别是定容加热循环和定压加热循环、混合加热循环。

1. 定容加热循环（图1.1）

循环加入气缸中的热量是在定容情况下加入的。定容加热循环的热效率随压缩比和指数的增大而增大，平均压力随压缩始点压力等的增大而增大。

2. 定压加热循环（图1.2）

低速柴油发动机和空气喷射式柴油发动机的工作过程均近似于定压加热循环。它与定容加热循环的不同之处在于其加热过程是在定压条件下进行的。受燃烧最高压力的限制，大部分燃料在上止点后压力基本一定的情况下燃烧。

3. 混合加热循环（图1.3）

循环加入气缸中的热量分为两部分：一部分是在定容情况下加入；另一部分是在等压情况下加入。混合加热循环的燃烧过程基本上由定容燃烧和定压燃烧两个阶段组成。

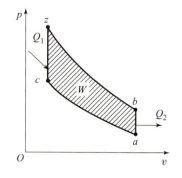

图 1.1 定容加热循环

$a→c$ 绝热压缩；$c→z$ 定容加热；
$z→b$ 绝热膨胀；$b→a$ 定容放热

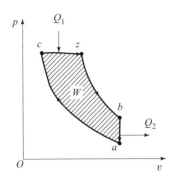

图 1.2 定压加热循环
$a \to c$ 绝热压缩；$c \to z$ 定压加热；
$z \to b$ 绝热膨胀；$b \to a$ 定容放热

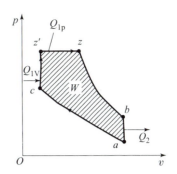

图 1.3 混合加热循环
$a \to c$ 绝热压缩；$c \to z'$ 定容加热；
$z' \to z$ 定压加热；$z \to b$ 绝热膨胀；$b \to a$ 定容放热

习惯上的处理方式为：汽油机混合气燃烧迅速，近似为定容加热循环；高增压和低速大型柴油机由于受燃烧最高压力的限制，大部分燃料在上止点以后燃烧，燃烧时气缸压力变化不显著，所以近似为定压加热循环；高速柴油机介于两者之间，其燃烧过程视为定容、定压加热的组合，近似为混合加热循环。

对混合加热循环及其两个极端情况（即定容加热循环和定压加热循环）进行对比分析，有利于准确、全面地理解理论循环及其影响因素的物理实质，因此，发动机的理论循环分析传统上就是指这三种循环的对比分析。

二、评定指标

评定理论循环采用循环热效率 η_t 和循环平均压力 p_t。

1. 循环热效率——评定循环的经济性

$$\eta_t = \frac{W}{Q_1} = \frac{Q_1 - Q_2}{Q_1} = 1 - \frac{Q_2}{Q_1} \tag{1-1}$$

式中 W——循环所做的功（J）；
Q_1——循环加热量（J）；
Q_2——循环放出的热量（J）。

混合加热循环热效率为：

$$\eta_{tm} = 1 - \frac{1}{\varepsilon_c^{k-1}} \cdot \frac{\lambda_p \rho_0^k - 1}{(\lambda_p - 1) + k\lambda_p(\rho_0 - 1)}$$

式中 ε_c——压缩比，$\varepsilon_c = V_a/V_c = (V_s + V_c)/V_c = 1 + V_s/V_c$，其中 V_a 为气缸总容积，V_c 为气缸压缩容积，V_s 为气缸工作容积；
λ_p——压力升高比，$\lambda_p = p_z/p_c$；
ρ_0——初始膨胀比，$\rho_0 = V_z/V_z'$；
k——等熵指数。

定容加热循环（$\rho_0 = 1$）热效率为：

$$\eta_{tv} = 1 - \frac{1}{\varepsilon_c^{k-1}} \tag{1-2}$$

定压加热循环（$\lambda_p = 1$）热效率为：

$$\eta_{tp} = 1 - \frac{1}{\varepsilon_c^{k-1}} \cdot \frac{\rho_0^k - 1}{k(\rho_0 - 1)} \qquad (1-3)$$

由上述公式可见，影响 η_t 的因素如下所述。

1) 压缩比 ε_c

随着压缩比的增大，三种循环的 η_t 都提高，因为提高了 ε_c，所以可以提高循环平均吸热温度、降低循环平均放热温度、扩大循环温差、增大膨胀比，如图 1.4 所示。图 1.5 所示为定容加热循环热效率随压缩比变化的情况，在 ε_c 较低时，随着 ε_c 的提高，η_t 增长得很快；在 ε_c 较大时，若再增加 ε_c，则 η_t 变化不大。

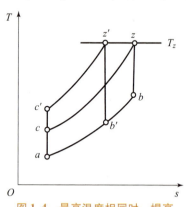

图 1.4 最高温度相同时，提高压缩比 ε_c 对循环的影响

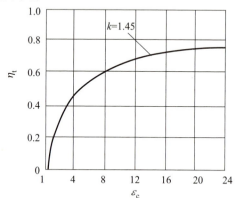

图 1.5 定容加热循环热效率 η_t 与压缩比 ε_c 的关系

2) 等熵指数 k

等熵指数 k 对 η_t 的影响如图 1.6 所示，随 k 值增大，η_t 将提高。k 值取决于工质的性质，双原子气体 $k=1.4$，多原子气体 $k=1.33$。

3) 压力升高比 λ_p

在混合加热循环中，当循环总加热量 Q_1 和 ε_c 不变时，λ_p 增大，则 ρ_0 减小，即平均膨胀比 $V_b/[(V_z - V_z')/2]$ 增加，图 1.7 中从 $z-b$ 变到 $z'-b'$，相应的 Q_2 减少，η_t 提高。

4) 初始膨胀比 ρ_0

在定压加热循环中，随着加热量 Q_1 的增加，ρ_0 值加大，若 ε_c 保持不变，由式 (1-3) 可知，

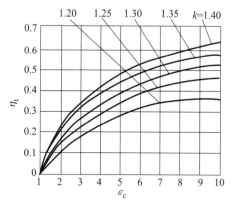

图 1.6 η_t 与 k、ε_c 的关系

因平均膨胀比减小，放出的热量 Q_2 增加，η_t 下降，在混合加热循环中，当循环总加热量 Q_1 和 ε_c 保持不变时，ρ_0 值增大，这意味着定压加热部分增大（图 1.7）；同样，η_t 下降。

2. 循环平均压力——评定循环的做功能力

p_t（kPa）是单位气缸容积所做的循环功，用来评定循环的做功能力，其计算公式为：

$$p_t = \frac{W}{V_s}$$

式中 W——循环所做的功（J）；

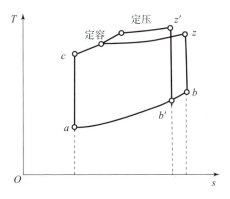

图 1.7 λ_p、ρ_0 对 η_t、p_t 的影响

V_s——气缸的工作容积（L）。

混合加热循环的平均压力为：

$$p_{tm} = \frac{\varepsilon_c^k}{\varepsilon_c - 1} \cdot \frac{p_{de}}{k - 1} \cdot [(\lambda_p - 1) + k\lambda_p(\rho_0 - 1)] \cdot \eta_t$$

式中 p_{de}——进气终点的压力（kPa）。

定容加热循环的平均压力为：

$$p_{tV} = \frac{\varepsilon_c^k}{\varepsilon_c - 1} \cdot \frac{p_{de}}{k - 1} \cdot (\lambda_p - 1) \cdot \eta_t$$

定压加热循环的平均压力为：

$$p_{tp} = \frac{\varepsilon_c^k}{\varepsilon_c - 1} \cdot \frac{p_{de}}{k - 1} \cdot k(\rho_0 - 1) \cdot \eta_t$$

可见，p_t 随进气终点压力 p_{de}、压缩比 ε_c、压力升高比 λ_p、初始膨胀比 ρ_0、等熵指数 k 和循环热效率 η_t 的增加而增加。

在混合加热循环中，如果循环加热量 Q_1 不变，增加 ρ_0 即减少 λ_p，定压加热部分增加，而定容加热部分减少，η_t 下降，因而 p_t 也降低。

理论上，能够提高发动机理论循环热效率和平均压力的措施往往受到发动机实际工作条件的限制。

1.1.2 实际循环

与理论循环相比，实际循环存在各种损失。

（1）理论循环的工质是空气，比热设为定值，而实际循环的工质是空气、燃料和燃烧产物，其比热随温度上升而增大。

（2）为了使循环重复进行而更换工质所消耗的功，称为换气损失。

（3）由于燃料燃烧需要一定时间，所以喷油或点火在上止点前开始，且燃烧还延续到膨胀过程形成非瞬时燃烧损失和补燃损失。

（4）气缸壁散热使压缩、膨胀线均脱离理论循环的绝热压缩、膨胀线，从而引起传热损失。

为获得正确反映气缸内部实际情况的试验数据，通常利用不同形式的示功器或发动机数据采集系统来观察或记录相对于在不同活塞位置或曲轴转角时气缸内工质压力的变化,所得的结果即为 $p-V$ 示功图或 $p-\phi$ 示功图。

发动机的工作过程就是实际循环不断重复进行的过程,发动机实际循环是由进气、压缩、燃烧、膨胀和排气五个过程组成的,较之理论循环复杂得多,图 1.8 所示为非增压四冲程发动机实际循环示功图,$rr'a$ 为进气过程、$ab''c'c$ 为压缩过程、$c'cz$ 燃烧过程、$zb'b$ 为膨胀过程、$b'bb''r$ 为排气过程。

$p-V$ 图中曲线所包围的面积表示工质完成一个实际循环所做的有用功,该图称为示功图($p-\varphi$ 图称为展开示功图)。由示功图可以观察到发动机工作循环的不同阶段(压缩、燃烧、膨胀)以及进气、排气行程中的压力变化,所以示功图是研究发动机工作过程的一个重要依据。

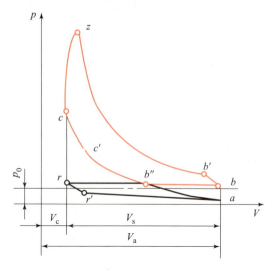

图 1.8　非增压四冲程发动机实际循环示功图

一、进气过程

进气过程如图 1.9 所示($rr'a$ 线)。

为了使发动机连续运转,必须不断吸入新鲜工质。此时进气门开启,排气门关闭,活塞由上止点向下止点移动,上一循环留在气缸中的残余废气膨胀,新鲜工质被吸入气缸。

由于进气系统的阻力,进气终点压力 p_a 一般小于大气压力 p_0 或增压压力 p_K,压力差 $p_0 - p_a$ 或 $p_K - p_a$ 用来克服进气系统阻力,因为气流受到发动机高温零件及残余废气的加热,进气终点的温度 T_a 也总是高于大气温度 T_0 或增压器出口温度 T_K。

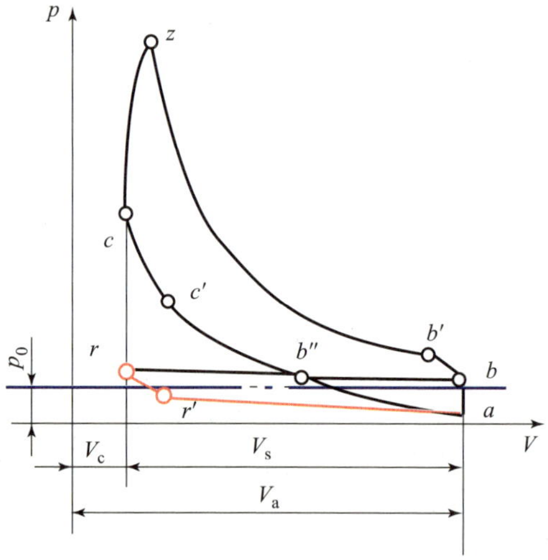

图 1.9　四冲程发动机的工作过程

二、压缩过程

压缩过程如图 1.9 所示($ac'c$ 线)。

发动机进行压缩过程时,进、排气门均关闭,活塞由下止点向上止点移动,缸内工质受到压缩,温度、压力不断上升,工质受压缩的程度用压缩比 ε_c 表示。

压缩比 ε_c 是发动机的一个重要结构参数。在汽油机中,为了提高热效率,希望增加压缩比,但受到汽油机不正常燃烧的限制,压缩比 ε_c 不能过大。

在柴油机中,为保证喷入气缸的燃料能及时自燃以及在冷起动时可靠着火,必须使压缩终点有足够高的温度,因此要求有较高的压缩比。

ε_c 的大致范围见表 1.1。

表1.1　ε_c 的大致范围

发动机类型	ε_c	发动机类型	ε_c	发动机类型	ε_c
汽油机	7~11	柴油机	14~22	增压柴油机	12~15

在使用中，对压缩过程而言，应主要注意气缸的密封。如果密封不良，压缩终点的工质、温度、压力就会下降，从而造成起动困难、功率减小。因此，在实际工作中，常以实测的压缩压力来检查发动机的技术状况。一旦发现压缩压力降低，就要查明原因，及时检修。

三、燃烧过程

燃烧过程如图1.9所示（cz 线）。

发动机在进行压缩过程时，进、排气门均关闭，活塞处在上止点前后。

由于燃料燃烧不是瞬时完成的，因此，在汽油机的燃烧过程中，汽油与空气形成的可燃混合气是在上止点前由电火花点火而燃烧（图1.9中的 c' 点），火焰迅速传播到整个燃烧室，工质的压力、温度剧烈上升，整个燃烧过程接近于定容加热。

燃烧过程中，柴油机应在上止点前就开始喷油，如图1.10（a）中的 c'，柴油微粒迅速蒸发与空气混合，并借助于气缸中被压缩的具有很高内能空气的热量而自燃。开始时，燃烧速度很快，而气缸容积变化很小，所以工质的压力、温度剧增，接近于定容加热，如图1.10（a）中的 $c-z'$ 段；接着一面喷油，一面燃烧，燃烧速度缓慢下来，且随着活塞向下止点移动，气缸容积增大，所以气缸压力升高不大，而温度继续上升，该过程接近于定压加热，如图1.10（a）中 $z'-z$ 段。

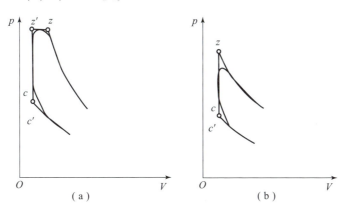

图1.10　发动机实际循环的燃烧过程
（a）柴油机；（b）汽油机

燃烧的最高爆发压力及最高温度的大致范围见表1.2。

表1.2　p_{max} 和 T_{max} 的大致范围

发动机类型	p_{max}/MPa	T_{max}/K	发动机类型	p_{max}/MPa	T_{max}/K
汽油机	3.0~6.5	2 200~2 800	增压柴油机	9.0~13.0	
柴油机	4.5~9.0	1 800~2 200			

可见，柴油机因压缩比高，燃烧的最高爆发压力 p_{max} 很高，但因相对于汽油机的空气量大（即柴油机的过量空气系数 ϕ_a 相对于汽油机大），所以最高燃烧温度 T_{max} 值反而比汽油机低。

四、膨胀过程

膨胀过程如图 1.9 所示（zb' 线）。

发动机在进行膨胀过程时，进、排气门均关闭，高温、高压的工质推动活塞，由上止点向下止点移动而膨胀做功，气体的压力、温度迅速降低。

膨胀过程也是一个多变过程，在膨胀过程初期，由于补燃，工质被加热，到某一瞬时，对工质的加热量与工质向缸壁等的散热量相等，此后，工质向缸壁散热，因此膨胀过程是非绝热过程，有散热损失、漏气损失、补燃和高温热分解的现象。

膨胀终点压力 p_{ex}（kPa）、温度 T_{ex}（K）的大致范围见表 1.3。

表 1.3 p_{ex} 和 T_{ex} 的大致范围

发动机类型	p_{ex}/MPa	T_{ex}/K	发动机类型	p_{ex}/MPa	T_{ex}/K
汽油机	0.3~0.6	1 200~1 500	柴油机	0.2~0.5	1 000~1 200

五、排气过程

排气过程如图 1.9 所示（$b'br$ 线）。

当膨胀过程接近终了时，排气门打开，废气开始靠自身压力自由排气。当膨胀过程结束时，活塞移动由下止点返回上止点，将气缸内的废气排出。排气终了，压力 p_r 高于大气压 p_0，压力差 $p_r - p_0$ 克服排气系统阻力。

排气温度是检查发动机工作状况的一个参数，排气温度低，说明燃料在燃烧后，转变为有用功的热量多，工作过程进行得好。如果发现排气温度偏高，则应立即查明原因。

排气终了的压力 p_r（MPa）、T_r 温度（K）的大致范围见表 1.4。

表 1.4 p_r 和 T_r 的大致范围

发动机类型	p_r	发动机类型	T_r
汽油机和柴油机	$(1.05~1.2)p_0$	汽油机	900~1 100
废气涡轮增压柴油机	$(0.75~1.0)p_K$	柴油机	700~900

实际循环由上述五个过程组成，在图 1.8 所示的示功图中，闭合曲线 $czb'bb''c'c$ 所包围的面积 A_i 代表工质对活塞所做的功，其是正功。曲线 $rb''ar'r$ 所包围的面积 A_i' 称为泵气损失，对于非增压发动机是负功；对于增压发动机，由于进气压力高于排气压力，故是正功，$A_i \pm A_i'$ 为实际循环有用功。

1.2 发动机的指示指标

发动机的指标可以分为指示指标和有效指标。指示指标以工质对活塞做功为基础,用于评定实际循环的好坏。其具体可以用指示功、平均指示压力、指示功率、指示燃油消耗率和指示热效率来评定。

1.2.1 发动机动力性指示指标

发动机动力性指示指标可以用指示功、平均指示压力和指示功率来评定。

一、指示功和平均指示压力

指示功是指在气缸内完成一个工作循环所得到的有用功 W_i,指示功的大小可以由 $p-V$ 图中闭合曲线所占有的面积求得,图 1.11 所示为四冲程非增压和增压发动机以及二冲程发动机的示功图。

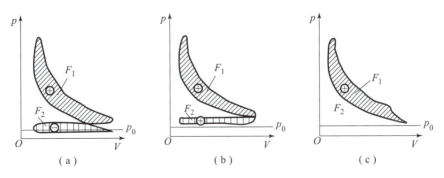

图 1.11 发动机的 $p-V$ 图
(a) 四冲程非增压发动机;(b) 四冲程增压发动机;(c) 二冲程发动机

图 1.11 (a) 中,四冲程非增压发动机的指示功面积 F_i 是由相当于压缩、燃烧、膨胀行程中所得到的有用功面积 F_1 和相当于进气、排气行程中消耗的功的面积 F_2(即泵气损失)相减而得,即 $F_i = F_1 - F_2$。在四冲程增压发动机中[图 1.11 (b)],由于进气压力高于排气压力,在换气过程中工质是对外做功的,因此,换气功的面积 F_2 应与面积 F_1 叠加起来,即 $F_i = F_1 + F_2$。在二冲程发动机中[图 1.11 (c)],只有一块示功图面积 F_i,它表示指示功的大小。

F_i 可先用燃烧分析仪通过采集气缸压力随曲轴转角的变化得到的发动机示功图计算求得,然后用下式计算 W_i(N·m 或 J):

$$W_i = \frac{F_i ab}{10^6}$$

式中 F_i——示功图面积(cm²);

a——示功图纵坐标比例尺（Pa/cm）；

b——示功图横坐标比例尺（cm³/cm）。

指示功大，说明气缸工作容积大、热功转换有效程度大。为突出后者，比较不同大小发动机的热功转换有效程度，我们引入平均有效压力的概念。

指示功 W_i 反映了发动机气缸在一个工作循环中所获得有用功的数量，它除了和循环中热功转换的完善程度有关，还和气缸容积的大小有关。为了比较不同大小气缸的做功能力，需要排除尺寸的影响，而引入平均指示压力 p_{mi} 的概念，平均指示压力（MPa）是发动机单位气缸工作容积一个循环所做的指示功。即：

$$p_{mi} = \frac{W_i}{V_s}$$

式中　W_i——指示功（kJ）；

　　　V_s——气缸的工作容积（L）。

循环指示功可以写为：

$$W_i = p_{mi} V_s = \frac{\pi D^2}{4} S \times 10^{-3}$$

式中　D——活塞直径（cm）；

　　　S——活塞行程（cm）。

平均指示压力 p_{mi} 是从实际循环的角度评价发动机气缸工作容积利用率高低的一个参数，p_{mi} 越高，同样大小的气缸容积可以做更大的指示功，气缸工作容积的利用程度就越佳。p_{mi} 的一般范围见表1.5。

表1.5　p_{mi} 的一般范围

发动机类型	p_{mi}/MPa	发动机类型	p_{mi}/MPa	发动机类型	p_{mi}/MPa
汽油机	0.8~1.5	柴油机	0.7~1.1	增压柴油机	1~2.5

二、指示功率 P_i

发动机在单位时间内所做的指示功，称为指示功率 P_i。设发动机的气缸数为 i，缸径为 D（cm），行程为 S（cm），每缸的工作容积为 V_s（L），转速为 n（r/min），平均指示压力为 p_{mi}（MPa），则每缸、每循环工质所做的指示功（kJ）为：

$$W_i = p_{mi} V_s = p_{mi} \frac{\pi D^2}{4} S \times 10^{-3}$$

发动机指示功率（每秒所做的指示功）（kW）为：

$$P_i = W_i \frac{n}{60} \frac{2}{\tau} i = \frac{p_{mi} V_s i n}{30\tau}$$

式中　τ——行程数（四冲程 $\tau = 4$，二冲程 $\tau = 2$）。

四冲程发动机为：

$$P_i = \frac{p_{mi} V_s i n}{120}$$

二冲程发动机为：

$$P_i = \frac{p_{mi} V_s i n}{60}$$

1.2.2　发动机经济性指示指标

发动机经济性指示指标可以用指示燃油消耗率 b_i 和指示热效率 η_{it} 来评定。

指示燃油消耗率 b_i（简称指示比油耗）是指单位指示功的耗油量，通常以每 $kW \cdot h$ 的耗油量表示。如果试验测得发动机指示功率 P_i（kW）以及每小时耗油量 B（kg/h），则指示燃料消耗率 $b_i[g(kW \cdot h)]$ 为：

$$b_i = B/P_i \times 10^3$$

指示热效率 η_{it} 是实际循环指示功与所消耗的燃料热量之比值，即：

$$\eta_{it} = W_i / Q_1$$

式中　Q_1——得到指示功 W_i（kJ）所消耗燃料的热量（kJ）。

b_i、η_{it} 是评定发动机实际循环经济性的重要指标，其大致范围见表1.6。

表1.6　η_{it} 和 b_i 的大致范围

发动机类型	η_{it}	$b_i/[g \cdot (kW \cdot h)^{-1}]$	发动机类型	η_{it}	$b_i/[g \cdot (kW \cdot h)^{-1}]$
汽油机	0.3~0.4	205~320	柴油机	0.4~0.5	170~205

从统计数据可以看出：柴油机的指示热效率高于汽油机。

1.3　发动机的有效指标

有效指标可用来评定发动机的动力性和经济性。

1.3.1　发动机动力性有效指标

一、有效功率 P_e

发动机曲轴输出的功率称为有效功率，P_e 可由试验测得。

$$P_e = P_i - P_m$$

式中　P_i——指示功率（kW）；
　　　P_m——机械损失功率（kW）。

P_m 为从活塞顶到曲轴输出端功率传递中损失的功率，具体包括发动机内部运动零件的摩擦损失、驱动附件损失，如：机油泵、燃油泵、扫气泵、冷却水泵、风扇、配气机构的摩擦损失，泵气损失等。

二、有效转矩 T_{tq}

发动机工作时，由功率输出轴输出的转矩称为有效转矩 T_{tq}。

发动机的有效功率 P_e（kW）可以利用各种形式的测功器和转速计分别测出发动机在某一工况下曲轴的输出转矩 T_{tq}（N·m）及在同一工况下的发动机转速 n（r/min），按以下公式求得：

$$P_e = \frac{T_{tq} n}{9\,500}$$

三、平均有效压力 p_{me}

平均有效压力 p_{me}（MPa）是发动机单位气缸工作容积输出的有效功。与平均指示压力相似，平均有效压力可被看作一个假想的、平均不变的压力作用在活塞顶上，使活塞移动一个行程时曲轴所输出的功，平均有效压力是衡量发动机动力性能的一个重要参数。它与有效功率 P_e（kW）之间的关系是：

$$P_e = \frac{p_{me} V_s i n}{30\tau}$$

由此可以得出：

$$p_{me} = 3.14 \frac{T_{tq}\tau}{i V_s} \times 10^{-3}$$

$$p_{me} = \frac{30 P_e \tau}{i V_s n}$$

结合有效功率 P_e 和有效转矩 T_{tq} 的公式关系，可以得出：

$$P_e = \frac{T_{tq} n}{9\,550}$$

因此，对于气缸总工作容积一定的发动机，平均有效压力 p_{me} 反映了发动机单位气缸工作容积输出转矩的大小。p_{me} 值越大，说明单位气缸工作容积对外输出的转矩越大，做功能力就越强。p_{me} 的一般范围见表1.7。

表 1.7 p_{me} 的一般范围

发动机类型	p_{me}/MPa	发动机类型	p_{me}/MPa	发动机类型	p_{me}/MPa
汽油机	0.7~1.3	柴油机	0.6~1.0	增压柴油机	0.9~2.2

四、转速 n 和活塞平均速度 C_m

提高发动机转速，即增加单位时间的做功次数，可以使发动机体积小、质量轻和功率大。

转速 n 增加，活塞平均速度 C_m 也增加，n（r/min）与 C_m（m/s）的关系为：

$$C_m = Sn/30$$

式中　S——活塞行程（m）。

为了提高转速又不使 C_m 过大，由上式可知，可以减小行程 S，即对于高速发动机，在结构上采用较小的行程缸径比（S/D）值，但 S/D 值小也会造成燃烧室高度减小，燃烧室表面积与容积的比（A/D）值增大，混合气形成条件变差，不利于燃烧，当 $S/D<1$ 时，常称为短行程。

1.3.2 发动机经济性有效指标

一、有效燃油消耗率 b_e

b_e[g/(kW·h)] 是单位有效功的耗油量（简称有效比油耗），通常以每 kW·h 的耗油量表示，即

$$b_e = B/P_e \times 10^3$$

式中　B——每小时的耗油量（kg/h）；
　　　P_e——有效功率（kW）。

二、有效热效率 η_{et}

有效热效率 η_{et} 是发动机的有效功 W_e（J）与所消耗燃料热量 Q_1 之比，即

$$\eta_{et} = W_e/Q_1$$

η_{et} 和 b_e 的大致范围见表 1.8。

表 1.8　η_{et} 和 b_e 的大致范围

发动机类型	η_{et}	b_e/[g·(kW·h)$^{-1}$]	发动机类型	η_{et}	b_e/[g·(kW·h)$^{-1}$]
汽油机	0.25~0.3	270~325	柴油机	0.30~0.45	190~285

1.3.3 发动机强化指标

一、升功率 P_L

升功率 P_L（kW/L）是发动机每升工作容积所发出的有效功率，其计算公式为：

$$P_L = \frac{P_e}{V_s i} = \frac{p_{me} V_s i n}{30\tau V_s i} = \frac{p_{me} n}{30\tau}$$

可见，升功率 P_L 与 p_{me} 和 n 的乘积成正比，P_L 值越大，发动机容积利用率越高，发出一定有效功率的发动机尺寸越小，因此，不断提高 p_{me} 和 n 的水平以获得更强化、更轻巧和更紧凑的发动机一直是发动机工作者的奋斗目标，因而 P_L 是评定一台发动机整机动力性能和强化程度的重要指标之一。

二、比质量 m_e

比质量 m_e（kg/kW）是发动机的干质量 m 与所给出的有效功率之比，即：

$$m_e = m/P_e$$

它表征质量利用程度和结构紧凑性。

P_L 和 m_e 的大致范围见表1.9。

表1.9 P_L 和 m_e 的大致范围

发动机类型	P_L/(kW·L^{-1})	m_e/(kg·kW^{-1})	发动机类型	P_L/(kW·L^{-1})	m_e/(kg·kW^{-1})
汽油机	30~70	1.1~4.0	拖拉机柴油机	9~15	5.5~16
汽车柴油机	18~30	2.5~9.0			

三、强化系数 $p_{me}C_m$

平均有效压力 p_{me} 与活塞平均速度 C_m 的乘积称为强化系数，它与活塞单位面积的功率成正比，其值越大，发动机的热负荷和机械负荷越高。由于发动机的发展趋势是强化程度不断提高，所以强化系数 $p_{me}C_m$ 值增大也是技术进步的一个标志。

$p_{me}C_m$ 的大致范围见表1.10。由表可见，汽油机的强化程度要比柴油机的高。

表1.10 $p_{me}C_m$ 的大致范围

发动机类型	$p_{me}C_m$/(MPa·m·s^{-1})	发动机类型	$p_{me}C_m$/(MPa·m·s^{-1})	发动机类型	$p_{me}C_m$/(MPa·m·s^{-1})
汽油机	8~17	小型高速柴油机	6~11	重型汽车柴油机	9~15

1.4 发动机的机械损失与机械效率

1.4.1 机械效率 η_m

对于不同类型的发动机，绝对损失大的，其相对损失却不一定大。必须有一个衡量标准，故引进机械效率的概念。

曲轴输出的有效功率与指示功率的比值：

$$\eta_m = \frac{P_e}{P_i} = \frac{p_{me}}{p_{mi}} = 1 - \frac{P_m}{P_i} = 1 - \frac{p_{mm}}{p_{mi}}$$

式中 p_{mm} ——平均机械损失压力（MPa）。

其中机械损失可以具体分成以下三种情况。

(1) 发动机内部运动件的摩擦损失，占总机械损失的62%~75%。

(2) 驱动附属机构的损失，占总机械损失的10%~20%。

(3) 泵气损失，占总机械损失的10%~20%。

一般来讲，$\eta_{m,柴} = 0.7 \sim 0.85$　　$\eta_{m,汽} = 0.7 \sim 0.9$。

η_m 值越接近于 1，即 P_e 越接近于 P_i，说明用于机械损失的比例越小、发动机性能越好。在致力于提高发动机性能指标时，应尽可能减少机械损失，提高机械效率，若不注意这点，有时在改善气缸内部指示指标的同时，却不自觉地增加了机械损失，从而不能获得预期的改进效果。

1.4.2　影响机械损失的因素

一、气缸直径及活塞行程

根据试验，机械损失功率与气缸直径、活塞行程的大致关系为

$$P_m = K \frac{\sqrt{SD}}{D_m}$$

式中　D——气缸直径（mm）；
　　　S——活塞行程（mm）；
　　　D_m——曲轴的平均直径（mm）；
　　　K——与气缸数和转速有关的常数。

当发动机工作容积增加，即加大气缸直径或活塞行程时，机械损失功率增加，但因气缸的面积与容积之比（A/V）减小、相对摩擦面积减少，故相对的机械损失减少、机械效率提高。当气缸工作容积一定，而活塞行程、缸径比（S/D）减小时，因活塞平均速度 C_m 值和 A/V 值均有所下降，所以机械效率提高。

二、摩擦损失

在机械损失中，摩擦损失所占比例最大，达 70% 左右，故降低摩擦损失一直是人们极为关注的问题。

1) 活塞组件

活塞组件是发动机中主要的摩擦源，主要存在于活塞环、活塞裙部和活塞销的部位。影响摩擦损失的主要因素是活塞环的结构与组合、活塞裙部的几何形状、缸套的温度及配合间隙等。在高速车用汽油机中，为减少摩擦损失采取的措施有以下两种。

（1）减少活塞环数目，如由三道环（二气一油）减至二道环（一气一油），甚至一道环；减薄活塞环厚度，目前已有 2 ~ 3 mm 的气环。

（2）减少活塞裙部的接触面积，如在裙部加装凸起物，制成骨架式结构；在裙部涂固体润滑膜等。

2) 曲轴组件

曲轴摩擦源于轴颈与轴承及其密封装置，一般滑动阻力与轴颈的直径和宽度的立方成正比。因此，减少摩擦的主要措施是减小运动件的惯性质量，如减小活塞、活塞销、连杆的质量等，还可以通过降低轴承负荷，减小轴承宽度和轴径。

3) 配气机构

气门机构在发动机整个工作范围均承受高负荷，在较低转速时作用于气门上的负荷主要由弹簧力引起；在较高转速时零件质量引起的惯性力占主导地位。减小配气机构运动件

质量（如已有气门导杆直径减至 2~3 mm）、降低弹簧负荷、在摇臂与凸轮接触面处加入滚动轴承等，都是减小配气机构摩擦损失的有效措施。

三、转速 n（或活塞平均速度 C_m）

发动机转速上升（C_m 随之加大），致使各摩擦副间相对速度增加，活塞侧压力和轴承负荷均增高，曲柄连杆机构的惯性力加大，泵气损失加大，驱动附件消耗的功多，摩擦损失增加。

机械效率随转速变化的大致关系如图 1.12 所示。随转速上升，摩擦损失所占比例明显加大，且在转速大致相同的情况下，柴油机摩擦损失大于汽油机，这是由柴油机压缩比高、气缸压力高、运动部件质量大引起的。

四、负荷

当发动机转速一定而负荷减小时（在汽油机中是减少混合气量，在柴油机中是减小供油量），平均指示压力 p_{mi} 随之下降，而平均机械损失压力 p_{mm} 变化很小（图 1.13），因为 p_{mm} 的大小主要决定于摩擦副的相对速度和惯性力大小。图 1.13 所示为 p_{mi}、p_{mm}、η_m 随负荷变化的关系。

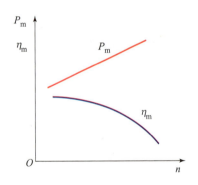

图 1.12 机械效率与转速的关系

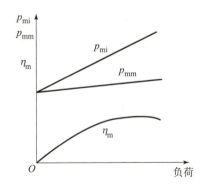

图 1.13 机械效率与负荷的关系

五、润滑油品质和冷却液温度

在机械损失中，摩擦损失占的比例最大，达 70% 左右，而润滑油（常称全损耗系统用油）的黏度对摩擦损失的大小有重要影响。

全损耗系统用油黏度即稠稀程度表示了流体分子之间内摩擦力的大小，黏度大，全损耗系统用油内摩擦力大、流动性差，使摩擦损失增加，但它的承载能力强，易于保持液体的润滑状态。反之，全损耗系统用油黏度小、流动性好。

冷却液温度直接影响燃烧过程和传热损失，同时会对全损耗系统用油黏度和摩擦损失产生一定的影响。在发动机使用过程中，应严格保持一定的油温和冷却液温度，即限制其在一定热力状态下工作。提高冷却液温度对性能有益，但受水的沸点限制，一般水冷式发动机冷却液温度多在 80~95 ℃。

拓展知识

机械损失的测定

机械损失的测定方法有好几种,但要借以获得较精确的数值还是有困难的,所以有待改进。

一、示功图法

运用燃烧分析仪测录气缸的示功图,然后根据示功图计算出指示功率 P_i 值,再根据测功机和转速计的测量数值计算出发动机的有效功率 P_e 值,从而可以换算出机械损失功率 P_m、平均机械损失压力 p_{mm} 及机械效率 η_m 值。

燃烧分析仪是分析内燃机缸内燃烧状况的仪器,它可以高速、准确、实时地采集内燃机相关数据,在数据处理后生成 $p-\varphi$ 示功图,以 $p-\varphi$ 示功图计算缸内压力升高率、燃料燃烧放热率、缸内平均温度等,因此它是内燃机燃烧研究的有效工具。

转速计可以直接测量旋转零件的每分钟转速或每分钟线速度,最大测量转速为 20 000 r/min,最大测量线速度为 1 000 m/min。转速计的记忆功能可以正确地反映最大值、最小值及最后测量值。

这种直接测定方法是真实的工作情况下进行的,从理论上讲也完全符合机械损失的定义,但结果的正确程度往往取决于示功图测录的正确程度,其中最大的误差是由于 $p-\varphi$ 图或 $p-V$ 图上活塞上止点位置不易正确地确定。

二、倒拖法

这种方法必须在具有倒拖能力的电力测功机的试验台上进行,试验时,发动机与电力测功机相连,当发动机以给定工况稳定运行,冷却液、机油温度到达正常数值时,切断对发动机的供油,将电力测功机转换为电动机。以给定转速倒拖发动机,并且尽量维持冷却液和机油温度不变,这样测得的电动机倒拖功率即为发动机在该工况下的机械损失功率。

但倒拖工况与实际运行情况相比有差别。首先,气缸内不进行燃烧过程,作用在活塞上的气体压力在膨胀过程中大幅度下降,使活塞、连杆、曲轴的摩擦损失有所减少;其次,按这种方法求出的摩擦功率中含有不应该有的泵气损失(泵气损失是指内燃机换气过程中克服进气道阻力所消耗的功和克服排气道阻力所消耗的功的代数和)消耗的功率,且由于排气过程中温度低、密度大,泵气损失比实际的还大;最后,倒拖在膨胀、压缩过程中,由于充量向气缸壁的传热损失使 $p-V$ 图上膨胀线和压缩线不重合而处于它的下方,从而出现了负功面积(图 1.14)。

拓展知识

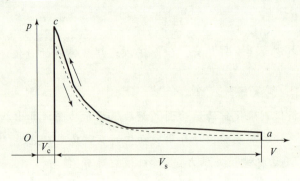

图1.14　发动机被倒拖时的 $p-V$ 图

三、灭缸法

此法多适用于多缸柴油发动机。测试时将发动机首先调整到给定工况稳定运转，然后测出其有效功率 P_e，之后在喷油泵齿条位置不变的情况下，停止向某一气缸供油，并调整测功机迅速将转速恢复到原来的转速，测出此时发动机有效功率 P_e'。

采用这种方法，在只要停止一个气缸的燃烧，不致引起发动机进、排气系统异常变化的情况下就会相当准确，其误差在5%以下。对于增压发动机，排气压力波会发生变化，而对于汽油机，进气情况会改变，因此往往得不到正确的结果。

在以上所介绍的几种测定机械效率的方法中，倒拖法只能用于配有电力测功机的情况，因而不适用于大功率发动机，而较适用于测定压缩比不高的汽油机的机械损失。对于废气涡轮增压柴油机（增压压力 $p_b<0.15$ MPa），由于倒拖法和灭缸法破坏了增压系统的正常工作，因而只能用示功图法、油耗线法来测定机械损失；对于排气涡轮中增压、高增压的柴油机（增压压力 $p_b \geq 0.15$ MPa），除示功图外，尚无其他适用的方法。

模块小结

发动机的实际工作循环不是可逆的，有很多影响因素不能忽略。为了了解发动机性能规律，探求影响的原因和改进的方法，我们建立了发动机性能指标体系，见表1.11。

表1.11　发动机性能指标

指示指标	动力性指标	指示功
		平均指示压力
		指示功率
	经济性指标	指示燃油消耗率
		指示热效率

续表

有效指标	动力性指标	有效功率
		有效转矩
		平均有效压力
		转速和活塞平均速度
	经济性指标	有效燃油消耗率
		有效热效率

思考与练习

1. 何为发动机三种基本循环？简化条件是什么？
2. 什么是示功图？有什么作用？
3. 为什么要建立发动机性能指标体系？
4. 在技术进步指标体系中，强化系数从哪几个方面说明发动机技术先进？
5. 平均有效压力、有效燃油消耗率、有效热效率各有什么意义？
6. 发动机的机械损失主要体现在哪几个方面？

模块 2
发动机的换气过程

📙 学习目标

1. 重点掌握影响充量系数的各种因素；
2. 熟悉发动机的换气过程和换气损失；
3. 熟悉充量系数对发动机性能的影响；
4. 了解提高充量系数的有效措施。

📝 学习重点

1. 发动机的换气过程和换气损失；
2. 充量系数、残余废气系数对发动机性能的影响。

📙 学习难点

1. 分析发动机的换气过程；
2. 减少换气损失和提高充气量的措施。

📝 模块概述

  发动机的换气过程包含排气过程和进气过程。换气过程的任务是：将气缸内上循环的废气排除干净，为下一循环充入尽可能多的新鲜工质，保证发动机动力周而复始地输出。

  发动机动力源自燃料在气缸内燃烧所产生的热能。1 L 汽油完全燃烧约需 10 000 L 空气，1 L 柴油完全燃烧所需的空气则更多。由此可见，燃料在混合气中所占容积很小，而且通过喷油器对燃料量进行精确控制已无困难。因此，要想提高发动机的功率和转矩，关键在于充入气缸空气量的多少。我们研究换气过程，目的在于了解换气过程的工作状态，分析影响充气量的各种因素，从中寻求减少换气损失和提高充气量的措施。

2.1 四冲程发动机的换气过程

2.1.1 换气过程

四冲程发动机的换气过程始于排气门开启,止于进气门关闭,占 400°~500°曲轴转角。根据气体流动特点,一般将此过程分成五个阶段,如图 2.1 所示。

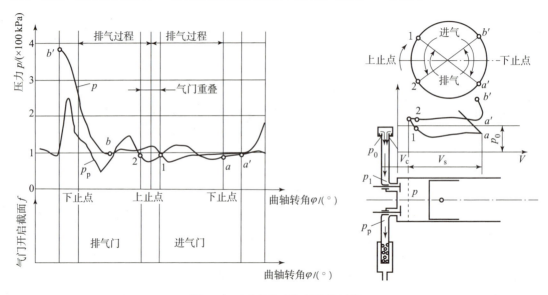

图 2.1　四冲程发动机的换气过程

一、自由排气阶段

图 2.1 中 $b'-b$ 阶段表示从排气门开启至气缸内压力接近于排气管内压力,这一阶段是自由排气阶段。其气体流动特点是废气在压差作用下自由排出气缸。

由于受配气机构及其运动规律的限制,排气门不可能瞬时完全打开,气门开启有一个过程,其流通截面只能逐渐增加到最大。在排气门开启的最初一段时间内,排气流通截面很小,废气排出的流量小。如果排气门刚好在膨胀过程的下止点才打开,气门升程小,排气流通截面小,排气不畅,气缸压力下降迟缓,活塞在向上止点运动强制排气时将大大增加排气过程的活塞推出功。所以发动机的排气门都需要在膨胀过程到达下止点前的某一曲轴转角位置时提前开启,这一提前角度称为排气提前角。排气提前角的范围为 30~80°CA,这要由发动机的工作方式、转速、增压与否来定。

排气门打开后，气体的流动状态经历了超临界流动和亚临界流动两个阶段的变化。

自由排气阶段初期，压差很大，气流呈超临界状态（气缸内压力 p 高于排气管内压力 p_p 的 2 倍），气体流速最大值等于该处在气体状态下的声速（可能达到 500~600 m/s），并伴有刺耳的噪声，此时排气量与排气门前后压力差无关，只取决于气门开启面积和气体的状态。

自由排气阶段后期，气流呈亚临界状态（气缸内压力低于排气管内压力的 1/2），此时气流平稳无噪声，排气量取决于排气门前后的压力差。

自由排气阶段到下止点后 10~30℃A 结束。这一阶段虽然只占总排气时间的 1/3 左右，且排气门开启流通截面也较小，但因流速很高，排出的废气可达总量的 60% 以上，所以这一时期也是排气阻力最大、噪声最大的时期。

二、强制排气阶段

图 2.1 中 $b-2$ 段表示最大从自由排气阶段结束，活塞上行推出废气至排气门关闭，这一阶段为强制排气阶段。

排气通道，特别是排气门开启处的阻力使强制排气阶段内的气缸平均压力比排气管内平均压力（排气背压）略高一些（约 10 kPa），且流速越高，阻力与压差越大，即排气耗功越多。

若在上止点时关闭排气门，则需在上止点之前就开始将其关小，这样就会产生较大的节流作用，此时活塞还在向上运动，致使缸内压力上升，排气耗功和残余废气量都会增加。同时，排气至上止点时，废气尚有一定流动能量，可利用气流的惯性进一步排出废气。因此，排气门应在活塞过了上止点后才关闭。从下止点到排气门完全关闭这段曲轴转角称为排气迟闭角。排气迟闭角一般为 10~35℃A。

活塞从下止点向上止点运动，将废气推出气缸。此时气缸内压力略高于排气管内压力，气流平缓，排气量取决于活塞运动速度及气门开启程度。

三、扫气阶段

图 2.1 中 2-1 段表示从进气门开启到排气门关闭，这一阶段是扫气阶段。此时进、排气门同时打开，废气在惯性作用下继续排出，新鲜工质开始进入气缸。有些发动机进气在螺旋管道作用下产生旋流，还能起到挤出废气的作用。

四、充气阶段

图 2.1 中 1-a 段表示从排气门关闭到进气行程结束（活塞运动到下止点），这一阶段是充气阶段。活塞在从上止点运动到下止点的过程中，气缸内压力低于进气管内压力，新鲜工质在负压作用下被吸入气缸内。

五、后充气阶段

图 2.1 中 $a-a'$ 段表示从下止点到进气门关闭，这一阶段是后充气阶段。此时利用气流惯性和波动效应使新鲜工质继续流入气缸，从而提高充量系数。

在排气过程中，由于排气门在开启初期气流通过截面太小，废气无法畅通排出。如果排气门在下止点开启，则势必造成气缸内压力太高，活塞上行阻力大，排气过程消耗的功率较多。因此，排气门在活塞运行到下止点前就应被提前打开，在到达下止点时，排气门已具备了必要的开度。从排气门开启（b'点）到下止点的曲轴转角被称为排气开启提前角，一般在20°~80°。当活塞运行到上止点时，由于废气有一定的流速，可以利用气流的惯性进一步排出废气，从而降低排气终了时气缸内的压力，为充入更多的新鲜工质打好基础。因此，排气门在上止点后才关闭。从上止点到排气门关闭（1点）的曲轴转角被称为排气关闭延迟角，一般在0°~30°（多气门发动机可能出现负值）。

在进气过程中，为保证新鲜工质能顺利地进入气缸，进气门也要被提前打开。从进气门开启（2点）到上止点的曲轴转角被称为进气开启提前角，一般在0°~30°（多气门发动机可能出现负值）。进气过程终了时，因为进气流速较高，可以利用惯性更多地充入新鲜工质，从而提高进气终了压力，因此进气门也需滞后关闭。从下止点到进气门关闭（a'点）的曲轴转角被称为进气关闭延迟角，一般在20°~80°。

由于排气门的延迟关闭和进气门的提前开启，换气过程中存在着进、排气门同时打开的现象，这种现象被称为气门重叠。气门重叠（2-1点）的曲轴转角被称为气门重叠角，一般在0°~50°。增压发动机的气门重叠角较小。适当的气门重叠角可以利用新鲜工质挤出部分残余废气，但气门重叠角太大，就可能发生废气倒流而进入进气管道的现象。

为直观地表述进、排气门开、闭的曲轴转角以及相对于上、下止点的位置关系，我们用配气定时图来表示。图2.2所示为四冲程发动机配气定时的大致范围。

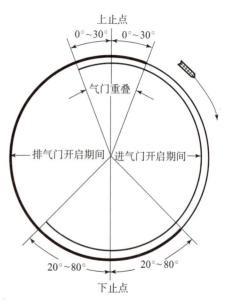

图2.2　四冲程发动机配气定时的大致范围

2.1.2　换气损失

前述发动机的理论循环没有考虑换气过程，或认为换气过程是在严格的稳态下完成的，换气过程没有任何损失，对缸内封闭循环过程没有影响。发动机实际的换气过程却存在由排气门早开造成的膨胀功损失、活塞强制排气的推出功损失和缸内负压造成的吸气功损失等。理论循环与实际循环的换气功之差称为换气损失。图2.3与图2.4所示分别为四冲程发动机在自然吸气与增压条件下的换气损失。

在自然吸气发动机中，理论循环的换气过程［图2.3（a）］可以认为是排气过程与进气过程缸内压力线重合于大气压力，换气功为零。而在实际循环中，有排气门早开造成的膨胀功损失（W），活塞要消耗一定的功来推出缸内废气（推出功损失X），发动机还要消耗掉一定的功来克服吸气时因缸内真空度所形成的阻力（吸气功损失Y）。从排气门开启直到进气门关闭，发动机消耗在换气过程的功（其值为负），如面积W、X和Y［图2.3（b）］代表了在换气过程中损失的功。

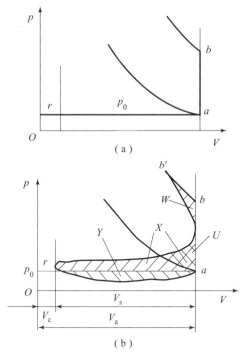
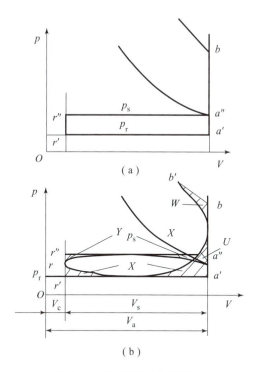

图 2.3　四冲程发动机在自然吸气
条件下的换气损失
(a) 理论循环；(b) 实际循环

图 2.4　四冲程发动机在增压
条件下的换气损失
(a) 理论循环；(b) 实际循环

对于定压（增压）发动机而言，理论换气过程 [图 2.4（a）] 是将压缩的新鲜充量以增压压力等压流入气缸，而废气则用气缸内压力排出，进气与排气压力值均高于大气压力，且增压压力大于气缸压力。这样换气过程所获得的功（其值为正）如图 2.4（a）中 p_s、p_r 所围成的矩形面积所示，而在实际的换气过程中 [图 2.4（b）]，换气损失为图中 W、X 和 Y 的面积，换气过程所获得的换气功大约为图中矩形面积内部非阴影面积，它小于理论循环值。

一、排气损失

按照缸内气体对活塞做功的性质，从排气门提前开启到下止点这一时期，提前排气造成了缸内压力下降，使膨胀功减少，我们称之为膨胀损失。活塞在由下止点向上止点的强制排气过程中所消耗的功称为推出损失，在图 2.3（b）和图 2.4（b）中分别以面积 W 和 X 来表示，两者之和称为排气损失。

如图 2.5 所示，在发动机转速一定且排气提前角较小时，发动机的膨胀损失 W 小，但活塞的推出损失 X 又会增加。随着排气提前角的增大，膨胀损失 W 增加，而推出损失 X 则减小。在排气提前角由小变大的过程中，存在一个最佳的排气提前角使发动机排气损失最小。

发动机的转速对排气损失的影响如图 2.6 所示。发动机的转速增加，相同的排气提前角所对应的排气时间就变短，通过排气门排出的废气量减少，膨胀损失减少，但使得缸内压力水平提高，因而活塞推出功大大增加。一般而言，发动机转速增高时排气损失总体上呈现增加的趋势，所以排气提前角应随转速的增加而适当加大。

减少排气损失的方法除合理确定排气提前角外,还可以增加排气门数目、增加流通截面积。

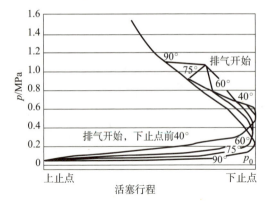

图 2.5 排气提前角对排气损失的影响

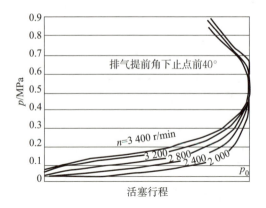

图 2.6 转速对排气损失的影响

二、进气损失

与理论循环相比,发动机在进气过程中所造成的功的减少称为进气损失,如图 2.3 和图 2.4 的阴影面积 Y 所示。由于进气道、进气门等处存在流动阻力损失,发动机缸内进气压力线或增压压力线之下两线所围成的阴影部分面积就代表了进气损失。

图 2.7 所示为某发动机在不同转速下测量的平均排气损失和平均进气损失,两者相比,在数值上进气损失明显小于排气损失。但与排气损失不同,进气损失不仅体现在进气过程消耗的功上,更重要的是它影响发动机的充量系数,对发动机的性能有显著的影响。合理调整配气定时、加大进气门的流通截面积、正确设计进气管及进气的流动路径以及适当降低活塞

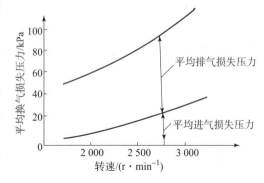

图 2.7 某发动机在不同转速下测量的换气损失

平均速度等,都会使进气损失减少,从而提高发动机的充量系数,改善发动机的性能。

三、泵气功与泵气损失

泵气功是指缸内气体对活塞在强制排气过程和吸气过程中所做的功,泵气损失是指与理论循环相比,发动机的活塞在泵气过程中所造成的功的损失。从图 2.3 可以看出,对于自然吸气发动机,其泵气功的大小可用图中面积 $Y+X$ 表示,对整个循环来说为负功,泵气损失等于它的泵气功。对于增压发动机,由于进气压力高于排气背压,因此它的泵气功大于零,其泵气损失依然可以用图中面积 $Y+X$ 来表示,其值为负。

对于自然吸气发动机,泵气功 W_{pw} 与泵气损失 W_p 在数值上相等,故有:

$$W_p = W_{pw} = (X+Y)L_p \tag{2-1}$$

式中 L_p ——示功图的比例系数。

对于增压发动机,泵气损失的计算同式(2-1),而泵气过程所获得的泵气功则由增

压压力 p_s 和排气压力 p_r 所围成的矩形面积与实际换气过程损失 X 和 Y 的面积之差。对定压增压发动机，换气过程所获得的功可以表示为：

$$W_{pw} = [p_s - p_r V_h - (X + Y)] L_p \qquad (2-2)$$

注意：式中的 p_s、p_r 和 V_h 是示功图上的尺寸，而非它们物理量本身的数值大小。

参照平均指示压力的概念，用平均泵气损失压力 p_w 来表示泵气损失的大小，其定义为

$$p_w = W_p / V_h \qquad (2-3)$$

规定平均泵气损失压力 p_w 的符号为正，即 W_p 取绝对值。

2.2 换气过程的性能指标

换气过程的品质可用充量系数和残余废气系数来说明，其中充量系数表示进气是否充足，残余废气系数表示排气是否干净。

2.2.1 充量系数 η_v

为了评价发动机换气过程的完善程度，且不受排量等参数的影响，一般用充量系数作为评价指标。充量系数是实际进入气缸的新鲜工质质量 m 与在进气状态下整个气缸容积充满了新鲜工质的质量 m_0 的比值。即：

$$\eta_v = \frac{m}{m_0}$$

这里所谓的进气状态，对非增压发动机而言，p_0 是当地大气压力，T_0 是当时环境温度；对增压发动机而言，p_0 是压气机出口压力，T_0 是压气机出口温度。

依据摩尔气态方程，有：

$$m = \frac{p_a V_a}{R T_a}, \quad m_0 = \frac{p_0 V_a'}{R T_0}$$

式中　p_a、V_a'、T_a——进气终了的压力（Pa）、体积（m³）、温度（℃）；

R——气态常数；

V_a——气缸总容积。

显然，新鲜工质进入气缸时要克服进气系统的阻力（空气滤清器、进气管壁、进气门节流等），进气终了压力 p_a 低于 p_0；新鲜工质被高温机件和残余废气加温，进气终了温度 T_a 远高于 T_0；进气终了不在下止点且残余废气也要占据部分空间，V_a' 比 V_a 要小。所以有：

$$\eta_v = \frac{m}{m_0} = \frac{p_a V_a' T_0}{p_0 V_a T_a} < 1$$

随着对充量系数影响因素的不断改善，η_v 有了较大提高。通常 $\eta_v > 0.9$ 表示充量系数高，说明发动机每循环进入气缸的新鲜工质多，发动机输出的功率和转矩增大，动力性也

就提高了。

由于在换气过程中进气状态十分复杂，对发动机每循环的实际进气量无法进行理论计算，因此发动机的充量系数通常用试验方法测定，试验时用流量计测出单位时间内的新鲜工质实际进气量并计算出每小时实际进气量 V（L/h）。理论进气量 V_0 由下式算出：

$$V_0 = V_a \cdot i \cdot \frac{n}{2} \times 60 = 30 V_a in \text{（L/h）}$$

$$\eta_a = \frac{V}{V_0}$$

式中　　i——气缸数；

　　　　n——发动机转速（r/min）。

2.2.2　残余废气系数

发动机进气门关闭后，缸内气体的总质量为 m_a，由本循环吸入的新鲜充量 m_1 和上一循环残留在缸内的废气 m_r 组成，则残余废气系数定义为：

$$\phi_r = \frac{m_r}{m_a}$$

残余废气系数主要是用来比较排量不同的发动机残余废气量的多少，并评价发动机换气进行的好坏。

内燃机残余废气系数 ϕ_r 与其压缩比、进气压力、配气定时等有关。汽油机的压缩比低，进气有节流，气门重叠角较小，所以残余废气系数较高，通常在 7%～20%。柴油机由于压缩比高，气门重叠角大，没有进气节流，所以残余废气系数较小，增压柴油机的更低。

通常，残余废气系数和充量系数成对应关系。残余废气系数越大，充量系数越小；反之亦然。残余废气系数越大，不但影响发动机的充量系数和泵气损失，而且对燃烧速率、燃烧效率和有害排放物的生成有很大影响。更为严重的是，过高的残余废气系数甚至会引起缸内失火。因此残余废气系数对发动机的工作性能有重要的影响，是决定其热功转换效率的关键因素之一。

2.3　影响充量系数的因素

发动机输出的功率和进入气缸的新鲜工质总量是成正比的，要提高发动机的动力性，必须提高换气过程的工作质量，提高充量系数。充量系数对发动机的功率、转矩影响很大，因此分析影响充量系数的因素具有重要意义。影响充量系数的因素很多，主要包括：进气终了压力及温度、转速与配合相位、负荷、压缩比、进气（或大气）状态等。其中影响最大的是进气终了压力 p_{ca}。

2.3.1 进气终了压力 p_{ca}

进气终了压力提高,充量系数增大,而进气终了压力又受进气系统阻力的影响。进气系统的阻力是各段通道所产生的流动阻力的总和,包括空气滤清器、节气门、进气管、进气歧管及进气门等部分产生的阻力。

一、空气滤清器的阻力

空气滤清器是用来减少进气过程中进入气缸的灰尘,以减少气缸的磨损。由于空气滤清器的结构不同及使用中油污堵塞会使其阻力增大,发动机充气性能大大下降,因此要求空气滤清器的滤清效果要好,而且又不增加进气阻力,在使用中应经常维护、清除油污、更缘滤芯,以达到减少阻力和进气通畅的目的。

二、节气门的阻力

节气门是进气阻力较大的地方。其阻力随节气门开度的减小而增大。因为发动机大部分时间都是中等负荷以及少许的小负荷,所以空气流通阻力比较大。

三、进气管道的阻力

进气管道包括进气歧管和通向缸体和缸盖上的气体通道。其阻力的大小主要取决于进气管道的结构和尺寸。进气歧管的断面大则阻力小,可提高进气压力;但断面大,气体流速低,且易使燃料液态颗粒沉积在管壁上,使燃料的蒸发与雾化变差,各缸分配不均匀,因此进气管的断面大小受到一定限制,使进气形成一定阻力。此外,进气管的长度、表面粗糙度、拐弯数、急转弯及流通截面突变等,都会影响进气阻力。因此要求进气管有合适的长度与断面尺寸、拐弯处应有较大的圆角、管内表面光滑、在安装时进排气接口及其衬垫口应对准,以减少通气阻力,提高充气效率。

四、进气门的阻力

在整个进气系统中,进气门处气流通过断面最小,而且截面变化更大,是整个进气系统中产生阻力最大的地方,因此对进气压力的影响也最大。新鲜气体通过进气门,使进气终了压力降低。进气门通道断面的变化又取决于气门直径、锥角、升程和配气相位等多方面的因素。

2.3.2 进气终了温度

新鲜气体进入气缸后同高温机件接触,与残余废气混合,进气终了温度升高,气体密度减小,充量系数降低。以前有的将汽油机的进、排气管铸成一体,利用排气管加热进气管,使燃油预热蒸发,但是同时也使进气温度升高,减少了循环充量。为了降低进气温度,在柴油机上常将进、排气管分置在发动机两侧。

2.3.3 转速与配气相位

进气流动阻力除了与进气系统的结构有关以外,还与新鲜气体的流速有关。气体流动引起的阻力与流速的平方成正比,而气体流速又与发动机转速有关,发动机转速提高,气体流速也成正比例地提高,所以气体流动阻力也与发动机转速的平方成正比,如图 2.8 所示。随着转速的升高,气体阻力增大,进气终了压力下降。

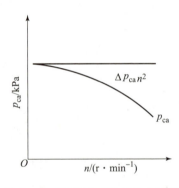

图 2.8　发动机转速对进气压力的影响

配气相位包括进、排气门早开、迟闭。在进、排气门早开、迟闭中,进气关闭延迟角对进气终了压力影响最大。由于发动机转速变化,气流惯性也发生变化,但进气关闭延迟角是不变的,因此当转速高时,气流惯性未被利用;转速低时,气体倒流现象出现,从而影响进气压力与发动机正常工作。通过选择适当的配气定时可获得较高的循环充量和充量系数。图 2.9 所示为在最佳配气定时的充气过程中各参数与发动机转速的关系。

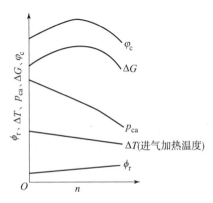

图 2.9　在最佳配气定时的充气过程中各参数与发动机转速的关系

2.3.4 负荷

发动机的负荷变化对进气终了压力的影响随汽油机与柴油机负荷调节方法不同而变化。

在柴油机中,进入气缸的空气量不变,负荷的调节是通过改变油量调节拉杆或齿条的位置,控制喷油量来实现的。由于转速不变,进气系统又无节流装置,因此流动阻力基本不变,所以当负荷变化时,进气终了压力 p_{ca} 也基本不变。

在汽油机中,进入气缸的是空气和燃油的混合气,负荷的调节是通过改变节气门的开度,控制进入气缸的混合气量来实现的。当节气门开度减小时,负荷减小,由于节流损失增加,进气终了压力 p_{ca} 下降,如图 2.10 所示。从图中可知负荷越小,p_{ca} 随转速增加而下降得越快。

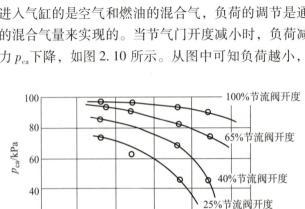

图 2.10　节气门开度、转速与进气终了压力的关系

2.3.5 压缩比

压缩比增加，燃烧室容积相对减小，使残余废气量相对下降，充量效率提高。但压缩比对充气效率的影响很小，而且其数值的选择主要是考虑燃烧和机件负荷的限制，一般原则是：汽油机在保证正常燃烧的前提下，尽可能提高压缩比，以提高热效率；柴油机在保证工况正常着火自燃的前提下，不过分追求高压缩比，以免机件承受的机械负荷过大。

2.3.6 进气（或大气）状态

随大气压力降低、温度升高，充气效率提高。一般来说充气效率提高，实际充气量增加，发动机性能提高，但实际上随大气压力降低、温度升高，实际充气量会减小，发动机性能会下降。

产生上述矛盾的原因是：大气压力和温度同时影响实际充气量和理论充气量。随大气压力降低、温度升高，主要是理论充气量减少；同时，随大气压力降低、温度升高，进入气缸的新鲜气体密度降低，进气终了压力降低，实际进气量也减少。只是由于随大气压力降低、温度升高，理论充气量减少的幅度比实际充气量大，所以充气效率提高。

2.4 提高充量系数的措施

根据以上影响充量系数的因素，可以得出以下提高充量系数的主要措施。

2.4.1 减小进气系统的阻力

进气系统的阻力直接影响充量系数。减少空气滤清器、节气门、进气管道、进气门等部位的气流阻力是提高充量系数的主要措施。

一、空气滤清器部分

（1）加大气流通过截面。
（2）采用高效低阻的滤芯结构和材料。
（3）及时清洁和更换滤芯。

二、节气门部分

除了可以降低节气门和节气门的气流阻力外，还要注意对空气流量计的选择，如热丝式、热膜式流量计的流动阻力就相对小些。

三、进气管道部分

降低进气管道的流动阻力能提高充量系数。要减小进气管道内的气流阻力，一般采取如下措施。

（1）尽量增加管道的截面积。
（2）降低管道内壁的粗糙度。
（3）采用圆形管道。
（4）避免急弯，拐弯处利用圆弧过渡。
（5）避免截面积急剧变化，利用圆弧过渡。
（6）利用气道形成扫气涡流。

四、进气门部分

在整个进气系统中，进气门处的气体通过面积最小，而且截面变化急剧，因此，此处流动阻力最大。进气门部分是重点研究对象，在此处提高充气效率的有效措施也比较多。

1. 增大气门直径

早期的进、排气门是平行布置，一进一排，受气缸直径等因素限制，要加大进气门直径，必然要减小排气门直径，而排气门太小，排气阻力增大，残余废气增加，充量系数也无法提高。进、排气门倾斜布置让进、排气门同时增大成为可能。但倾斜角度太大，又将导致火焰传播距离加长，散热面积变大，对燃烧不利。一般进、排气门轴线夹角在20°~70°时，气体流通能力有明显提高。

2. 增加气门数量

增加气门数量能大幅度提高工质流通能力。但是其结构复杂，生产成本较大。目前，新型发动机已采用了三进二排的五气门结构，其流通能力提高近两倍。

3. 增加气门升程

增加气门升程可以提高气体的流通能力。在气阀惯性力、摇臂与凸轮之间摩擦力允许的前提下，改变凸轮曲线的函数，让气门快开快闭，增加气门大升程的夹角，从而提高充气效率；多气门结构气门质量更轻，惯性力更小；摇臂与凸轮之间用滚动接触代替滑动接触能大大降低其摩擦力。

4. 改善气门处流动阻力

加大气门杆与气门盘的过渡圆弧半径能产生导流作用，降低流动阻力［图2.11（b）］，气门的流动阻力就小于图2.11（a）所示的气门流动阻力。气门打开后，如果其边缘离气缸壁或燃烧室壁太近，则将增加流动阻力。对于倾斜布置的气门，随着气门的逐渐开启，其位置向气缸中心运动，因此，其流动阻力相对减小。

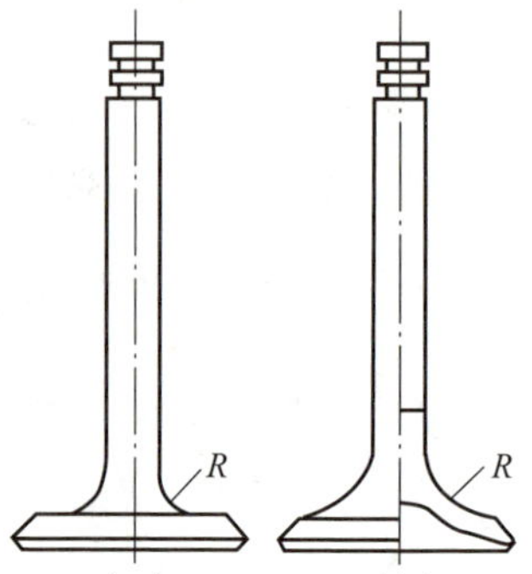

图2.11　进气门形状

2.4.2 合理选择配气定时

要提高充量系数,除了选择合理的配气相位外,还要根据发动机转速和负荷的变化情况,适时地对配气相位进行微调,实现配气相位的优化控制。

一、可变凸轮轴相位

让整根凸轮轴相对于定时带轮旋转一个角度,从而改变开启提前角和关闭延迟角,但气门开启持续角不变,因此对充量系数影响较小。

二、可变配气相位及气门升程

由2个以上的凸轮控制一个气门,因此气门的开闭角度、开闭快慢、气门升程均可调节,这样能明显提高充气效率。

2.4.3 减小排气系统阻力

排气系统包括排气门、排气管道和消声器等。排气系统阻力降低,排出的废气增加,排气终了压力下降,不仅可以使残余废气系数减小,充量系数提高,而且还能够减少排气损失。

排气管道也应与进气管道一样,注意其结构要求,在使用中应注意消除残留积炭等。

2.4.4 减小对进气的加热

新鲜空气充量在被吸入气缸的过程中,受到进气管道、气门、气缸壁、活塞等受热零件的加热,造成进气温度升高、气体密度下降,使循环充量减少。特别是汽油机,为了使汽油在进气管中蒸发,以便更好地与空气混合,经常把排气管与进气管布置在发动机的同一侧,但在使用中预热一定要适当。有些发动机采用调节预热装置,根据季节温度不同调节预热程度,在柴油机中进、排气管分置于发动机两侧。

发动机的进气控制

为进步改善汽车发动机的性能,在部分发动机上安装了进气控制系统。汽油机安装的进气控制系统通常以提高充量系数为目的,而柴油机安装的进气控制系统一般以控制进气量或进气涡流为目的。

一、汽油机的进气控制

汽油机的进气控制通常采用动力阀式,动力阀式进气控制系统通过控制发动机进气道的空气流通截面大小,来适应发动机在不同转速和负荷时的进气量需求,从

拓展知识

而改善发动机的动力性。在进气量较少的低速、小负荷工况下，进气道空气流通截面减小可提高进气流速、增大进气流惯性以提高发动机的充量系数。此外，进气流速提高也可增加气缸内的涡流强度，有利于在低速、小负荷工况下燃烧和热效率的提高，从而改善发动机的低速性能。而在进气量较多的高速、大负荷工况下，适当增大进气道空气流通截面，不仅可以减小进气阻力，还可对由于进气流速过高而导致的燃烧室内气流扰动起到抑制作用，有助于改善发动机的高速性能。

二、柴油机的进气控制

应用在柴油机上的进气控制主要有进气节流控制和进气涡流控制。

1. 进气节流控制

发动机的进气系统一般是按在高速、大负荷时的工作需要设计的，而在传统的柴油机进气系统中没有进气量控制装置，柴油机在负荷较小时，就会因循环供（喷）油量小而导致混合气过稀，影响发动机的性能。此外，装有废气再循环装置的柴油机在低速工况下，若没有进气节流装置，则会因进气管压力较高（真空度较小）而导致废气再循环系统无法正常工作。因此，在现代汽车电控柴油机上，根据发动机不同工况的需要利用进气节流控制系统实现对进气量和进气管压力的调节，一方面保证了混合气浓度符合在不同负荷时的要求，另一方面也保证了在低转速时能够正常进行废气再循环。

柴油机实现进气节流控制的方法就是在进气道中安装一个节气门，并由电控执行元件根据ECU的指令控制节气门的开度，以控制进气量和进气管压力。进气节流控制系统一般只在低速小负荷工况时才工作，其类型有直流电动机型和电控气动型两种。

2. 进气涡流控制

柴油的性质和柴油机直接喷射的工作特点决定了柴油机对气缸内空气涡流有较高要求，这样可以改善其混合气形成和燃烧的条件。柴油机气缸内的空气涡流主要包括进气道产生的进气涡流、燃烧过程产生的燃烧涡流和压缩过程产生的挤压涡流。进气涡流的强弱对混合气的形成和燃烧具有很大的影响，因而对柴油机的动力性、经济性、排放和噪声等有很大的影响。

与汽油机相比，柴油机需要较强的涡流，但也并不是涡流越强，性能越好。在进气道结构一定的情况下，由进气道产生的进气涡流随柴油机转速升高而增强，当转速升高到一定程度时，进气涡流过强反而会使充量系数降低，燃烧速度过快，导致柴油机的动力性和经济性下降，排放污染增加，噪声增大；柴油机在低速运转时，进气涡流较弱会使混合气形成不良，燃烧速度过慢，从而导致柴油机热效率降低，排气烟度增加。由此可见，为改善柴油机的性能，根据柴油机转速的变化适当调节进气涡流的强度非常必要。

拓展知识

在一定转速下，进气涡流的强度主要取决于进气道的结构，一定结构的进气道只能适应某转速对进气涡流强度的要求。柴油机在工作中，转速变化的范围非常大，仅用机械控制方法很难实现随转速变化调节进气涡流强度的目的。为优化柴油机的混合气形成和燃烧过程，现代车用柴油机的进气涡流控制系统。它就是利用电控装置来改变进气道结构或干扰进气道气流运动，从而实现进气涡流控制的。

进气涡流的控制方法有多种，但无论采用哪种方法，都应保证在不降低进气流量的前提下，能在较大范围内调节进气涡流强度，并尽量减少对进气系统结构的改变。

模块小结

1. 发动机的换气过程是发动机排出本循环的已燃气体和为下一循环吸入新鲜充量（空气或可燃混合气）的进、排气过程，它是工作循环得以周而复始不断进行的保证。

2. 换气过程的品质可用充量系数和残余废气系数来说明：其中充量系数用以表示进气是否充足，残余废气系数用以表示排气是否干净。

3. 为提高发动机动力性和经济性指标，需要研究减少进、排气流动阻力损失和提高充量系数的措施及方法，以及如何为燃烧提供各个合适的缸内气体流场，并保证多缸机的各缸均匀性等。

4. 减小进气阻力、合理选择配气相位、减小排气系统阻力、降低进气温度是提高充气效率的重要措施。

思考与练习

1. 何谓换气过程？包括哪几个阶段？
2. 什么是自由排气和强制排气？这两个阶段的时间长短对发动机性能有何影响？
3. 换气损失是怎样造成的？从哪些方面采取措施可以减少换气损失？
4. 何谓充量系数？影响充量系数的因素有哪些？
5. 配气相位、转速、负荷、压缩比对充量系数是如何影响的？
6. 提高充量系数的措施有哪些？
7. 如何确定最佳排气提前角？
8. 对发动机的进气进行控制的目的是什么？

模块 3

发动机的燃烧与排放

📘 学习目标

1. 掌握汽油机混合气的形成与燃烧过程；
2. 掌握柴油机混合气的形成与燃烧过程；
3. 理解影响发动机燃烧的因素；
4. 掌握汽油机及柴油机燃烧室的类型；
5. 掌握发动机有害排放物的控制措施。

📝 学习重点

1. 汽油机混合气的形成与燃烧过程；
2. 柴油机混合气的形成与燃烧过程。

📘 学习难点

影响发动机燃烧的因素。

📝 模块概述

发动机的燃料是发动机动力的来源，不同类型的发动机在结构与性能上的差异，如发动机排放物对环境造成的污染等，都与发动机燃料的种类和品质有着密切的关系。燃料的燃烧，主要是燃料中的碳、氢等元素和空气中的氧之间的剧烈反应，并伴有发光、发热的现象。

本章将通过分析发动机的燃料、汽油机和柴油机混合气的形成与燃烧，明确汽油和柴油的燃烧均受到两者使用因素及燃烧室形状等诸多因素的影响。通过分析汽油机和柴油机排放污染的相关知识，列举汽油机和柴油机排放污染的影响因素，确定提高燃烧效率、降低排放污染的控制措施。

3.1 发动机的燃料

发动机燃料是在内燃机或燃气轮机内燃烧做功发出能量的化学物质的通称。在发动机的工作过程中，气缸内的工作物质是成分和比例不断变化的混合气体：空气、燃料蒸气及燃料燃烧后的混合物（气体、固体、燃料液滴等）。发动机燃料占有重要的地位，它是发动机动力的来源。发动机的存在与发展、不同类型的发动机在结构与性能上的差异、发动机排放物对环境造成的污染等都与发动机燃料的种类和品质有着密切的关系。

汽油与柴油是石油的炼制品，石油的主要成分是碳、氢两种元素，它们的含量占97%～98%，其他还有少量的硫、氧、氮等元素。石油产品是多种碳氢化合物的混合物，分子式为 C_nH_m，通常称为烃，利用烃分子中碳原子数的不同，可构成不同相对分子质量、不同沸点的物质，各类燃料都是几百种单烃的混合物。炼制汽油与柴油最简便的方法是利用沸点不同直接进行分馏，依次得到石油气—汽油—煤油—轻、重柴油—渣油（表3.1）。

表3.1 原油不同分馏段的成分及主要性能

名称	主要成分 （C原子数及质量百分数）	沸点(1 013 kPa) /℃	密度（0℃，101.3 kPa） /(液 kg·L^{-1}，气 kg·m^3)	相对分子质量	着火温度 /℃
石油气	C_1～C_5 83C，17H	-43～+1	0.51～0.58（液） 2.0～2.7（气）	16～58	365～470
汽油	C_5～C_{11} 86C，14H	25～215	0.715～0.78（液）	95～120	300～400
煤油	C_{11}～C_{19} 87C，13H	170～260	0.77～0.83（液）	100～180	250
柴油	C_{16}～C_{23} 87C，13H	180～360	0.815～0.855（液）	180～200	250
渣油	C_{25}以上	360以上		220～280	

在碳氢化合物分子中，碳、氢原子的数目和排列位置对燃料性能影响很大，图3.1所示为燃料中的不同成分对化学安定性的影响。

3.1.1 燃料的使用特性

汽油、柴油不是单一成分和结构的物质，都是由几百种有机物组成的混合物，最初使用的汽油、柴油是原油在直馏时不同分馏段的产物，图3.2所示为原油蒸馏曲线的一例。

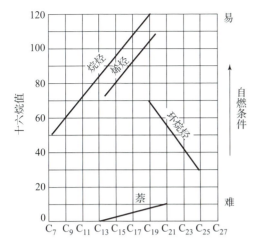

图 3.1 燃料中的不同成分对化学安定性的影响

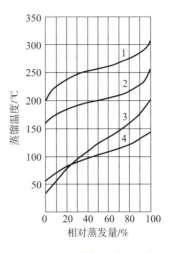

图 3.2 原油蒸馏曲线的一例
1—轻柴油；2—煤油；3—车用汽油；4—航空汽油

一、汽油的性能

车用汽油的性能中，影响汽油机性能的关键性指标主要是辛烷值和馏程等。

1. 辛烷值

汽油机在燃烧过程中，由于压缩比及气缸内气体温度的升高，可能出现一种不正常的燃烧现象，称为爆震。影响汽油机爆震的关键因素之一是燃料的品质，辛烷值是用来表征汽油抗爆性的一项指标，汽油的辛烷值越高，抗爆震能力越强，国产汽油就是用辛烷值来标号的。

为了提高汽油的辛烷值，常在汽油中加入少量的抗爆添加剂，它是由四乙铅 $[Pb(C_2H_5)_4]$ 和溴化乙烷（$C_2H_4Br_2$）组成的混合物，可明显地提高汽油的辛烷值。由于四乙铅有毒，常被限制使用，含有四乙铅的汽油都加色标明，以引起使用者的注意。

2. 馏程

汽油及其他石油产品都是多种烃类的混合物，它们没有一定的沸点，随着温度的上升，按照不同的馏分由轻到重逐次沸腾，汽油馏出温度的范围称为馏程，馏程是用来评价汽油蒸发性的一项指标。为了评价汽油的挥发性，常以10%、50%和90%的馏出温度作为几个有代表意义的点。

（1）10%的馏出温度，汽油馏出10%的温度标志着它的起动性。

（2）50%的馏出温度，汽油馏出50%的温度标志着它的平均蒸发性。

（3）90%的馏出温度，汽油馏出90%的温度标志着它含有难以挥发的重质成分的数量。

二、柴油的性能

柴油分为轻柴油和重柴油，高速柴油机中使用轻柴油，中、低速柴油机中使用重柴油，车用柴油机中主要使用轻柴油。

我国生产的轻柴油的牌号按凝点不同分为 5 号、0 号、-10 号、-20 号、-35 号、

-50号六级,其凝点分别不高于5℃、0℃、-10℃、-20℃、-35℃、-50℃。影响柴油机性能的主要有以下关键性指标。

1. 十六烷值

自燃性好的燃料着火延迟期短,在着火延迟期内,气缸中形成的混合气少,着火后压力升高速度低,工作柔和,冷起动性能亦随之改善,十六烷值就是评定柴油自燃性好坏的一项指标。

柴油的十六烷值与燃料的分子结构及分子量均有密切关系,可以通过选择原油种类、炼制方法及添加剂来予以控制。一般地,直链烷烃比环烷烃的十六烷值高,在直链烷烃中分子量越大,十六烷值越高,尽管燃料的十六烷值高对缩短滞燃期及改善冷起动有利,但十六烷值的增大将带来燃料分子量加大、油的蒸发性变差及黏度增加、排气冒烟加剧及燃油经济性下降等不利影响,因此,国产柴油的十六烷值规定为45~50,不必过大。

2. 馏程

馏程表示柴油的蒸发性,其用燃油馏出某一百分比的温度范围来表示。燃料馏出50%的温度低,说明这种燃料轻馏分多、蒸发快,有利于混合气形成,90%和95%馏出温度标志柴油中所含难以蒸发的重馏分的数量,如果重馏分过多,则在高速柴油机中来不及蒸发和形成均匀混合气,燃烧不容易及时和完全。

3. 黏度

黏度是燃料流动性的尺度,是表示燃料内部摩擦力的物理特性,它影响柴油的喷雾质量。当其他条件相同时,黏度越大,雾化后油滴的平均直径也越大,使燃油和空气混合不均匀、燃烧不及时或不完全、燃油消耗率增加、排气带烟。喷油泵柱塞、喷油器的喷针都是靠燃油润滑,所以柴油应具有一定的黏度,一般轻柴油的运动黏度在20℃时为(2.5~8)×10^{-6} m^2/s。

三、汽油、柴油性能差异对发动机的影响

表3.1所示为常规汽油、柴油成分及主要性能指标——沸点与着火温度的差异。正是由于燃料之间的差异,传统的汽油机与柴油机在混合气形成、着火燃烧模式及负荷调节方式上有着一系列差别,并由此导致了两种机型的各种性能差异。

1. 混合气形成方式的差异

汽油的沸点较低、蒸发性能好,因而进入汽油机气缸中的混合气通常可以是汽油与空气在缸外形成的预制均匀混合气,而柴油沸点高达180~360℃,不适合在缸外混合,即便加热后能在缸外汽化混合,也因空气密度下降而减少进入气缸的充量,同时也消耗额外预热的能量。传统上,柴油机采用缸内高压燃油喷射、与空气雾化混合的混合气形成方式。

2. 着火燃烧模式的差异

汽油机中,缸外预制均匀混合气进入气缸后,只能采用外源强制点火,在混合气中进行火焰传播燃烧,因为若进行预混合压燃,则由于缸内各点同时点火,近于爆炸,这是不允许的。柴油机实行喷雾混合,因其着火温度较低、准备时间短,喷雾后不久立即着火,若初期适于燃烧的混合气量不多,则工作粗暴的情况会得到缓解。

3. 负荷调节方式的差异

混合气形成方式的差异带来了负荷调节方式的不同,汽油机气缸内的均匀混合气能点

燃的过量空气系数范围小，故只能靠改变节气门的开度，控制混合气进气量来调节负荷。这种方式称为负荷的量调节，而因柴油机在较大范围的过量空气系数条件下都可以压燃着火，所以可以靠调节循环供油量来调节负荷，由于吸入的空气量基本上是不变的，过量空气系数会随负荷大幅度变化。

3.1.2 燃料热化学

一、燃料完全燃烧所需的理论空气量

组成发动机燃料的主要元素是碳（C）、氢（H）、氧（O），其他元素含量很少，计算时可略去不计。设1kg燃料中各元素的质量组成为：

$$g_C + g_H + g_O = 1$$

式中 g_C、g_H、g_O——1kg 燃料的 C、H、O 的质量。

空气中的主要元素是氧（O）和氮（N），按体积计（即按物质的量计），O_2 约占 21%，N_2 约占 79%；按质量计，O_2 约占 23%，N_2 约占 77%。

燃油中的 C、H 完全燃烧，其化学反应方程式分别是：

$$C + O_2 = CO_2$$

$$2H + \frac{1}{2}O_2 = H_2O$$

按照化学反应的当量关系，可求出 1kg 燃料完全燃烧所需的理论空气量，即：

$$L_0 = \frac{1}{0.21}\left(\frac{g_C}{12} + \frac{g_H}{4} - \frac{g_O}{32}\right) \text{（kmol/kg 燃油）}$$

$$L_0' = \frac{1}{0.23}\left(\frac{8}{3}g_C + 8g_H - g_O\right) \text{（kg/kg 燃油）}$$

标准状况下以体积表示的理论空气量为：

$$L_0'' = \frac{22.4}{0.21}\left(\frac{g_C}{12} + \frac{g_H}{4} - \frac{g_O}{32}\right) \text{（m}^3\text{/kg 燃油）}$$

将平均质量成分代入可得：汽油的理论空气量为 14.8 kg/kg，柴油的理论空气量为 14.5 kg/kg。

二、过量空气系数 ϕ_a

燃油完全燃烧所需的空气量理论上等于计算得出的理论空气量，实际上，燃烧所提供的空气量并不等于理论空气量。发动机在工作过程中，燃烧 1kg 燃料实际提供的空气量 L 与理论上所需空气量 L_0 之比称为过量空气系数 ϕ_a，即：

$$\phi_a = L/L_0$$

对于进气道喷射的汽油机，由于燃烧时用的是预先混合好的均匀混合气，过量空气系数只在狭小的范围内变化（$\phi_a = 0.8 \sim 1.2$），当负荷变化时，ϕ_a 略有变化，如图 3.3 所示。对于柴油机，其负荷是靠质调节的（即混合气浓度调节），ϕ_a 的变化范围很大，由于混合气形成不均匀，所以 ϕ_a 总是大于1，一般车用高速柴油机，$\phi_a = 1.2 \sim 1.6$；增压柴油机，$\phi_a = 1.8 \sim 2.2$。

除了用 ϕ_a 表示混合气的浓度以外，也可用燃烧时空气量与燃料量的比例，即空燃比来表示，即

$$\alpha = \frac{空气量}{燃料量} = \frac{燃料量 \times \phi_a L'_0}{燃料量} = \phi_a L'_0$$

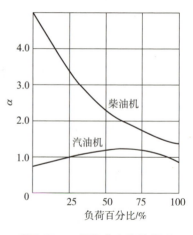

图 3.3 ϕ_a 随负荷变化的关系

对于汽油，理论上在完全燃烧时（$\phi_a = 1$）的空燃比 $\alpha = 14.8$；对于柴油机，当转速一定时，进入缸内的空气量基本保持不变，空燃比的大小取决于供油量的多少（质调节）。

三、$\phi_a > 1$ 时完全燃烧产物的数量

考虑到内燃机燃烧过程的复杂性，为保证燃油的充分燃烧，提高燃烧的热效率，一般情况下供给气缸的空气量总是大于理论空气量，因此，过量空气系数 $\phi_a > 1$。

1. 燃烧前混合气的数量

对于汽油机，燃烧前新鲜混合气由空气和燃料蒸气组成，若燃料相对分子质量为 M_{rT}，则 1kg 燃料形成的混合气量（kmol/kg 燃料）是：

$$M_1 = \phi_a L_0 + \frac{1}{M_{rT}}$$

对于柴油机，混合气是在压缩终点向气缸内喷入液体状态的燃料，其体积不及空气体积的 1/10 000，可忽略不计，认为燃烧前的工质是空气 M（kmol/kg 燃料），即：

$$M = \phi_a L_0$$

2. 燃烧后燃烧产物的数量

在 $\phi_a > 1$ 的情况下，完全燃烧的产物是由 CO_2、H_2O、剩余的 O_2 及未参与反应的 N_2 组成的，即根据前面的化学反应方程式，可很方便地求出 M_2（kmol/kg 燃料），即：

$$M_2 = \phi_a L_0 + \frac{g_H}{4} + \frac{g_O}{32}$$

3.1.3 燃烧的基本知识

燃烧是一种放热的氧化反应，一个完整的燃烧过程包括着火和燃烧两部分。所谓着火，是指可燃混合气在一定的压力、温度、浓度的条件下，氧化反应自动地加速，并产生温升，引起火焰出现的现象。所谓燃烧，是指可燃混合气中的燃料与空气中的氧化剂进行剧烈放热的氧化反应过程。

一、热着火理论

热着火理论从热力的观点来解释燃料的燃烧，该理论认为，燃料燃烧的原因在于热量的积累，因此，具有适当温度、压力的可燃混合气在没有外部能量引入的情况下，依靠混合气自身的反应自动加速，就能自发地引起火焰，这就是我们在柴油机压缩燃烧过程中的自燃现象。

热着火理论从简化合物反应中两个活性分子相互碰撞的机理出发，导出反应放出热

量的速度与温度成指数关系，而系统向环境散热的速度与温度是一个线性关系，在着火过程中，只有当发热速率大于散热速率的时候，有了热量积累才可能着火，如图 3.4 所示。着火存在下列 3 种可能性。

（1）当 $dq_1/dt > dq_2/dt$ 时必然着火，如图中散热速率线①明显低于 dq_1/dt。

（2）当 dq_1/dt 与 dq_2/dt 相切时存在临界着火条件，T_c 称为临界温度，见图中散热速率线②。

（3）当 $dq_1/dt < dq_2/dt$ 时不可能着火，见图中散热速率线③。

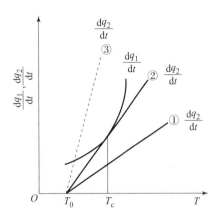

图 3.4　热着火理论的着火条件

因此，着火的临界条件应当是反应放热曲线与散热速率线相切；反之，如果达不到这一条件，便不能着火。

用热理论来分析着火条件可知，影响燃料着火的因素有以下几种。

（1）着火温度。着火温度不仅与可燃混合气的物理化学性质有关，而且与环境温度、压力、容器形状及散热情况等有关，即使是同一种燃料，因条件不同，其着火温度也可能不同。

（2）临界压力和温度。如图 3.5 所示，临界压力和温度明显能影响到着火区域，在低压时，要求有很高的着火温度。

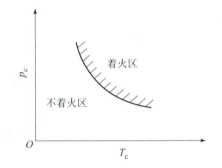

图 3.5　临界压力和温度对自燃界限的影响

（3）可燃混合物的浓度。如图 3.6 所示，存在着一个有关可燃混合物着火的浓度上限（富油极限）与下限（贫油极限），随着温度、压力升高，着火的浓度界限有所加宽，但温度、压力上升得再高，着火界限的加宽也是很有限的。反之，若温度、压力过低（低于临界值），则无论在什么浓度下均不能着火。

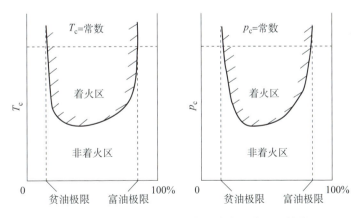

图 3.6　自燃温度及临界压力与混合气着火界限的关系

二、链式着火理论

热着火理论是建立在分子碰撞理论基础上的，并不能解释所有的着火现象，试验表明烃燃料的着火区域在低温、低压区，表现出与高温完全不同的着火规律性，为了研究它们的着火机理，人们引入了链式着火理论。链式着火理论认为，高温并不是引起着火的唯一原因，只要以某种方式（如辐射、电离）激发出活性中心，然后通过链式反应，就能引起着火。

由于汽车发动机的传统燃料大部分都是由单烃组成的混合物，因此，应对烃的氧化反应加以了解，烃的氧化反应可以写成：

$$C_nH_m + \left(n + \frac{m}{4}\right)O_2 = nCO_2 + \frac{m}{2}H_2O$$

烃的氧化反应进行得非常快，根据链锁反应的机理，它可以分为链引发、链传播及链中断三个阶段。

所谓链引发，就是反应物分子受到某种因素激发（如受热裂解、受光辐射），分解成为自由原子或自由基，这种自由原子或自由基（如 H、O、OH 等）具有很强的反应能力，它成为反应中的活性中心，使新的化学反应得以进行。

所谓链传播，就是指已生成的自由原子或自由基继续与反应物作用，一方面将反应推进一步，另一方面同时生成新的自由原子或自由基。如果在每一步中间反应中，都是由一个活性中心与反应物作用产生一个新的活性中心，整个反应以恒定速度进行，则将这样的反应称为直链反应。如果由一个活性中心引起的反应同时生成两个以上的活性中心，这时，链就发生了分支，反应速度将急剧地增长，则将这种反应称为支链反应。

所谓链中断，就是指在链锁反应中，可能由于具有很大反应能力的自由原子或自由基与容器壁面或稀有气体分子碰撞，反应能力减小，不再引致反应。每一次链的中断都会引起总体反应速度减慢以及减少反应继续发展的可能性，在某些不利的场合下还可以使反应完全停止。

3.2 汽油机混合气的形成与燃烧

3.2.1 汽油机混合气的形成

一、汽油机对混合气的要求

作为车用汽油机，其工况（负荷和转速）是复杂的，例如，汽车超车、制动、高速行驶、在红灯信号下起步或怠速运转、满载爬坡等，工况变化范围很大，负荷在 0~100%，转速可以由最低到最高。不同工况对混合气的数量和浓度都有不同的要求，具体要求如下：

（1）小负荷工况，要求供给较浓混合气，过量空气系数 ϕ_a = 0.7~0.9，因为在小负荷条件下，节气门开度较小，进入气缸内的可燃混合气量较少，而上一循环残留在气缸中的废气在气缸内气体中所占的比例相对较多,不利于燃烧,因此必须供给较浓的可燃混合气。

(2) 中负荷工况,要求经济性为主,混合气成分的过量空气系数 $\phi_a = 0.9 \sim 1.1$。由于发动机大部分工作时间处于中负荷工况,因此以对经济性的要求为主。在中负荷时,节气门开度中等,故应供给接近于相应耗油率最小的 ϕ_a 值的混合气,主要是 $\phi_a > 1$ 的稀混合气,这样,功率损失不多,节油效果却很显著。

(3) 全负荷工况,要求发出最大功率,$\phi_a = 0.85 \sim 0.95$。在汽车需要克服很大阻力(如上陡坡或在艰难路上行驶)时,驾驶员往往需要将加速踏板踩到底,使节气门全开。发动机在全负荷下工作,显然要求发动机能发出尽可能大的功率,即尽量发挥其动力性,从而经济性要求居次要地位。

(4) 起动工况,要求供给极浓的混合气,$\phi_a = 0.2 \sim 0.6$。因为发动机起动时,由于发动机处于冷车状态,混合气得不到足够的预热,汽油蒸发困难。

(5) 怠速工况,是指发动机在对外无功率输出的情况下以最低转速运转,此时混合气燃烧后所做的功用以克服发动机的内部阻力,使发动机保持最低转速稳定运转。汽油机怠速运转一般为 300~700 r/min,转速很低,节气门开度很小,吸入气缸内的可燃混合气量很少,同时又受到气缸内残余废气的冲淡作用,混合气的燃烧速度下降,因而发动机动力不足,因此要求提供较浓的混合气,$\phi_a = 0.6 \sim 0.8$。

(6) 加速工况,是指发动机负荷增加的过程。急加速时,节气门迅速开大,要求发动机的动力迅速提高,所以这时必须加浓混合气以满足发动机急加速的要求。

综上所述,车用汽油机在正常运转时,在小负荷和中负荷工况下,要求燃料供给系统能随着负荷的增加,供给由浓逐渐变稀的混合气。当进入大负荷直到全负荷工况时,又要求混合气由稀变浓,最后加浓到保证发动机发出最大功率。

二、汽油机混合气的形成

1. 汽油机混合气的形成过程

电控燃油喷射式汽油机按其燃油的喷射位置不同,又可分为单点喷射、多点喷射和缸内喷射三种类型,如图 3.7 所示。

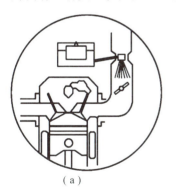 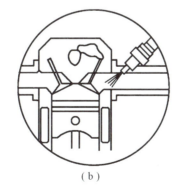 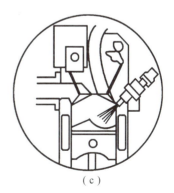

(a) (b) (c)

图 3.7 汽油机的燃油喷射位置
(a) 单点喷射;(b) 多点喷射;(c) 缸内喷射

1) 单点喷射汽油机混合气的形成过程

单点喷射汽油机在节气门上方装有一个中央喷射装置,由 ECU 控制 1~2 只喷油器将汽油喷入进气总管，形成的可燃混合气由进气歧管分配到各气缸中。

汽油机单点喷射系统的出现较早，单点喷射系统的性能比多点喷射系统差一些，但其结构简单、故障少、维修方便，特别是在大量生产后，其成本较低。单点喷射系统的喷射位置距离气缸较远，混合气形成的时间相对较长。

2）多点喷射汽油机混合气的形成过程

多点喷射汽油机在每缸进气道上都装有一只喷油器，由ECU控制喷油器将汽油喷入进气道内，混合气的形成过程从汽油喷入进气道直至随空气进入气缸被电火花点燃为止。

多点喷射系统的燃油分配均匀性好，进气管可按最大进气量来设计，而且无论发动机处于冷机状态还是热机状态，其过渡的响应及燃油经济性都是最佳的。但多点电控燃油喷射系统的控制系统比较复杂、成本较高。此外，与单点喷射系统相比，多点喷射的喷油位置距离气缸近，混合气形成的时间相对较短，所以为保证混合气形成质量，所需的喷油压力也较高。一般单点喷射系统的喷油压力为0.07~0.10 MPa，多点喷射系统的喷油压力为0.25~0.35 MPa。

3）缸内喷射汽油机混合气的形成过程

缸内喷射汽油机将各缸喷油器分别安装在气缸盖上，由ECU控制喷油器将汽油直接喷入气缸，在气缸内部与空气混合形成混合气。

汽油机的缸内喷射技术是近年来以节能和环保为目的发展起来的，由于混合气形成时间短（与单点喷射和多点喷射相比），且后期喷油时的缸内压力较高，为保证混合气的形成质量和喷油的可靠性，需较高的喷油压力，一般喷油压力可达5~11 MPa。

2. 汽油机混合气形成过程的控制

汽油机混合气的形成过程对发动机性能也有极其重要的影响，在电控燃油喷射式汽油机中，通常通过控制喷油正时（即喷油器开始喷油的时刻）来控制混合气的形成过程。喷油过早，容易导致部分燃油沉积在进气管（或进气道）内壁上，而不能随空气进入气缸；喷油过迟，则会导致混合气形成时间过短，影响混合气的形成质量。实验证明，最佳的喷油正时使各缸进气行程的开始时刻与喷油结束时刻同步，它可根据各缸活塞到达排气上止点（进气行程开始）的时刻、喷油时间及发动机转速确定。

喷油器的喷油可分为同步喷油和异步喷油两种类型。同步喷油是指根据发动机各缸工作循环在既定的曲轴位置进行的喷油，同步喷油有规律性。按喷油器的喷射顺序不同，同步喷油又可分为顺序喷射、分组喷射和同时喷射3种方式。异步喷油与发动机的工作不同步，无规律性，它是在同步喷油的基础上，为改善发动机的性能额外增加的喷油，主要有起动异步喷油和加速异步喷油。

3. 汽油机混合气浓度的控制

喷油量控制是汽油机电控燃油喷射系统最主要的控制功能之一。控制喷油量的目的就是使发动机在各种运行工况下都能获得最佳的混合气浓度，以提高发动机的经济性和降低排放污染。

当喷油器的结构和喷油压差一定时，喷油量的多少就取决于喷油时间。常见汽油机电控燃油喷射系统的组成如图3.8所示。在汽油机电控燃油喷射系统中，喷油量控制是通过对喷油器喷油时间的控制来实现的。发动机工作时，计算机（ECU）根据空气流量信号和发动机转速信号确定基本的喷油时间（喷油量），再根据其他传感器（如水温传感器、节气门位置感器等)对喷油时间进行修正,并按最后确定的总喷油时间向喷油器发出指令,使喷油器喷油(通电)或断油(断电)。

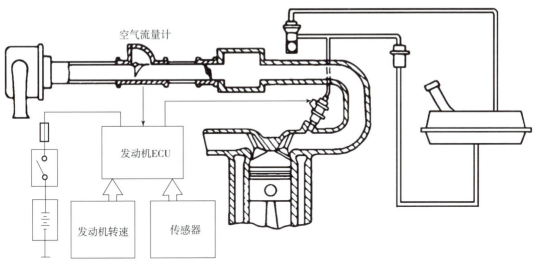

图3.8 常见汽油机电控燃油喷射系统的组成

3.2.2 汽油机的燃烧过程及其影响因素

一、正常燃烧

汽油机正常的燃烧过程是从定时的火花点火开始,且火焰前锋以一定的正常速度传遍整个燃烧室的过程。

研究燃烧过程的方法很多,但简单易行且经常使用的方法是测取示功图,它反映了燃烧过程的综合效应。汽油机的燃烧过程如图3.9所示。

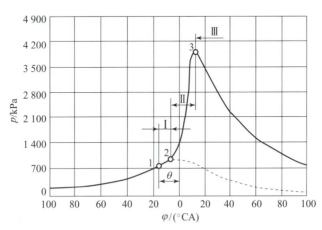

图3.9 汽油机的燃烧过程

1—开始点火;2—形成火焰中心;3—最高压力点;Ⅰ—着火落后期;Ⅱ—明显燃烧期;Ⅲ—后燃期

为分析方便,按其压力变化特点,将燃烧过程分成着火落后期、明显燃烧期和后燃期三个阶段。

(1)着火落后期(图3.9中1—2段)是指从火花塞点火到火焰核心形成的阶段,即从火花塞点火（点1）至气缸压力线明显脱离压缩线而急剧上升时（点2）的时间或曲轴转角，这段时间约占整个燃烧时间的15%。

（2）明显燃烧期（图3.9中2-3段）是指火焰由火焰中心烧遍整个燃烧室的阶段，因此也可称为火焰传播阶段。

在均质混合气中，在火焰中心形成之后，火焰向四周传播，形成一个近似球面的火焰层，即火焰前锋，从火焰中心开始层层向四周未燃混合气传播，直到连续不断的火焰前锋扫过整个燃烧室。

图3.9中最高燃烧压力点3到达的时刻对发动机的功率、经济性有重大影响，如点3到达时间过早，则混合气必然过早点燃，从而引起压缩过程负功的增加，压力升高率增加，最高燃烧压力过高；相反，如点3到达时间过迟，则膨胀比将减小，同时，燃烧高温时期的传热表面积增加，这也是不利的，点3的位置可以通过调整点火提前角 θ 来调整。

（3）后燃期（图3.9中点3以后）是指从明显燃烧期终点3至燃料基本完全燃烧为止的时期，$p-\varphi$ 图上的点3表示燃烧室主要容积已被火焰充满，混合气燃烧速度开始降低，加上活塞向下止点加速移动，使气缸中压力从点3开始下降，在后燃期中主要是湍流火焰前锋后面没有完全燃烧掉的燃料，以及附着在气缸壁面上的混合气层继续燃烧。

二、不正常燃烧

汽油机的不正常燃烧是指设计、控制不当或运转因素，使汽油机偏离正常点火的时刻及地点，由此引起燃烧速率急剧上升等异常现象。不正常燃烧可分为爆震和表面点火两类。

1. 爆震

爆震是汽油机最主要的一种不正常燃烧现象，常在压缩比较高时出现，图3.10所示为在正常燃烧与爆震时 $p-t$ 图和 $\mathrm{d}p/\mathrm{d}t$ 图的比较。

如图3.10所示，爆震时，缸内压力曲线出现高频大幅度波动（锯齿波），同时发动机会产生一种高频金属敲击声，因此也称爆震为敲缸。轻微爆震时，发动机功率上升；严重爆震时，发动机功率下降，转速下降，工作不稳定，机体有较大震动，同时冷却液过热，润滑油温度明显上升。

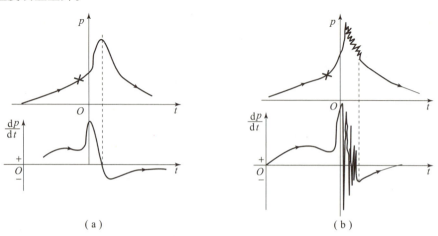

图3.10 在正常燃烧与爆震时 $p-t$ 图和 $\mathrm{d}p/\mathrm{d}t$ 图的比较
(a) 正常燃烧；(b) 爆震

图3.11所示为汽油机爆震的机理。火花塞点火后，火焰前锋面呈球面波形状，以正常传播速度（30～70 m/s）向周围传播，缸内压力和温度都急剧升高，混合气燃烧产生的压力波迅速向周围传播。

混合气燃烧产生的压力波在火焰前锋面之前到达燃烧室边缘区域，该区域的可燃混合气（即末端混合气）在压缩终点温度的基础上进一步受到压缩和热辐射，加速其先期反应，并放出部分热量，使本身压力和温度不断升高，燃烧前的化学反应加速，这些都是正常现象。但如果这一反应过于迅速，以致在火焰前锋面到达之前末端混合气即开始自燃，则引发爆震。爆震发生时，火焰传播速度为100～300 m/s（轻微爆震）甚至800～1 000 m/s（强烈爆震）。

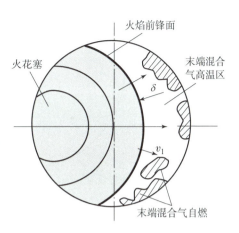

图3.11 爆震的机理

爆震会给汽油机带来很多危害，当发生爆震时，最高燃烧压力和压力升高率都急剧增大，因而相关零部件所受应力大幅度增加，机械负荷增大。爆震时压力波冲击缸壁破坏了油膜层，导致活塞、气缸和活塞环磨损加剧，剧烈无序的放热还使气缸内温度明显升高，热负荷及散热损失增加，这种不正常燃烧还使动力性和经济性恶化。根据末端混合气是否易于自燃来分析，影响爆震的因素如下：

（1）燃料性质。辛烷值高的燃料，抗爆震能力强。

（2）末端混合气的压力和温度。末端混合气的压力和温度增高，则爆震倾向增大，例如，提高压缩比，则气缸内压力、温度升高，爆震易发生。

（3）火焰前锋面传播到末端混合气的时间。提高火焰传播速度、缩短火焰传播距离，都会减少火焰前锋面传播到末端混合气的时间，有利于避免爆震。

2. 表面点火

在汽油机中，凡是不靠电火花点火而由燃烧室内炽热表面（如排气门头部、火花塞绝缘体或零件表面炽热的沉积物等）点燃混合气的现象，都统称为表面点火。表面点火的点火时刻是不可控制的，早燃是指在火花塞点火之前炽热表面点燃混合气的现象，由于它提前点火而且热点表面比电火花大，所以燃烧速率变快，气缸压力、温度增高，发动机工作粗暴，并且压缩功增大、向缸壁传热增加，致使功率下降，火花塞、活塞等零件过热。汽油机早燃的示功图如图3.12所示。

早燃会诱发爆震，爆震又会让更多的炽热表面温度升高，促使更剧烈的表面点火，两者互相促进，危害可能更大。

与爆震不同，表面点火一般是在正常火焰燃烧到之前由炽热物点燃的混合气所致，没有压力冲击波，爆震声比较沉闷，主要是由活塞、连杆、曲轴等运动件受到冲击负荷产生震动造成的。

凡是能促使燃烧室温度和压力升高以及促使积炭等炽热点形成的一切条件，都能促成表面点火。各种燃烧示功图的比较如图3.13所示。

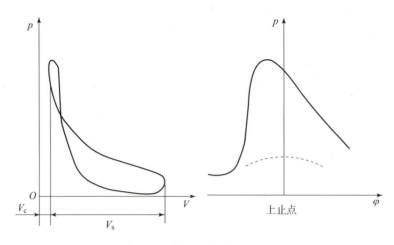

图 3.12　汽油机早燃的示功图

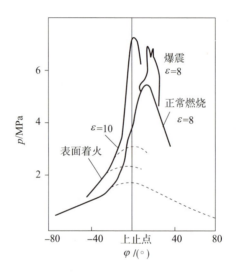

图 3.13　几种燃烧过程的示功图

三、使用因素对燃烧的影响

1. 点火提前角

点火提前角是从火花塞跳火到上止点之间的曲轴转角，点火提前角应该随燃料性质、转速、负荷、过量空气系数等因素的变化而变化。

当汽油机的节气门开度、转速以及混合气浓度一定时，汽油机有效功率和有效燃油消耗率随点火提前角改变而变化的关系称为点火提前角调整特性，如图 3.14 所示。

对应每一工况都存在一个最佳点火提前角，这时汽油机功率最大、油耗最低。最佳点火提前角使最高燃烧压力出现在上止点后 12°～15°，这时的实际示功图与理论示功图最为接近（时间损失最小）。

点火提前角不同的示功图如图 3.15 所示，点火过迟，则燃烧延长到膨胀过程，燃烧最高压力和温度下降，传热损失增多，排温升高，热效率降低，爆震倾向减小，有效功率下降，NO_x、HC 的排放量降低。

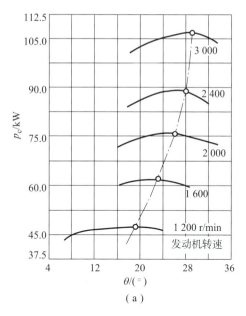
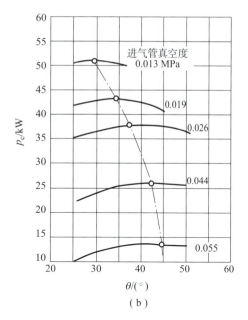

图 3.14　点火提前角调整特性

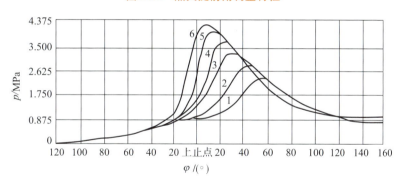

图 3.15　点火提前角不同的示功图
1、2、3、4、5、6—10°、20°、30°、40°、50°、60°点火提前角

点火提前角对汽油机的经济性影响较大，据统计，如果点火提前角偏离最佳值5°曲轴转角，则热效率下降1%；偏离10°曲轴转角，热效率下降5%；偏离20°曲轴转角，热效率下降16%。

影响最佳点火提前角的因素较多（如大气压力、温度、湿度、缸体温度、燃料辛烷值、空燃比、残余废气系数、排气再循环率等），传统的真空式和离心式点火提前角调整装置只能随转速、负荷的变化对点火提前角作近似调整。

2. 混合气浓度

在汽油机的转速、节气门开度保持一定、点火提前角为最佳值时调节供油量，记录功率、燃油消耗率、排气温度随过量空气系数的变化曲线，称为汽油机在某一转速和节气门开度下的调整特性，如图 3.16 所示。

混合气浓度对汽油机动力性、经济性是有影响的，当 $\phi_a = 0.8 \sim 0.9$ 时，由于燃烧温度最高、火焰传播速度最大，p_e 达最大值，但爆震倾向增大；当 $\phi_a = 1.03 \sim 1.1$ 时，由于燃烧完全，b_e 最低，使用 $\phi_a < 1$ 的浓混合气工作，由于必然会产生不完全燃烧，所以 CO 排放量明显上升；当 $\phi_a < 0.8$ 及 $\phi_a > 1.2$ 时，火焰速度缓慢，部分燃料可能来不及完全燃烧，因而经济性差，HC 排放量增多且工作不稳定。

3. 负荷

汽油机的转速保持不变，通过改变节气门开度来调节进入气缸的混合气量，以达到不同的负荷要求。

当节气门关小时，充量系数急剧下降，但留在气缸内的残余废气量不变，使残余废气系数增加，着火落后期增加，火焰传播速率下降，最高爆发压力、最高燃烧温度、压力升高率均下降，冷却液散热损失相对增加，燃油消耗率增加，因此，随着负荷的减小，最佳点火提前角需要增大（图 3.17）。

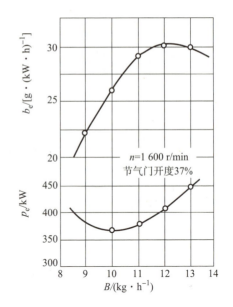

图 3.16　汽油机的调整特性

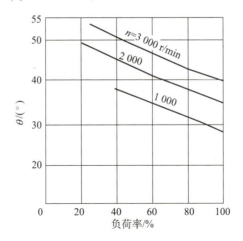

图 3.17　最佳点火提前角随负荷的变化

4. 转速

当转速增加时，气缸中湍流增加，火焰传播速率大体与转速成正比例增加，因而最高爆发压力、压力升高率随转速的变化不大。此外，在转速升高时，一方面，由于散热损失减少，进气被加热，使气缸内混合气更均匀，有利于缩短着火落后期，但另一方面，由于残余废气系数增加，气流吹走电火花的倾向增大，又促使着火落后期增加，这两种因素使以秒计的着火落后期与转速的关系不大，但是按曲轴转角计的着火落后期却随转速的升高而增加。因此，在转速升高时，应增大点火提前角。

5. 冷却液温度

发动机冷却液温度应控制在 80～90℃。水温过高、过低均影响混合气的燃烧和发动机的正常使用。

冷却液温度过高会使燃烧室壁及缸壁过热，爆震及热面点火倾向增加；同时进入气缸的混合气温度升高、密度下降、充量减少,使发动机动力性、经济性下降。所以,在使用维护中,应注意及时清除水道内的水垢,使水流畅通;注意利用百叶窗调整发动机冷却液温度;经常检查水温表、节温器等装置,使其工作正常。

冷却液温度过低,传给冷却液的热量增多,发动机热效率降低、功率下降、耗油率增加;润滑油黏度增大,流动性差,润滑效果变差,摩擦损失及机件磨损加剧,容易使燃烧中的酸性气体和水蒸气结合成酸性物质,使气缸腐蚀磨损增加;燃烧不良易形成积炭;不完全燃烧现象严重,排放污染增多。因此,使用中应注意控制好冷却液温度,冷却液温度不能太低。

6. 压缩比

提高压缩比可提高压缩行程终了工质的温度、压力,加快火焰传播速度。选择合适的点火提前角,可使燃烧在更小的容积内进行,燃烧终了的温度、压力更高,且燃气膨胀充分,热转变为功的量多,热效率提高,发动机功率、转矩增大,有效耗油率降低。

压缩比提高会增加未燃混合气自燃的倾向,容易产生爆燃。为此,要求改善燃烧室的设计,并提高汽油的辛烷值。如果压缩比超过 10,则热效率提高程度减慢、机件的机械负荷过大、排放污染严重。因此,应选择合适的压缩比。

7. 气缸直径

气缸直径增大,火焰传播距离增长,从火焰中心形成到火焰传播至末端混合气的时间增长;面容比减小,传给冷却液的热量减少,爆震的倾向增加。通常汽油机直径在 100 mm 以下。此外,适当布置火花塞位置或采用多火花塞可以缩短火焰传播距离,减少爆震倾向。

8. 气缸盖、活塞材料及燃烧室积炭

铝合金比铸铁导热性好。气缸盖、活塞采用铝合金材料,可使燃烧室表面温度降低、负荷明显减小、爆震倾向降低。

在发动机工作过程中,如果燃烧不完全的燃油和窜入燃烧室的机油在氧气和高温作用下凝聚在燃烧室壁面及活塞顶部,就会形成积炭。积炭不易传热、温度较高,对混合气有加热作用,并且积炭所占体积减小了燃烧室容积,从而使压缩比有所提高。这些都使爆震倾向增加。积炭表面温度很高,易引起热面点火,因此,在使用中应注意及时清除积炭。

3.2.3 汽油机的燃烧室

一、对燃烧室的要求

燃烧室结构直接影响到发动机充量系数、火焰传播速率及放热率、传热损失及爆震的发生,从而影响发动机的性能。为了使汽油机动力性高、经济性好、工作平稳、噪声小、排气污染小,我们对燃烧室提出了一系列要求。

(1) 结构紧凑。面容比 F/V(燃烧室表面积与容积之比)常用于表示燃烧室的紧凑性,它与燃烧室形式以及汽油机的主要结构参数有关,侧置气门燃烧室的 F/V 大,顶置气门燃烧室的 F/V 要小得多,即使都是顶置气门,不同形状燃烧室的 F/V 值也是有差别的。

一般来说,F/V 大,火焰传播距离长,爆震容易发生,HC 排放多(图 3.18),相对

散热面积大，热损失大。面容比值较小，燃烧室紧凑，具有的优点一是火焰传播距离短，不易爆震，可提高压缩比；二是相对散热损失小，热效率高；三是熄火面积小，HC 排放少。

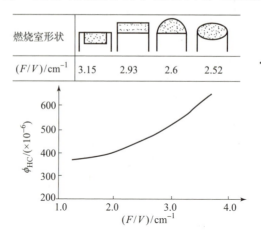

图 3.18　几种燃烧室的 F/V 与 HC 排放

（2）具有良好的充气性能。应允许有较大的进、排气门流通截面，这样可以提高充量系数，降低泵气损失，燃烧室壁面与气门头部要有足够的间隙，以避免壁面的遮蔽作用。

（3）火花塞位置安排得当。火花塞的位置直接影响火焰传播距离的长短，从而影响抗爆性，也影响火焰面积扩展速率和燃烧速率。不同的火花塞位置对燃料辛烷值要求也不同。

（4）要产生适当的气体流动。在燃烧室内形成适当强度的气体流动有以下优势：一是增加了火焰传播速度；二是扩大了混合气体的着火界限，可以燃烧更稀的混合气；三是降低了循环变动率；四是降低了 HC 排放。

（5）适当冷却末端混合气。末端混合气要有足够的冷却强度，以降低末端混合气温度，减轻爆震倾向，但又不可使激冷层过大，以免增加 HC 的排放。

二、燃烧室的类型

1. 楔形燃烧室

楔形燃烧室如图 3.19 所示。其结构较紧凑，火焰传播距离较短，气门倾斜 6°~30°，使得气道转弯小。这种燃烧室气门直径较大，所以充气性能较好。楔形燃烧室有一定的挤气面积，并且末端混合气冷却作用较强，故压缩比可达 9.5~10.5，这种燃烧室有较好的经济性、动力性。

楔形燃烧室的火花塞布置在楔形高处，对着进、排气门之间，有利于新鲜混合气扫除火花塞附近的废气，低速、低负荷性能稳定，但混合气过分集中在火花塞处使得初期燃烧速度大，$\Delta p/\Delta \varphi$ 值较高，工作粗暴，NO_x 排放较多，由于挤气面积内的熄火现象，废气中 HC 的含量亦较多，故需控制挤气面积。

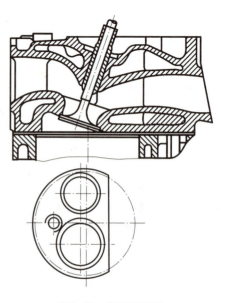

图 3.19　楔形燃烧室

2. 浴盆形燃烧室

浴盆形燃烧室如图 3.20 所示。这种燃烧室高度是相同的，宽度允许略超出气缸范围来加大气门直径。从气流运动考虑，需要在气门头部外缘与燃烧室壁面之间保持 5～6.5 mm 的距离，这样使气门尺寸所受的限制比楔形大。浴盆形燃烧室的特点是：具有一定的挤气面积，但挤流效果差；火焰传播距离较长，燃烧速度较低，使整个燃烧时间长，经济性、动力性不好；HC 排放多，但 $\Delta p/\Delta \varphi$ 值低，工作柔和，NO_x 的排放较少，工艺性好。我国 6 100Q 汽油机、492Q 汽油机均采用此种燃烧室。

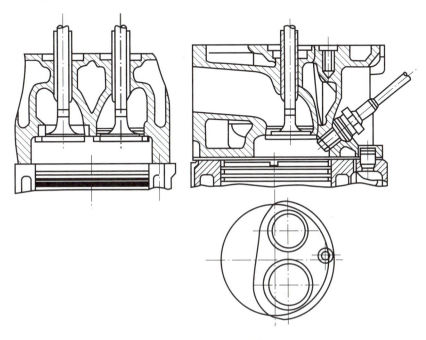

图 3.20 浴盆形燃烧室

3. 半球形燃烧室

半球形燃烧室如图 3.21 所示。这种燃烧室结构紧凑，且由于火花塞位于中间，故火焰传播距离也是最短的，进、排气门倾斜布置，使气门直径较大，气道转弯较小，充气效率高，且对转速变化不敏感，最高转速在 6 000 r/min 以上的车用汽油机几乎都采用此类燃烧室。因此半球形燃烧室有较好的动力性和经济性，由于面容比小，HC 排放少。

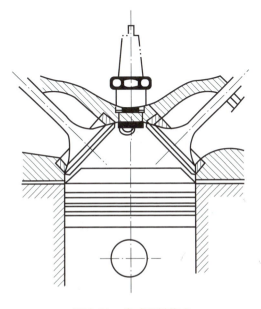

图 3.21 半球形燃烧室

3.3 柴油机混合气的形成与燃烧

3.3.1 柴油机混合气的形成

柴油机混合气的形成是指燃料喷入气缸至着火及燃烧的整个阶段中所发生的破碎、雾化、汽化并与空气之间相互渗透和扩散的过程，其中部分过程是和燃烧过程重叠进行的，它直接决定着燃烧质量。由于柴油的蒸发性差，因此柴油机是采用高压喷射的方法，即在压缩冲程接近终了时，借助喷油器将柴油喷入燃烧室，与气缸中高温、高压的空气混合形成可燃混合气，经过一系列物理、化学准备后，着火燃烧，随后，混合气的形成和燃烧便重叠进行，即一边喷油，一边混合和燃烧。

柴油机混合气的形成与汽油机相比有两个显著特点：
(1) 混合气的形成在气缸内部进行。
(2) 混合气形成的时间较短。

从喷油到结束占 15°～30°的曲轴转角，当柴油机转速为 2 000 r/min 时，15°的曲轴转角仅相当于 1/8 000 s。在如此短的时间内，混合气的形成是极不充分的，也极不均匀。为了使喷入气缸中的柴油尽可能燃烧完全，柴油机不得不采用较大的过量空气系数，使喷入燃烧室内的柴油能够燃烧得比较完全。理想柴油机混合气的形成过程应该是燃料喷入燃烧室后在尽可能短的时间内与周围空气均匀雾化、混合，形成可燃混合气。

着火后继续喷入的燃料应及时得到足够的空气和混合能量，以便迅速混合，力求避免燃料直接进入高温缺氧区域，引起裂化。柴油机混合气形成主要依靠三方面作用：一是燃料喷雾；二是空气运动，必要的空气运动可以促使柴油很快在整个燃烧室空间得到均匀分布，加速混合气形成；三是与燃烧室形状的良好配合。

柴油机可燃混合气的形成，按其形成原理可分为空间雾化混合和油膜蒸发混合两种方式。

一、空间雾化混合方式

该方式直接将柴油喷射到燃烧室空间，经雾化、蒸发与空气混合，形成雾状混合物。为了使混合迅速而均匀，要求采用雾化质量较好的多孔喷油器，并使喷射油束与燃烧室形状相配合，在燃烧室内组织适当的空气运动。燃油与空气的相对运动速度是形成较均匀混合气的主要因素，它可以使油束中的油滴在运动中与空气分子之间产生摩擦和碰撞，进一步分裂细化。相对运动速度越高，这种摩擦和碰撞越激烈，分裂后的油滴直径越小，数量越多，总的蒸发表面积也越大，混合气也越均匀。

空间雾化混合气的优点是混合气形成速度快，燃烧过程比较稳定，对转速范围的适应性强。其缺点是燃料在着火以前形成的混合气量较多，使燃烧过程较为粗暴，并生成较多

的 NO_x。混合气在这一过程中混有尚未蒸发汽化的液态油粒,不完全是气相的,所以若油滴蒸发、雾化速度不及燃烧速度快,则将产生不完全燃烧。在中、低速柴油机中,几乎都是采用空间雾化方式组织混合气。中小型高速柴油机中,无论用何种燃烧系统组织混合气,空间雾化方式也都占有一定的比例。

二、油膜蒸发混合方式

该方式是将绝大部分柴油喷射到较高温度的燃烧室壁面上,形成一层油膜,只有5%左右的柴油直接喷射在燃烧室空间的空气中,这一小部分柴油在空间雾化与蒸发,与空气混合而首先着火。柴油着火后使燃烧室的温度迅速升高,使燃烧室壁面上的油膜在强烈的旋转气流作用下,以越来越快的速度蒸发,并与空气形成均匀的可燃混合气。

影响这种混合气质量的主要因素是燃烧室壁温、油膜厚度和空气与油膜相对运动的速度。燃烧室壁温过低,油膜蒸发缓慢。壁温过高会引起燃料裂化。

油膜蒸发混合方式比空间雾化混合方式所得到的混合气更均匀,混合气在这一过程中完全是气相的。通过油膜的蒸发和气流的旋转运动还可以实现分层燃烧,做到既减少冒烟又可控制燃烧速度,防止工作粗暴。因此,用这种方式形成的混合气比例越高,燃烧越柔和,排气中 NO_x 含量也越低。其缺点是油膜蒸发的速度受壁温、油膜厚度和气流运动的影响很大,燃烧不及空间雾化稳定。当燃烧室壁温较低时,混合气形成慢,冷起动困难,怠速及小负荷时 HC 排放多。

因此,近年来单独使用这种混合气形成方式及其燃烧系统的发动机已越来越少。但对于小型高速柴油机来说,由于燃料或多或少地会喷到燃烧室壁面上,所以两种混合方式都兼有。从这种意义上说,油膜蒸发混合方式仍有重要的学术和实用价值。

三、两种混合方式的对比

表 3.2 所示为空间雾化混合和油膜蒸发混合特点的对比。在空间雾化混合中,燃油的喷雾特性对混合起决定性的作用。为提高混合气形成速度,往往要将燃料尽可能喷得很细,分布均匀。这样就使较多的油滴受热蒸发,在着火延迟期内形成大量的可燃混合气,造成初期放热率过大,压力急剧升高,工作粗暴,NO_x 排放多。但如果减小着火延迟期内混合气生成量,则势必造成大量燃油在着火后的高温高压下蒸发混合,容易因空气不足而裂解成炭烟。因此,尽管空间雾化混合方式有较高的热效率,但炭烟、NO_x 和燃烧噪声均较高。

表 3.2 空间雾化混合和油膜蒸发混合方式的对比

序号	空间雾化混合	油膜蒸发混合
1	绝大部分燃料以较高的压力被喷射到燃烧室空间中,散布于空气中	利用强烈的空气旋流将大部分燃料涂布到燃烧室壁面上
2	燃料在空气中呈细小油粒状	燃料在壁面上形成油膜
3	细小油滴以液相与空气混合,形成不均匀混合气(液相混合)	油膜蒸发,燃油蒸气与空气混合,形成相对均匀的混合气(气相混合)

续表

序号	空间雾化混合	油膜蒸发混合
4	大量细小油滴受热汽化,在着火延迟期内形成的可燃混合气数量较多,多点大面积同时着火	散布在空间的少量燃油,在着火延迟期内形成少量可燃混合气,着火面积小
5	初期燃烧的放热速率很高,以后逐渐减慢	受油膜蒸发速度的影响,燃烧放热速率呈前低后高的规律

油膜蒸发混合的指导思想是利用燃油蒸发速率控制混合气生成速率,燃烧室壁面和空气旋流起了主要作用。图3.22所示为两种混合方式的混合气形成速率对比。

如果在着火延迟期内喷入燃烧室的燃料量相同,则由于油膜受热蒸发所需时间比细小油滴长得多,加之燃烧室壁温控制较低,油膜蒸发混合方式在着火延迟期内生成的混合气量远小于空间雾化方式。随燃烧的进行,在高温和火焰辐射作用下,油膜蒸发加速,使混合气生成速度加快。

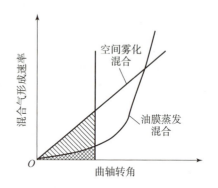

图3.22 两种混合方式的混合气形成速率对比

另外,大部分燃料是在蒸发后以气体状态与空气或高温燃气接触,这样可以避免空间雾化混合时常有的液态燃油高温裂解问题,使炭烟特别是大颗粒炭烟排放降低。尽管由于油膜蒸发混合方式存在一些难以解决的问题,且在实际中应用不多,但它的提出打破了空间雾化混合概念的束缚,开阔了发动机混合气形成和燃烧的思路,具有重要的理论意义。

上述各种气流运动方式和混合气形成方式在实际柴油机中并不是单一存在的,往往是多种方式并存。以中、小型车用直喷式柴油机为例,在以空间雾化混合为主的同时,到达壁面的燃油又存在油膜蒸发混合方式,燃烧室中的热混合现象也是客观存在的。至于气流运动,则以进气涡流为主的同时,挤流、微涡流乃至多气门时专门组织的滚流都有。这充分反映了实际柴油机中混合气形成和燃烧的复杂性与多样性。

3.3.2 柴油机的燃烧过程及其影响因素

一、柴油机的着火

柴油机的燃烧过程是从压缩过程上止点前喷油开始到膨胀过程燃烧终了为止,所占时间很短(为50°~70°曲轴转角,高速柴油机只有3~6 ms),是一个非常复杂的物理化学过程。

柴油机利用柴油化学安定性差、易自燃的特点,采用压缩自燃的方式使可燃混合气着火,在压缩过程的末期将柴油喷入气缸,此时缸内空气温度高达500~900 ℃,远远超过了柴油的自燃温度,但燃料并不能立即着火燃烧。

要使可燃混合气着火燃烧,必须具备如下两个条件:

(1)可燃混合气必须加热到某一临界温度以上,否则,燃料就不能着火。燃料不用外界能量点燃而能自行着火的最低温度称为着火温度或自燃温度。

(2) 可燃混合气中燃料与空气的比例要在着火界限范围内才能着火燃烧，若混合气过浓，说明氧分子相对较少、燃料分子过多；混合气过稀，表明燃料分子过少、氧分子过多，这两种情况的氧化反应程度都不够。因此，混合气过浓或过稀，超出了着火界限就不能着火。

柴油机气缸内燃料油束的着火情况非常复杂，位于油束外围直径很小的油滴在很短时间内即蒸发完毕，这时虽然可以形成有适当浓度的混合气区域，但由于温度不够或化学准备来不及，则此处不可能着火，经过一段时间后，扩散作用使这个部分的混合气变稀，也难以着火。所以首先着火的地点不在最小油滴处，也不在油束核心浓度过高的部分，而是在油束核心与外围之间混合气浓度和温度适当的地方。

二、柴油机燃烧过程的划分阶段

柴油机的燃烧基本上是喷雾的非定常紊流扩散燃烧，即在燃烧室所限制狭窄空间内的高温、高压环境下，经高压喷射的高浓度燃料喷雾在空间分配不均的状态下，在极短的时间内进行的一种燃烧形态。柴油机的燃烧过程是柴油机工作过程的核心部分，为便于分析，通常利用展开示功图，根据气缸中工质压力和温度的变化规律，将其人为地划分为四个阶段，即着火延迟期、速燃期、缓燃期和补燃期，如图 3.23 所示。

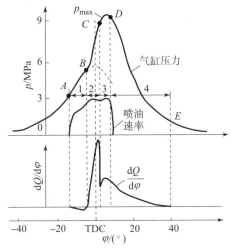

图 3.23　柴油机燃烧过程
1—着火延迟期；2—速燃期；3—缓燃期；4—补燃期

1. 着火延迟期

着火延迟期又称为滞燃期（图 3.23 中的 AB 段），即从喷油始点 A 到由于开始燃烧而引起压力升高使压力脱离压缩线开始急剧上升的 B 点（着火点）。在着火延迟期内，喷入燃烧室高温、高压气体中的燃料进行粉碎、雾化、扩散、加热、蒸发、汽化和空气混合，直至在某些局部区域进行可燃混合气的物理准备阶段，以及燃料分子的裂化、低温多阶段着火的化学准备阶段。在此阶段，物理过程和化学过程是同时相继进行的。

2. 速燃期

速燃期又称预混合燃烧期（图 3.23 中的 BC 段），即从压力脱离压缩线开始急剧上升（B 点）至燃烧放热率变缓的突变点（C 点）。在速燃期内，在着火延迟期的极短时间内准备好的非均质预混合气几乎同时开始燃烧，而且活塞又靠近上止点，因此使燃烧室内的压力、温度急剧上升，燃烧放热速率很快达到最高值。

3. 缓燃期

缓燃期又称扩散燃烧期（图 3.23 中的 CD 段），即从 C 点至最高燃烧温度点（D 点）。一般喷射过程在缓燃期都已结束，随着燃烧过程的进行，空气逐渐减少而燃烧产物不断增多，燃烧的进行也渐趋缓慢。缓燃期的燃烧具有扩散燃烧的特征，混合气形成的速度和质量起着十分重要的作用，在此期间，参与燃烧的是在速燃期内未燃烧的燃料和在缓燃期内喷入的燃料，特别是后续喷入燃料，边蒸发混合，边以高温、单阶段方式着火参与燃烧。

4. 补燃期

补燃期又称后燃期（图3.23中的 DE 段），即从最高燃烧温度点（D 点）至燃油基本燃烧完毕点（E 点），累计放热率大于95%。由于柴油机混合气形成时间短，油气混合极不均匀，总有一些燃料不能及时燃烧，而拖到膨胀过程中继续燃烧，特别是在高速、高负荷工况下，因过量空气系数小，混合气形成和燃烧的时间更短，补燃现象就更为严重。

三、柴油机燃烧过程的影响因素

1. 燃油喷射、气流运动与燃烧室形状间的配合

对柴油机燃烧过程的要求是多方面的，而且往往相互之间是矛盾的。例如，为提高柴油机经济性，应使燃油完全燃烧，希望有较大的过量空气系数，但这将导致气缸工作容积利用率，即升功率降低，动力性变差。所以要保证在上止点附近的燃料迅速燃烧以提高动力性和经济性，但这又可能会使压力升高率和最大爆发压力都较高，工作平稳性变差，燃烧噪声增大，从而降低工作可靠性和使用寿命。

此外，降低柴油机废气中的有害物排放量往往是以柴油机经济性的降低、制造成本的提高作为代价的。降低柴油机废气中的各种有害物排放量的要求，特别是降低柴油机废气中的两种主要有害排放物（微粒和 NO_x），往往也会产生矛盾。同时，针对车用柴油机工作范围宽广的特点，我们希望不仅是在某一工况下，而是在各种转速、负荷的工况下其都能有较好的性能。

燃油喷射、气流运动与燃烧室形状间的良好配合，是满意的柴油机混合气形成和燃烧过程的基本保证。在燃油喷射、气流运动与燃烧室形状间的配合中，一般应兼顾各方面的要求，并根据具体使用情况有所侧重，寻求一个较理想的折中方案。

2. 使用因素

1）燃料性质

燃油的十六烷值是衡量燃油自燃性的指标，其对燃烧过程也有一定影响。图3.24所示为喷油时刻相同，使用不同十六烷值的燃料对燃烧过程的影响。

在其他条件相同的情况下，十六烷值高的燃料，燃油自燃性相对较好，着火延迟期短，着火后压力上升平缓，最大爆发压力低，从而使燃烧噪声和 NO_x 的排放量也都可降低。十六烷值与着

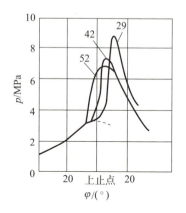

图3.24 不同十六烷值对燃烧过程的影响

火延迟期之间并非直线关系，实际上，只是当十六烷值低于50时，其对着火延迟期才有显著影响，自50增至70时，着火延迟期变化很小。为使柴油机工作柔和，燃料的十六烷值应为40～50。将十六烷值提高到超过需要值是没有益处的。

另外，燃料的馏程、黏度、表面张力及蒸发性对燃烧过程也有影响。馏程低的柴油，蒸发性好，可缩短着火延迟期。黏度和表面张力影响燃料喷雾的细微度，燃料雾化细微可提高空气利用率，使燃烧完全。蒸发性影响形成可燃混合气的速度。

2）转速

当发动机转速变化时，充量的数量和涡流运动、发动机热状态、喷油压力、燃料的喷

雾品质以及在供油齿杆位置不变时每循环供油量等都会有所改变，这些都影响燃烧过程。在不同发动机中，它们的影响是不同的。当转速升高时，由于散热损失和活塞环的漏气损失减小，压缩终点的温度和压力增高。

转速升高也会使喷油压力升高、燃油的雾化改善，这些都使得以秒为单位的着火延迟期缩短，而以曲轴转角为单位的着火延迟期则有可能缩短，也可能延长。图3.25所示为转速对着火延迟期的影响。

当转速增加时，为了保证燃烧在上止点附近迅速完成，应适当加大供油提前角，现代车用柴油机的供油提前角调节装置就是为实现这一功能而设计的。一般来说，转速过低或过高都会使燃烧效率降低。当转速过低时，空气运动减弱，喷油压力下降，使混合气质量变差；当转速过高时，燃烧过程所占的曲轴转角加大，充气效率下降，也会给燃烧效率带来不利的影响。

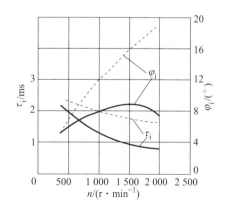

图 3.25　转速对着火延迟期的影响

虚线—直喷式燃烧室；实线—涡流式燃烧室

3）负荷

柴油机的负荷调节方法是"质调节"，即空气量基本上不随负荷变化，而只调节循环供油量。若柴油机转速保持不变而负荷增加，则循环供油量也增大，过量空气系数减小，单位容积内混合气燃烧放出的热量增加，从而引起缸内温度上升，有利于混合气的形成，使着火延迟期缩短，柴油机的工作柔和。

负荷对着火延迟期的影响如图3.26所示。当负荷增加时，由于循环供油量增大以及燃烧过程变长，也需要适当加大供油提前角。对于最佳供油提前角随负荷的变化调节则较难实现。

4）喷油提前角

喷油提前角对柴油机的燃烧过程有影响，进而在很大程度上影响其性能。喷油提前角过大，柴油在气缸压力和温度较低的状态下进入气缸，使着火延迟期延长（图3.27），同时在着火燃烧后，活塞仍在上行，使速燃期的压力升高

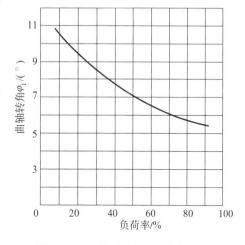

图 3.26　负荷对着火延迟期的影响

率和最大爆发压力都较高，增加了压缩负功，工作较粗暴，NO_x 的排放量也会由于燃烧温度的升高而增加，柴油机的经济性和动力性降低，起动困难，起动时冒黑烟，怠速不稳定。

若供油提前角过小，则会使燃油不能在上止点附近及时燃烧，补燃量增加，这对柴油机的经济性和动力性不利；微粒的排放量增加，排气温度升高，散热损失大大增加。

对于每种工况，柴油机均有一个最佳的供油提前角，此时在负荷不变的前提下，有效燃油消耗率最低。图3.28所示为喷油提前角对示功图的影响。最佳的供油提前角和发动机转速、压缩比、燃料性质、燃烧室形状、喷油规律及增压度等因素有关。

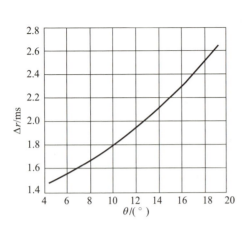

图 3.27　喷油提前角对着火延迟期的影响

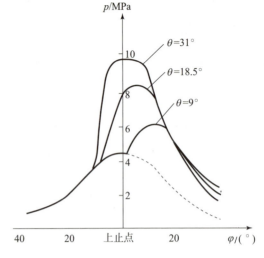

图 3.28　喷油提前角对示功图的影响（$n=1\,700$ r/min）

5）废气再循环（EGR）

废气再循环（EGR）是指将一部分已燃的废气再次引入燃烧室内参加燃烧，从而降低燃烧过程中的工质温度，有效地控制 NO_x 的生成量，降低 NO_x 排放量。废气再循环可以由简单的机构来进行控制，也可以与电控系统相结合，实现更精确、更理想的控制。但它实际上降低了过量空气系数，会对完善、及时的燃烧产生不利的影响，从而也会使炭烟的排放量增大，柴油机经济性变差，特别是在高速、高负荷的工况下更是如此。

6）压缩比和增压度

柴油机为了保证燃料可靠地着火燃烧，要求具有足够高的压缩比。压缩比提高使压缩终点工质的温度和压力增大，因而改善了燃料液滴与空气间的传热，促使喷入的燃料加速雾化与蒸发，缩短了着火延迟期，使速燃期压力升高率降低，柴油机工作柔和，还能改善冷起动性能。但压缩比也不能过高，否则会使曲柄连杆机构负荷过高，影响发动机寿命。

柴油机采用增压后，进入气缸的空气密度增大，进气压力和进气温度升高，压缩终点工质的温度和压力均随之提高，使着火延迟期缩短，有利于降低燃烧噪声和机械负荷，柴油机工作柔和。空气密度对着火延迟期的影响如图 3.29 所示。

3.3.3　柴油机的燃烧室

由于柴油机的混合气形成和燃烧都是在燃烧室内进行的，所占的时间又非常短促，因此，要使发动机具有良好的性能，不但要有良好的燃料喷射系统、较高的燃料喷雾质量，还必须有与燃料喷射配合恰当的燃烧室形状和气流运动，使燃料与空气混合均匀，提高空气利用率。柴油机燃烧室按结构形式，可分成两大类：直喷式和分隔式。

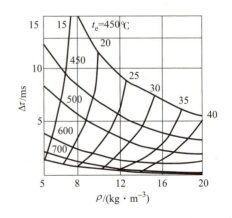

图 3.29　空气密度对着火延迟期的影响

一、直喷式燃烧室

直喷式燃烧室是由活塞顶面、气缸盖底平面及气缸壁所包围的统一空间组成的，活塞顶上均开有深浅不同、形状各异的凹坑，按凹坑深浅不同又分为开式和半开式燃烧室两种，通常把活塞顶凹坑口径与活塞直径之比大于 0.7 的燃烧室称为开式燃烧室，而把活塞顶凹坑口径与活塞直径之比小于 0.7 的燃烧室称为半开式燃烧室。

（1）开式燃烧室。开式燃烧室如图 3.30 所示，其结构十分简单。活塞顶部的燃烧室有中心略有凸起的浅 W 形和平底的浅盆形，凹坑较浅。

开式燃烧室中的混合气形成主要依靠空间雾化混合方式，因此对雾化质量，也就是对喷射系统有很高的要求，开式燃烧室采用较多喷孔数目（常见的为 6~12 孔）的孔式喷油器和较高的喷射压力，最大喷射压力达到 100 MPa 以上，一般不组织或只有很弱的空气涡流运动，在混合气形成中空气运动所起的作用相对很小。混合气在燃烧室的空间内形成，避免油束直接喷到燃烧室的壁面上（油束贯穿率要求 < 或 ≈ 1）。

对于开式燃烧室，我们希望通过油束与燃烧室形状的配合，使燃油尽可能均匀细微地分布到整个燃烧室的空间中，它空气利用率相对较低，一般均采用增压来保证较大的过量空气系数（1.5~2.2）以实现完善的燃烧，开式燃烧室一般适用于缸径较大（≥140mm）、转速较低（≤2 000 r/min）的柴油机中。

（2）半开式燃烧室。若将开式燃烧室应用于小缸径、高速柴油机中，则会遇到很大的困难。

由于转速高，混合气形成和燃烧的时间极短，若单靠燃油的喷散雾化，则不但喷孔直径需要很小、喷射压力需要很高、制造困难、使用可靠性下降，而且不能实现在较小的过量空气系数下有较好的混合气形成和燃烧，因此在这种情况下就应该采用半开式燃烧室，如图 3.31 所示。

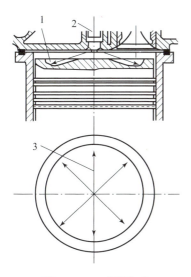

图 3.30 开式燃烧室

1—凹坑；2—喷油器；3—油束

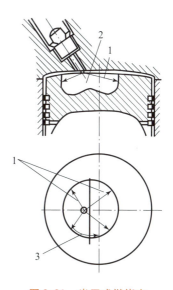

图 3.31 半开式燃烧室

1—油束；2—凹坑；3—空气涡流

半开式燃烧室的活塞顶部有较深的凹坑，形状有很多种，常见的有中心凸起的 W 形和平底的深坑形,凹坑有缩口的,也有不缩口的,凹坑口径与活塞直径之比一般在 0.35 ~ 0.7。半开式燃烧室中的混合气形成依靠燃油的喷散雾化和空气运动两方面的作用。它采用孔式喷油器,常见的喷孔数目为 4 ~ 6 孔,并有较高的喷射压力,对喷射系统有较高的要求。与开式燃烧室相比,半开式燃烧室中的空气利用率有所提高,在过量空气系数为 1.3 ~ 1.5 时可以实现完善的燃烧。

由于开式燃烧室与半开式燃烧室相比具有经济性更好、微粒排放量更低的突出优点,因此近年来在缸径相对较大的半开式燃烧室中出现了向开式燃烧室方向发展的趋势,即提高喷射压力、缩小喷孔直径、增多喷孔数目、增大活塞顶部凹坑喉口直径并减弱空气涡流强度。当然,这要以制造技术水平的提高以及增压技术的采用作为其前提条件。

二、分隔式燃烧室

分隔式燃烧室由两个空间组成,即主燃烧室和副燃烧室。主燃烧室设在活塞顶与缸盖底面之间,副燃烧室在气缸盖内,两室由一个或几个孔道相连。燃油不直接喷入主燃烧室内,而是喷入副燃烧室内。按其气流运动方式又分为涡流式和预燃式两种燃烧室。

(1) 涡流式燃烧室。如图 3.32 所示,在气缸盖内呈球形的涡流室借与其内壁相切的孔道和主燃烧室连通。孔道直径较大,截面积为活塞截面积的 1% ~ 3.5%,这样可以减少流动损失,孔道方向与活塞顶成一定的倾斜角度,其截面形状也有许多种。

混合气形成与燃烧的特点:在压缩行程中,活塞迫使空气从主燃烧室经过孔道挤入涡流室,形成强烈的、有规则的压缩涡流运动,压缩涡流在涡流式燃烧室柴油机的混合气形成中起主要作用。燃料顺涡流方向喷射到涡流室后,较小的油滴随空气运动,在空间蒸发,与空气混合,较大的油滴在气流作用下被带向燃烧室外围,其中部分燃料分布在壁面上。

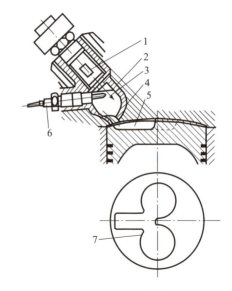

图 3.32 涡流式燃烧室
1—喷油器;2—涡流室;3—油束;
4—通道;5—主燃烧室;6—电预热塞;7—导流槽

混合气在孔道口附近靠近壁面处首先着火,在强烈涡流作用下,密度较小的燃烧产物被卷入涡流室中央,密度较大的新鲜空气不断压向四周形成良好的"热混合"。涡流室中着火燃烧后,室内气体压力和温度迅速升高,大部分燃料在涡流室中燃烧,未燃部分与高压燃气一起通过切向孔道喷入主燃烧室,并在活塞顶的浅凹槽内形成二次涡流,加速燃料与空气混合,继续完成燃烧。

(2) 预燃式燃烧室。如图 3.33 所示,主燃烧室在活塞顶上,作为副燃烧室的预燃室在气缸盖内。连通主、副两燃烧室的孔道直径较小,截面积为活塞截面积的 0.3% ~ 0.6%,预燃定容积占整个燃烧室压缩容积的 35% ~ 45%,喷油器安装在预燃室中心线附近。

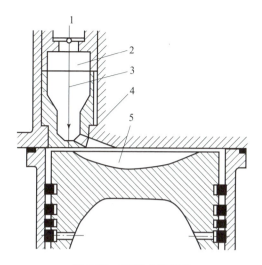

图 3.33 预燃式燃烧室
1—喷油器；2—预燃室；3—油束；4—通道；5—主燃烧室

3.4 发动机排放污染及其控制

环境保护与节能是当今车用动力技术发展的两个主要着眼点。以发动机为动力的汽车是城市大气污染的主要来源。据世界一些主要大城市的统计表明，在治理前，汽车排放中的主要有害成分占城市大气污染物总量中的比例是很高的。其中：CO 占 88%～99%，HC 占 63%～95%，NO_x 占 31%～53%。此外，还有微粒、硫化物、铅、磷及醛等污染物，这些污染物对人体的危害很大。

3.4.1 汽油机的排放污染

影响汽油机有害排放物生成的因素很多，其中与发动机运转有关的主要因素如下所述。

一、混合气成分的影响

汽油机是一种预混燃烧，它靠电火花进行外源点火，火核形成以后，以火焰传播为特征，其可燃混合气浓度范围比较窄，而且在一些工况下（如怠速、满负荷等）经常为浓混合气，因而混合气成分是影响排放的最主要的因素。

如图 3.34 所示，由于 CO 是一种在缺氧条件下的不完全燃烧产物，随着空燃比 A/F 增加，CO 浓度逐渐下降，在大于理论 A/F 以后，CO 浓度已经变得很低。

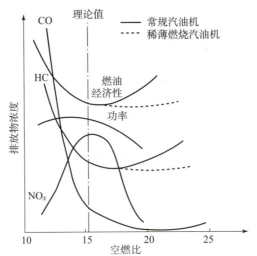

图 3.34　汽油机有害排放物浓度与 A/F 的关系

同时看到，NO_x 浓度两头低、中间高，NO 浓度峰值出现在理论 A/F 靠稀的一侧，反映出高的 NO 生成率必须兼具高温、富氧两个条件，缺一不可。

HC 的走向则是两头高、中间低，与燃油消耗率的变化趋势基本一致。当浓混合气逐渐变稀时，在缝隙容积与激冷层中的混合气燃料比例减少，因此 HC 量减少。在最佳燃烧的 A/F 范围内，HC 及油耗均为最低。但当混合气过稀时，燃烧因不能稳定运行而造成失火，致使 HC 及油耗又重新回升。

从图 3.34 中的虚线看出，为了兼顾降低排放（减少 CO、HC、NO）与节能（减少油耗），最有效的措施是组织好汽油机在较大 A/F（例如 $A/F>20$）下的稀薄燃烧。虽然组织稀薄燃烧还有些特定的困难，但这是当代汽油机燃烧组织的重要方向。

二、点火正时的影响

虽减少点火提前角对降低 NO 及 HC 均有利（图 3.35），但以牺牲动力性为代价。

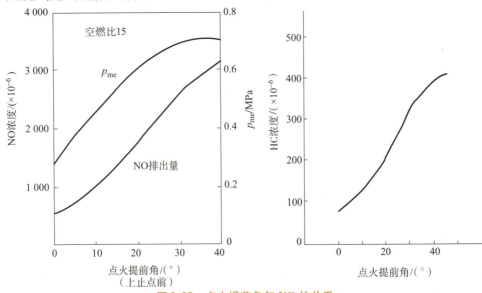

图 3.35　点火提前角与 NO 的关系

从示功图（图3.36）上看出，减小点火提前角不但降低燃烧最高温度、减少燃烧反应滞留时间，对降低 NO 十分有利，而且由于点火推迟，膨胀时的温度及排气温度均上升，这对降低 HC 也很有利。

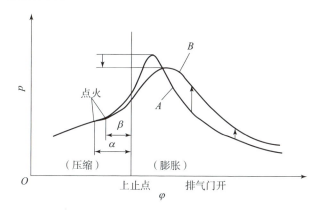

图3.36　不同点火提前角的示功图

三、吸入废气量的影响

为了抑制燃烧的最高温度，将一部分排气回送至燃烧室将有利于抑制 NO 的生成。如图3.37所示，随着吸入废气量的增大，NO 浓度逐渐下降，但燃烧的有效性降低、动力性变差。

四、工况的影响

如表3.3所示，对于不同的运行工况，各种有害排放物的差异很大。例如，

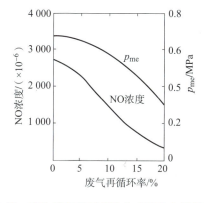

图3.37　吸入废气量对 NO 生成及动力性的影响

急速与减速工况是 HC 生成的主要工况。在急速工况下，燃烧环境温度比较低，缸内残余废气量比较大，混合气比较浓，致使燃烧恶化，HC 排放浓度增加；在减速工况下，很高的进气管真空度使进气管内沉积的燃料油膜大量蒸发，这是 HC 增加的重要原因。

表3.3　不同工况下的排气成分

排气成分		急速	加速	定速	减速
$HC/(\times 10^{-6})$	检测值	800	540	485	5 000
	（以正己烷计算）	3 000 ~ 10 000	300 ~ 800	250 ~ 550	3 000 ~ 12 000
$NO_x/(\times 10^{-6})$	检测值	23	1 543	1 270	6
	（以 NO_x 计算）	10 ~ 50	1 000 ~ 4 000	1 000 ~ 3 000	5 ~ 50
CO/%		4.9	1.8	1.7	3.4
CO_2/%		10.2	12.1	12.4	6.0

3.4.2 柴油机排放污染

柴油机燃烧是一种多相非均匀混合物不稳定的燃烧过程，喷雾过程、油束形成、混合气的浓度与分布以及燃烧室形式等对排放物生成均有复杂的影响。由于油束在燃烧室空间的浓度分布、着火部位及局部温度各处都不一样，我们可以对油束人为地分区并将其与排放物生成的关系作一说明。

一、燃烧过程的影响

如图 3.38 所示，当油束喷入有进气涡流的燃烧室中时，由于油雾及油蒸气在空间浓度分布不同，可将其大致分为稀燃火焰熄灭区、稀燃火焰区、油束中心、油束尾部和后喷区以及壁面油膜，从油束边缘到油束中心部分的局部空燃比可从无穷大变到零。根据负荷不同，各区排放物生成的性质也不一样。

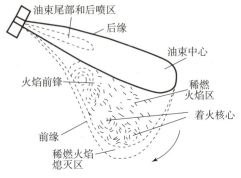

图 3.38　油束各区的燃烧情况

未燃 HC：在低负荷时，由于喷油量少，混合气稀，缸内温度低，HC 主要产生在稀燃火焰熄灭区；在高负荷时，混合气浓，HC 主要产生在油束中心、油束尾部和后喷区及壁面油膜处。

CO：在低负荷时，缸内温度低，部分燃油难以氧化形成 CO_2，主要在稀燃火焰熄灭区及稀燃火焰区的交界面上生成 CO；在高负荷时，在油束中心、油束尾部和后喷区因局部缺氧而产生 CO。

NO_x：在燃烧完全、供氧充分及温度较高的稀燃火焰区及油束中心产生较多。

炭烟：在高负荷时，在油束中心、油束尾部和后喷区的氧浓度低，气体温度高，燃油分子容易发生高温裂解而形成炭烟。

醛类：主要在稀燃火焰熄灭区，由于低温氧化而产生醛类中间产物。

二、混合气成分的影响

从宏观上讲，柴油机在运转时总有一定数量的过量空气，加上柴油蒸发性比汽油小，因此柴油机的 HC 及 CO 排放浓度一般比汽油机低得多（图 3.39）。但在接近满负荷时（A/F 减小），CO 浓度骤增。

NO 生成率最高处仍出现在油量较大的高负荷工况时。与汽油机不同的是，柴油机 NO 的生成浓度较高。NO 浓度随 A/F 增加而减少。柴油机排气中有炭烟排出，随着混合气变浓，排烟浓度增多。

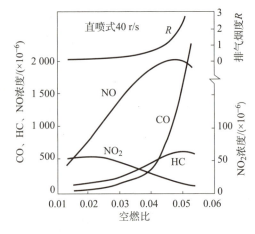

图 3.39　柴油机混合气成分与排放的关系

三、喷油时刻的影响

延迟喷油是降低 NO_x 的主要措施之一。如图 3.40 所示，延迟喷油可减少 NO 的生成，但减小喷油提前角将导致燃烧变差，最高爆发压力降低，因而使油耗及排气烟度增加。

为了在延迟喷油以后燃烧不致恶化，加强缸内气流运动、促进混合气形成、提高喷油速率以及改善喷雾质量是很有必要的。实践证明，延迟喷油的同时提高喷油速率要比单纯延迟喷油定时的效果好。在各种工况下，NO 排放浓度都随喷油速率的增加而降低，CO 浓度亦随喷油速率的增加而降低，HC 的生成量则变化不大。

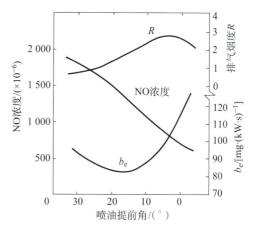

图 3.40 喷油定时对排放的影响

3.4.3 发动机有害排放物的控制

随着排放法规的日益严格，人们开始考虑包括催化转换器在内的各种机外处理方法。由于汽车排放的污染物分别来自排气管（燃烧过程）、曲轴箱和燃油系统，因此，发动机机外处理包括针对发动机燃烧排出的有害物在排气系统等处进行后处理和对曲轴箱窜气或燃油蒸气等部分进行前处理。

一、排气的后处理

排气的后处理是指气体在排出发动机气缸以后，在排气系统中进一步减少有害成分的措施，主要指催化转换器。它包括用来减少 HC 和 CO 排放的氧化催化转换器，减少 NO_x 排放的还原催化转换器和同时减少 HC、CO 及 NO_x 排放的三元催化转换器，用于减少 HC 和 CO 的热反应器。柴油机微粒过滤及再生装置也属排气后处理。

1. 氧化催化转换器

氧化催化转换器的作用是把排气中的 CO 和 HC 氧化成 CO_2 和 H_2O。由于贵金属内在活性高，在低温时的活性损失小，同时抗燃料中硫污染的能力强，因此其最适合用作催化材料。

目前应用最广泛的氧化催化材料是铂（Pt）和钯（Pd）的混合物。这些氧化催化剂的转化效率随温度而变化，如图 3.41 所示。在温度足够高时使用新的催化剂对 CO 的转化效率可达 98%～99%，对 HC 的转化效率可达 95%，但在温度低于 250～300℃时，其转换效率急剧下降。

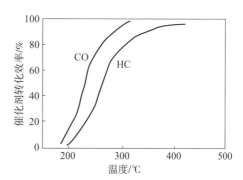

图 3.41 氧化催化转换器中 CO、HC 的转化效率和温度的关系

2. 三元催化转换器

三元催化剂包含铂（Pt）和铑（Rh），Pt/Rh 在 2～17 的范围内；此外，还包括 Al_2O_3、NiO、CeO_2（氧化铈），其用氧化铝作为载体材料。在使用三元催化剂时，应将混合气成分严格控制在理论空燃比附近（α≈1），这样催化剂才能促使 CO 及 HC 的氧化反应和 NO_x 的还原反应同时进行，生成 CO_2、H_2O 及 N_2；而且，只有在接近理论空燃比的狭窄范围内（图 3.42），这三种有害成分才有高的转化效率。这是目前车用汽油机上应用最广泛的机外净化措施。

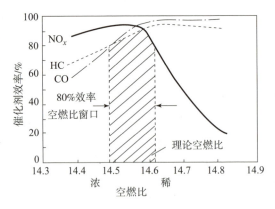

图 3.42 三元催化的转化效率

为了使空燃比保持在理论空燃比附近的狭窄空燃比范围内，发动机使用了电子空燃比反馈控制系统。由排气系统安装的氧传感器检出排出系统中的氧浓度，与同时得到的吸入空气量、冷却液温度等信息一起被送到控制单元处理，并同上述狭窄空燃比范围内的空燃比进行比较，通过电子控制的燃料供给系统向气缸喷入适当的燃料量。

催化剂一般都在一定的温度下才起作用，对于发动机刚起动后的情况，由于排气温度很低，催化转换器不能净化排气中的有害成分。试验表明，在发动机的排放试验规范中，约 80% 的有害排放物是在最初冷机时排出的。为了解决这一问题，一般采用电加热催化剂（EHC）法和吸附剂法两种方案。

3. 柴油机微粒过滤及再生装置

微粒是柴油机排放的突出问题，对车用柴油机排气微粒的处理主要采用过滤法。在滤芯上积存的微粒需及时清除。过滤器再生的原理是，将微粒尽可能烧掉，使其变成 CO，随排气一起排入大气。针对这个问题，近年来，国内外对过滤器再生技术进行了大量细致的研究工作，提出了多种再生技术。根据利用能量形式的不同，再生技术可分为柴油机自身能量再生和利用外界能量再生两大类。

二、发动机的前处理

发动机的前处理应包括防止汽油蒸发的措施，以及为降低 NO 生成而采取的废气再循环的措施。

1. 曲轴箱强制通风封闭系统（PCV 系统）

如图 3.43 所示，从空气滤清器中引出一股新鲜空气进入曲轴箱，再经流量调节阀（PCV 阀）把窜入曲轴箱的气体和空气的混合气一起吸入气缸烧掉。

PCV 阀是用真空操作和多个可变喷嘴控制的阀。其作用是在急速、低速小负荷时减少送入气缸的抽气量，避免混合气过稀而造成失火；在节气门全开时，即进气管真空度低，气缸窜气量大时，提供足够的流量。

2. 燃油蒸气吸附装置

活性炭罐式燃油蒸气吸附装置如图 3.44 所示。从油箱蒸发出来的燃油蒸气经储气罐流入炭罐被活性炭所吸附。当发动机工作时，由进气负压控制开启净化控制阀，在炭罐内

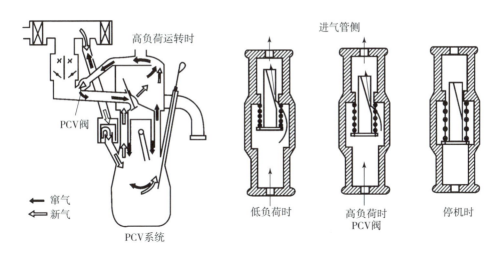

图 3.43　曲轴箱强制通风封闭系统

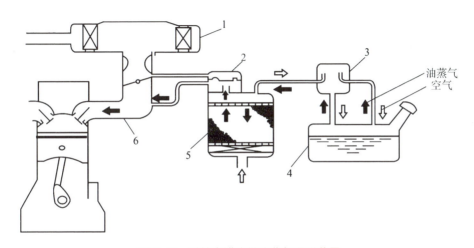

图 3.44　活性炭罐式燃油蒸气吸附装置
1—空气滤清器；2—控制阀；3—储气罐；4—油箱；5—炭罐；6—进气管

被吸附的燃油蒸气与从炭罐下部流入的空气一起被吸入进气管。

3. 废气再循环（EGR）装置

EGR 使少量废气（5%～20%）再次循环进入气缸，降低燃烧温度，抑制 NO_x 生成。对废气再循环量的控制方法有进气负压控制式、排气压力控制式、负荷比例式及电子控制式。应根据不同工况决定是否采用废气再循环，或确定废气再循环量的多少。

在汽油机暖机过程中，在怠速及低负荷和在高负荷、高转速或节气门全开时，一般不进行废气再循环，并要求随着负荷增加，废气再循环量应增加到允许的限度。根据工况的不同，利用计算机控制 EGR 阀的开度可以获得较高的控制精度。在严格控制 NO 排放的国家，EGR 装置已成为净化 NO_x 的主要方法。

EGR 系统主要有气电式和电控式。

1）气电式

气电式 EGR 系统主要由 EGR 阀、真空源、真空管路、ECU、EGR 电磁阀和部分传感器等组成，其控制系统如图 3.45 所示。在气电式 EGR 系统中，阀的开度是通过改变 EGR

阀上部真空室内的真空度来调节的,其真空源由节气门提供或使用真空泵提供,此系统中 EGR 阀与 EGR 电磁阀通过真空管路相连。

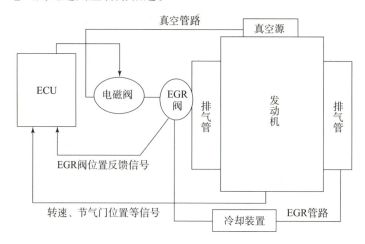

图 3.45　气电式 EGR 控制系统

在 EGR 电磁阀关闭的状态下,真空管路与大气相连;而在开启状态下,真空管路与真空源相连,ECU 通过改变 EGR 电磁阀的开启、关闭时间比,达到调节真空管路中真空度的目的,从而控制废气再循环流量。气电式 EGR 系统可以根据传感器信号判断发动机的工作状态,相对准确地计算出废气再循环的时机和最佳控制量。

2）电控式

EGR 系统由 EGR 阀、EGR 冷却器、混合腔、节流阀、一根或多根 EGR 管组成,根据使用需要有时包含旁通阀和节流阀。电控式 EGR 系统(图 3.46)则还包含 ECU 控制器。气缸排气经过排气管,通过 EGR 阀部分进入 EGR 系统,高温气体经过 EGR 冷却器,最终到达混合腔与新鲜空气混合进入气缸。

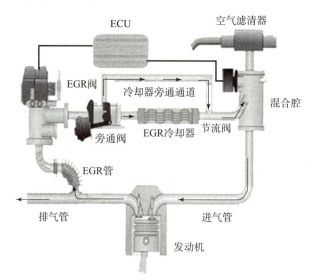

图 3.46　电控式 EGR 系统

机外净化技术可以分为排气后处理技术和发动机前处理技术两类,如表 3.4 所示。

表 3.4 机外净化技术的分类及应用

分类			处理对象	国外应用现状
排气后处理	汽油机	热反应器	CO、HC	汽车已不用，主要用于摩托车
		氧化催化转换器	CO、HC	轿车上已较少用，重型汽油车有应用
		还原催化转换器	NO_x	已很少应用
		三元催化转换器	CO、HC、NO_x	应用最广泛，轿车和轻型车必备装置
	柴油机	氧化催化转换器	SOF、CO、HC	少量开始应用
		还原催化转换器	NO_x	研制开发中
		微粒捕集器	PM	研制开发及中试阶段
		碳纤维吸附净化	NO_x	基础研究中
发动机前处理	汽油机、柴油机	曲轴箱强制通风封闭系统	HC	法规要求必备装置
		废气再循环（ECR）装置	NO_x	应用广泛
	汽油机	燃油蒸发吸附装置	HC	法规要求必备装置

拓展知识

近几年来，随着国民经济及交通运输业的飞速发展，人们对能源的需求量也日益增加；而世界石油资源日趋减少、石油燃料短缺；同时，随着内燃机保有量的稳定增长，内燃机排放所带来的大气污染也日益严重，导致温室效应的 CO_2 也逐年增加。因此，寻找一种清洁的汽车代用燃料已成为许多相关科技工作者的研究目标。那么目前可用的新型汽车燃料有哪些呢？

常见新型汽车燃料的介绍

一、甲醇汽油

甲醇是有机可燃化合物，可由天然气或煤炭经合成气采用铜基催化剂制备。其性质使其很适合单独作为汽车燃料或按一定比例与汽油掺和作汽车燃料。

甲醇汽油的稳定性主要取决于混合液中的水分，当水分达到一定含量时，甲醇会从基础汽油中分离，因此使用甲醇汽油应严格控制水分。甲醇汽油对铜、铅铋镍锌等合金不产生腐蚀，相反在混合燃料中（乙醇汽油）掺入一定量的甲醇可抑制其他醇类的腐蚀。

在醇燃料中含有低于 0.2% 的水能防止腐蚀，而大于 0.3% 会发生相分离，下层的水醇相形成电解质对某些金属产生电化学腐蚀。为此，在电喷系统中可采用镀铬镀镍处理。

关于甲醇汽油使用的安全性：汽车的进气管温度一般在 -400～365℃。甲醇的燃点为 470℃，不同比例甲醇汽油的自燃点随加入甲醇的比例升高而升高，其使用

拓展知识

温度均在自燃点以下,固有很大的安全系数。

二、乙醇

乙醇作为一种醇类燃料,具有和其他醇类燃料共有的优点。

(1) 醇类的着火极限、燃烧速度快、在稀混合气时仍能保持较高的火焰传播速度,使得选择运转工况时有较大的自由度,有利于净化空气及降低油耗。

(2) 醇的汽化潜热大、蒸气压力低,能降低缸内温度,减少发动机热负荷,降低 NO_x,减少压缩负功,并可提高充气系数。

(3) 醇类中含有氧基,碳氢比低,可实现无烟燃烧,污染轻微,燃烧干净,能显著降低 CO 的排放,在高纬度地区尤其有竞争力,因此酒精汽油也叫"环保汽油"。

(4) 醇燃料的辛烷值高,可通过提高压缩比来提高热效率。

(5) 醇的冰点比汽油低得多,故无须担心其在环境温度比较低时,像汽油那样在化油器中容易结冰而影响正常工作。

三、压缩天然气

压缩天然气是种燃烧充分、无硫、绝对安全和有利于环境的燃料。改用压缩天然气的主要问题是储气罐太大、太重,占了行李舱的三分之一,重量过重,加速后轮胎磨损和破裂。

主要好处是压缩天然气比汽油便宜得多,一立方米气(相当于一升油的能量)比一升汽油要便宜一半,经济性较好。因此压缩天然气受到出租车的青睐,目前改用压缩天然气的车中出租车占85%。此外,改气可以减少石油的消耗。

模块小结

1. 发动机燃料是指在内燃机或燃气轮机内燃烧做功发出能量的化学物质的通称。在发动机的工作过程中,气缸内的工作物质是成分和比例不断变化的混合气体:空气、燃料蒸气及燃料燃烧后的混合物(气体、固体、燃料液滴等)。发动机的燃料占有重要的地位,它是发动机动力的来源。发动机的存在与发展、不同类型的发动机在结构与性能上的差异、发动机排放物对环境造成的污染等都与发动机燃料的种类和品质有着密切的关系。

2. 燃烧是一种放热的氧化反应,一个完整的燃烧过程包括着火和燃烧两部分。所谓着火,是指可燃混合气在一定的压力、温度、浓度的条件下,氧化反应自动地加速并产生温升,以致引起火焰出现的现象。所谓燃烧,是指可燃混合气中的燃料与空气中的氧化剂进行剧烈放热的氧化反应过程。

3. 车用汽油机的工况(负荷和转速)是复杂的,例如,汽车超车、制动、高速行驶、在红灯信号下起步或怠速运转、满载爬坡等,工况变化范围很大,负荷可以在 0～100%,转速可以由最低到最高。不同工况对混合气的数量和浓度都有不同要求。

4. 汽油机的燃烧过程分为正常燃烧和不正常燃烧。按其压力变化特点，将正常燃烧过程分成着火落后期、明显燃烧期和后燃期三个阶段。汽油机的不正常燃烧是指设计、控制不当或运转因素，使汽油机偏离正常点火的时刻及地点，由此引起燃烧速率急剧上升等异常现象。不正常燃烧可分为爆震和表面点火两类。

5. 柴油机可燃混合气的形成，按其形成原理可分为空间雾化混合和油膜蒸发混合两种方式。燃烧过程是柴油机工作过程的核心部分，通常利用展开示功图，根据气缸中工质压力和温度的变化规律，将其划分为四个阶段，即着火延迟期、速燃期、缓燃期和补燃期。

6. 影响汽油机和柴油机燃烧的因素主要包括点火提前角、混合气浓度、负荷、转速、冷却液温度、压缩比等。

7. 汽油机燃烧室的类型：楔形燃烧室、浴盆形燃烧室、半球形燃烧室；柴油机燃烧室的类型：直喷式和分隔式。

8. 发动机有害排放物的控制主要包括排气后处理和发动机前处理两种类型。

思考与练习

1. 燃料的使用特性有哪些？
2. 过量空气系数的定义及其随负荷变化的关系是什么？
3. 热着火理论的着火条件是什么？
4. 汽油机燃烧过程各阶段有何特点？
5. 汽油机对混合气的要求及其形成过程是什么？
6. 汽油机燃烧过程及其影响因素是什么？
7. 试比较柴油机混合气的形成方式。
8. 柴油机燃烧过程及其影响因素有哪些？
9. 汽油机和柴油机的主要污染物有哪些？
10. 发动机有害排放物的控制措施有哪些？

模块 4

发动机的特性

🚗 学习目标

1. 掌握发动机特性与特性曲线的基本概念、分类和作用；
2. 掌握发动机负荷特性含义、作用与特性曲线分析；
3. 掌握发动机速度特性含义、作用与特性曲线分析；
4. 掌握发动机万有特性含义、作用与特性曲线分析。

📝 学习重点

1. 发动机负荷特性与特性曲线分析；
2. 发动机速度特性与特性曲线分析；
3. 发动机万有特性曲线分析。

🚗 学习难点

各个特性曲线的变化趋势及原因。

📝 模块概述

在车辆使用时，由于行驶速度与阻力不断变化，发动机的转速和负荷亦相应变化，以适应车辆的需要。随着转速和负荷的改变，发动机工作过程也会发生变化。因此，发动机在不同使用条件下具有不同的动力性与经济性。

发动机性能指标随调整运转工况而变化的关系称为发动机特性。其中性能指标随调整情况变化的关系称为调整特性；性能指标随运转工况变化的关系称为性能特性。发动机特性可以在坐标图上用曲线表示。通过特性曲线可以分析在不同使用工况下发动机特性变化的规律及影响因素，评价发动机性能，从而提出改善发动机性能的途径。

通过分析特性曲线，可以评价发动机在不同工况下的动力性、经济性及其运转性能，为合理调整、选用并有效地利用发动机提供依据，同时还可根据特性曲线分析影响特性的因素，寻求改进发动机特性的途径，使发动机的性能进一步提高。

4.1 发动机的工况

汽车是在负荷、速度及道路情况变化的条件下使用的。因此,发动机必须适应汽车的需要,在负荷和转速经常变化下工作。发动机的运行情况(简称工况)是以其发出的功率 P_e 和转速 n 来表示的,此功率、转速应该与发动机所带动的工作机械要求的功率、转速相适应。发动机在一定转速下按一定功率稳定工作的条件是发动机发出的转矩与工作机械消耗的转矩相等。

如图 4.1 所示,T_R 曲线为工作机械所消耗转矩随转速的变化,T_{tq} 曲线是在发动机油量控制机构一定时转矩随转速的变化,此时发动机只能在 T_{tq}、T_R 曲线相交的 A 点,即转矩 $T_{tqA} = T_{RA}$,转速为 n_A 的工况下稳定工作。当然,工作机械阻力矩和转速是会变化的,其变化规律取决于不同用途。例如,当工作机械阻力矩增加(如图中 T'_R 曲线)时,若发动机油量控制机构不变,则其转速将降低,直至 T_{tq} 与 T'_R 曲线相交的 B 点,即转矩 $T_{tqB} = T_{RB}$,转速为 n_B 时才达到新的平衡,发动机再次稳定工作。可见,由于稳定工作必须满足转矩相等的条件,工作机械阻力矩或转速变化就引起与发动机配合的运行工况发生变化,因而发动机工况变化规律与所带动机械的工作情况有关。

根据发动机的用途,其工况大致可分为以下几类。

1. 恒速工况

恒速工况是指发动机转速近似保持不变而功率随负荷变化,又称为线工况,如图 4.2 所示(曲线 1)。例如,带动发电机工作时,为保证频率的稳定性,要求发动机转速基本不变,功率则随电机负荷大小可由零变到最大。

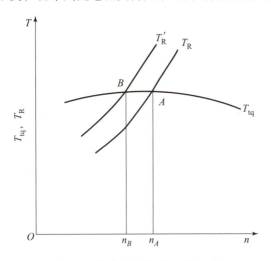

图 4.1 发动机和从动机配合工作

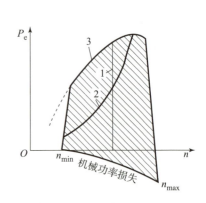

图 4.2 发动机的各种工况

2. 螺旋桨工况

发动机功率与转速成一定函数关系,常见的为接近三次幂函数关系 $P_e = Kn^3$,K 为比例常数,如图 4.2 所示(曲线 2)。

3. 面工况

驱动汽车在陆地上运输时,发动机功率和转速都独立地在很大范围内变化,它们之间没有特定的关系。其运行情况是:转速决定于行车速度,可以从最低稳定转速一直变到最高转速。转速取决于行驶阻力,在同一转速下可由零变到全负荷。当需要发动机制动时,如汽车下长坡时,发动机由底盘倒拖而做负功,运行工况如图 4.2 所示(阴影面)。阴影面的上限曲线 3 是发动机在各种转速下所能发出的最大功率,左面对应最低稳定转速 n_{min},右面对应最大许用转速 n_{max},下面是在制动时倒拖发动机所需功率。

4. 点工况

发动机的转速及功率均近似不变,如发动机作为排灌动力。至于汽车用发动机功率和转速的具体变化情况,则因汽车种类和使用条件而异。一般来说,汽车在平坦路面上,尤其在城市公路上行驶时,起动和制动频繁,发动机经常在部分负荷的中、低速和怠速情况下工作,而很少在满负荷下以最高车速行驶,因此发动机仅偶尔以最大功率工作。长途运输车高负荷、高速行驶情况较多,例如车辆在高速公路上行驶,长时间高速连续行驶的情况就大大增加了。

当发动机工况(即功率和转速)为适应需要而变化时,其性能(包括动力性、经济性、排放性、噪声、烟度等)也随之而变化,因此,评价和选用发动机时就必须考察它在各种工况下的性能,才能全面判断它能否满足要求,对于工况在很大范围内变化的车用发动机尤其是这样。

4.2 发动机的负荷特性

负荷特性是指发动机在某一转速下,燃油经济性指标及其他参数随负荷变化的关系,这用曲线表示则称为负荷特性曲线。汽车以一定的车速沿着阻力变化的道路行驶就是这种情况。

4.2.1 汽油机的负荷特性

当汽油机保持某一转速不变,而逐渐改变节气门开度时,每小时燃油消耗量 B 和有效燃油消耗率 b_e 随功率 P_e(或转矩 T_{tq}、平均有效压力 p_{me})变化的关系称为汽油机的负荷特性。

测取时应按规定保持冷却液温度、润滑油温度在最佳状态。调节测功机负荷并改变节气门开度,使汽油机的转速稳定在某一常数,测量各稳定工况下的 b_e、B 以及烟度、噪声、排气温度等参数值。

由于汽油机负荷调节是靠改变节气门开度来直接改变进入气缸的混合气量，过量空气系数 ϕ_a 变化不大，故这种负荷调节方法称为"量调节"。

图 4.3 所示为某汽油机的负荷特性。对负荷特性的分析如下。

一、有效燃油消耗率 b_e 曲线分析

有效燃油消耗率 $b_e = k_3 / \eta_{it} \cdot \eta_m$（$\eta_{it}$ 为指示热效率，η_m 为机械效率，k_3 为比例常数）。由此可知 b_e 取决于 η_{it} 和 η_m。η_{it} 和 η_m 随负荷的变化如图 4.4 所示。转速一定，随负荷增加，节气门开度加大，残余废气相对减少，热负荷增加，从而改善了燃油雾化及混合条件，使燃烧速度加快，散热损失相对减少，η_{it} 增加。负荷增至大负荷，加浓装置工作，η_{it} 下降，η_m 随负荷增加而迅速增加。原因是当转速一定而负荷增加时，机械损失功率 P_m 变化不大，指示功率 P_i 成正比增加，使 $\eta_m = 1 - P_m / P_i$ 增加。

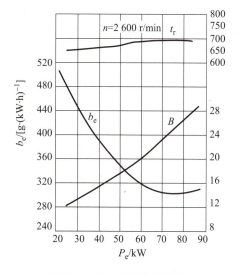

图 4.3　汽油机的负荷特性

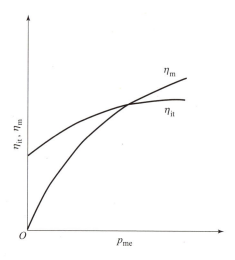

图 4.4　汽油机 η_{it} 和 η_m 随负荷的变化

当发动机空转（$P_e = 0$）时，指示功率完全用于克服机械损失，即 $P_i = P_m$，则 $\eta_m = 0$，所以有效燃油消耗率 b_e 为无穷大。随负荷增大，由于 η_{it} 和 η_m 同时上升，燃油消耗率迅速下降，当 η_{it} 和 η_m 达到最大值、出现最低油耗 b_{emin} 时，随节气门逐渐增至全开，供给最大功率混合气，燃烧不完全现象增加，η_{it} 下降，使燃油消耗率又有所增加。

二、燃油消耗量 B 曲线分析

汽油机除怠速工况外，从小负荷到中等负荷，随节气门开度变大，B 曲线呈线性变化，燃油消耗量逐渐增加。

燃油消耗量 B 曲线的变化趋势如图 4.3 所示。当汽油机转速一定时，每小时燃油消耗量 B 主要取决于节气门开度和混合气成分。由于汽油机的量调节方式，当负荷变化时，节气门开度改变又影响到混合气量的变化。节气门开度由小逐渐加大，充入气缸的混合气量逐渐增多，由于过量空气系数总体变化不大，因此 B 也随之增加，直至混合气成分变浓后，B 迅速增加（图中曲线变陡）。

4.2.2 柴油机的负荷特性

当柴油机保持某一转速不变而移动喷油泵齿条或拉杆位置，改变每循环供油量 Δb 时，B、b_e 随 P_e（或 T_{tq}、p_{me}）变化的关系称为柴油机的负荷特性。测取时，应将柴油机的供油提前角、冷却液温度、润滑油温度等调整到最佳状态。

由于柴油机只是通过改变循环供油量（空气量变化不大）来调节负荷，因此缸内混合气的浓度，即过量空气系数 ϕ_a 需要改变，这种负荷调节方法称为"质调节"。图 4.5 所示为 Q6 315 柴油机的负荷特性。

一、有效燃油消耗率 b_e 曲线分析

b_e 变化的取决于 η_m 和 η_{it}。η_m 和 η_{it} 随负荷变化的关系如图 4.6 所示。随着负荷增加，循环供油量增加，ϕ_a 值减少。当超过一定负荷后，ϕ_a 再减小就会引起燃烧完善程度下降，η_{it} 也随着降低，高负荷时下降的速度更快。η_m 随负荷的增加而上升。

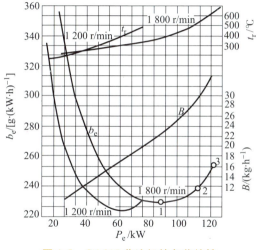

图 4.5　Q6 315 柴油机的负荷特性

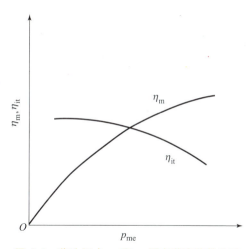

图 4.6　柴油机中 η_m 和 η_{it} 随负荷变化的关系

当柴油机空转时，η_m 等于零，发动机所发出的功率完全用于自身消耗，b_e 为无穷大。逐渐增加供油量，由于 η_m 迅速上升，b_e 下降，供油量增加到点 1（图 4.5）位置，b_e 达到最低值，再继续增加供油量时，由于过量空气系数 ϕ_a 的减少，燃烧恶化，不完全燃烧及补燃增加，指示热效率 η_{it} 下降较快，致使 b_e 升高。

当供油量增到点 2 的位置时，柴油机冒黑烟，达到国家法规规定的烟度限值，继续加大供油量已不被允许，而且柴油机大量冒黑烟，活塞、燃烧室会积炭，发动机过热将容易引起故障，影响寿命。因此，非增压高速柴油机使用的最大功率受法规规定的烟度限值限制，排气存在"冒烟界限"。

二、燃油消耗量 B 曲线分析

当转速一定时，柴油机每小时燃油消耗量 B 主要决定于每循环供油量 Δb。Δb 增加，B 随之增加，待负荷接近烟度限值之后，由于燃烧的恶化，B 上升更快一些。对于增压柴

油机而言，由于随负荷增大，排气能量增大，增压器转速上升，从而增压压力变大，进气密度提高，所以在高负荷时，ϕ_a 和 η_{it} 变化不大，燃油消耗率曲线较为平坦。

4.2.3 汽油机和柴油机负荷特性的对比

图 4.7 所示为标定功率和转速接近的汽油机、柴油机负荷特性曲线的对比，从中可以看出汽油机和柴油机负荷特性的差异。

一、汽油机和柴油机负荷特性的差异

仔细比较汽油机与柴油机的负荷特性，可发现以下特点。

（1）汽油机的燃油消耗率普遍较高，且在从空负荷向中、小负荷段过渡时，燃油消耗率下降缓慢，仍维持在较高水平，燃油经济性明显较差。

（2）汽油机排气温度普遍较高，且与负荷关系较小。

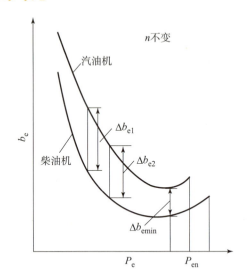

图 4.7 汽油机、柴油机负荷特性曲线的对比

（3）汽油机的燃油消耗量曲线弯曲度较大，而柴油机的燃油消耗量曲线在中、小负荷段的线性较好。

二、汽油机和柴油机负荷特性差异的分析

汽油机和柴油机的机械效率变化情况基本类似，造成燃油消耗率差异的主要原因在于指示热效率的差异。

（1）柴油机的压缩比比汽油机高出较多，其过量空气系数也比汽油机大，燃烧大部分是在空气过量的情况下进行的，因此柴油机的指示热效率要比汽油机高。这样，从数值上看，汽油机的燃料消耗率数值高于柴油机。

（2）从指示热效率曲线的变化趋势上来看，在转速不变的前提下，柴油机进入气缸的空气量基本上不随负荷大小而变化，而每循环供油量则随负荷的增大而增大，导致过量空气系数随负荷的增大而减小，因此，指示热效率也就随负荷的增大而降低。汽油机采用定质变量的负荷调节方法，在接近满负荷时采取加浓混合气，导致指示热效率明显下降，而在低负荷时，由于节气门开度小，残余废气系数较大，燃烧速率降低，需采用浓混合气，加之当负荷减小时，泵气损失增大，指示热效率下降。

（3）排气温度曲线的差异是因为汽油机的压缩比比柴油机低，相应的膨胀比也低，而且混合气比较浓，所以排气温度比柴油机高。在负荷变化时，尽管由于混合气总量的增加引起加入气缸总热量的增加，排气温度随负荷的提高而上升，但由于在大部分区域内过量空气系数保持不变，故排气温度上升幅度不大。在柴油机中，随着负荷的提高，过量空气系数随之降低，排气温度显著上升。

负荷特性是发动机的基本特性，用以评价发动机工作的经济性。特别对于柴油机，由于它容易测定,在性能调试过程中,如选择气道、燃烧室结构,调整燃油喷射系统等,常用负荷特性作为比较标准。一般发动机只测标定转速下的负荷特性,对于汽车发动机,由于其工作时转速经常变化,因此需要测定不同转速下的负荷特性。

4.3 发动机的速度特性

发动机的速度特性是指发动机在供油量调节机构(加速踏板)保持不变的情况下,发动机性能指标(功率、转矩、燃油消耗率、排气温度、烟度等)随发动机转速变化的关系。当汽车沿阻力变化的道路行驶时,若驾驶员将加速踏板位置保持一定,由于道路阻力不同,则汽车行驶速度也会改变,上坡时汽车速度逐渐降低,下坡时速度增加,这时发动机即沿速度特性工作。

速度特性也是在发动机试验台架上测出的。在测取之前,应按规定保持冷却液温度、润滑油温度在最佳状态。在测量时,将油量调节机构位置固定不动,调整测功机的负荷,发动机的转速相应发生改变,然后记录有关数据并整理绘制出曲线(一般是以发动机转速作为横坐标)。当油量控制机构在标定位置时,测得的特性为全负荷速度特性(简称外特性)。油量低于标定位置时的速度特性,称为部分速度特性。外特性由于反映了发动机所能达到的最高性能,确定了最大功率、最大转矩以及对应的转速,因而是十分重要的,所有发动机出厂时都必须提供该特性。

4.3.1 汽油机的速度特性

汽油机节气门(加速踏板)开度固定不动,其有效功率 P_e、转矩 T_{tq}、燃油消耗率 b_e、每小时燃油消耗量 B 等随转速变化的关系称为汽油机速度特性。

当汽油机节气门保持全开时所测得的速度特性称为汽油机外特性。当节气门部分开启时所测得的速度特性称部分速度特性。由于节气门的开启可以无限变化,所以部分速度特性曲线有无数条,而外特性曲线只能有一条。图4.8所示为汽油机外特性曲线。

一、外特性曲线

1. 转矩 T_{tq} 曲线分析

T_{tq} 随转速 n 的变化决定于 η_{it}、η_m、ϕ_c/ϕ_a 随 n 的变化。η_{it}、η_m、ϕ_c 的变化趋势如图

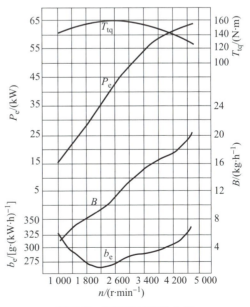

图4.8 汽油机外特性曲线

4.9 所示。在节气门开度一定时，ϕ_a 值基本不随转速而变化，汽油机 T_{tq} 大小主要决定于 ϕ_c 随 n 的变化，ϕ_c 是在某一中间转速时最大，这是因为在此转速下能最好地利用惯性进气，当转速低于或高于此转速时，ϕ_c 都将降低。

指示热效率 η_{it} 的变化是在某一中间转速略为凸起，在较低转速下，因缸内气流扰动减弱，火焰传播速度降低，散热及漏气损失增加，使 η_{it} 降低；当转速高时，燃烧所占的曲轴转角大，燃烧效率低，也使 η_{it} 下降。

不过它的变化比较平坦，对 T_{tq} 影响较小。转速增加，消耗于机械损失的功增加，因此 η_m 随转速上升而下降。综合而言，当转速由低速开始上升时，由于 ϕ_c、η_{it} 上升，T_{tq} 有所增加，对应于某一转速时，T_{tq} 达最大值。转速继续提高，由于 η_m、ϕ_c 同时下降，因此 T_{tq} 随转速升高而较快地下降，即 T_{tq} 曲线变化较陡。

2. 功率 P_e 曲线分析

当转速从很低值增加时，由于 T_{tq} 和转速同时增加，$P_e = T_{tq}n/9\,550$ 迅速上升；直至转矩达最高点后，再继续提高转速，则 P_e 上升逐渐缓慢，至某一转速后 $T_{tq}n$ 达最大值，P_e 达到最大值；若转速再上升，由于 T_{tq} 的降低已超过转速上升的影响，所以功率 P_e 反而下降。

3. 燃油消耗率 b_e 曲线分析

综合 η_{it}、η_m 的变化（图 4.9），b_e 在某一中间转速时最低，当转速高于此转速时，则因 η_{it}、η_m 同时下降而 b_e 上升。当转速低于此转速时，因 η_{it} 上升弥补不了 η_m 的下降，b_e 亦增加。

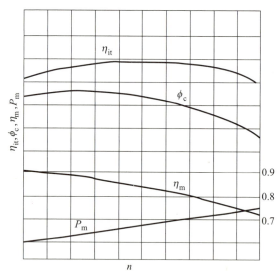

图 4.9　汽油机 η_{it}、η_m、ϕ_c 及 P_m 随 n 变化的关系

汽油机外特性是在节气门全开时测得的，曲线上每一点表示它在此转速下的最大功率及转矩，代表发动机最高动力性能。根据试验条件不同，外特性可分为两种。

（1）发动机仅带维持运转所必需的附件（如不带风扇、气泵或空滤器以及消声器等附件），所输出的校正有效功率称为总功率。我国发动机特性数据多属这一种。

（2）试验时发动机带全套附件，所输出的校正有效功率称为净功率或使用外特性。

显然，后者功率较低而油耗较高。

现代车用汽油机由于各种新技术和控制的优化，外特性曲线已有较大的变化，例如多气门技术、可变气门正时技术的应用进一步优化了低速性能,总的趋势是在一个较低的转速达到峰值转矩,然后维持一定的转速范围(不再只是最大点),最后有所下降。

二、部分速度特性曲线

汽车大部分时间是在部分负荷下工作,随着节气门关小,节流损失增大,进气终了的压力 p_a 下降,从而引起 ϕ_c 下降;随着转速提高,ϕ_c 下降的速度更快。因此,节气门开度越小,转矩 T_{tq} 随转速增加而下降得越快,最大转矩点及最大功率点均向低转速方向移动,如图 4.10 所示。

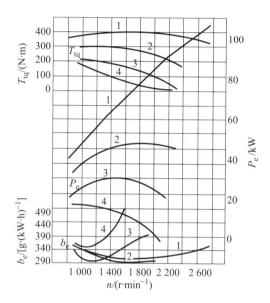

图 4.10 汽油机的速度特性

1—全负荷;2—75% 负荷;3—50% 负荷;4—25% 负荷

4.3.2 柴油机的速度特性

喷油泵的油量调节机构位置固定不动,柴油机性能指标(主要是 P_e、T_{tq}、b_e、B)随转速 n 变化的关系称为柴油机的速度特性。测取时,应将供油提前角、冷却液温度、润滑油温度等调整在最佳状态。当油量调节机构固定在标定功率循环供油量位置时,测得的速度特性为标定功率速度特性,习惯上亦称外特性。图 4.11 所示为奥迪 100 轿车增压柴油机的标定功率速度特性。

当油量调节机构固定在小于标定功率循环供油量各个位置时,所测得的速度特

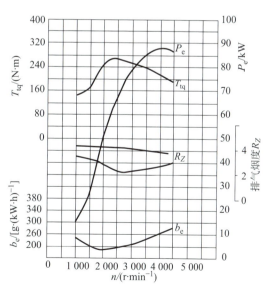

图 4.11 奥迪 100 轿车增压柴油机的标定功率速度特性

性称为部分速度特性，图4.12所示为6135型柴油机的部分速度特性。

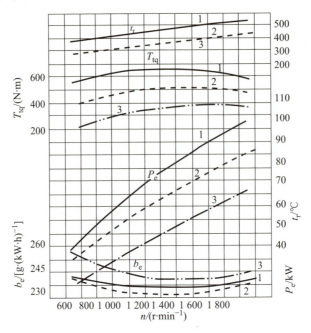

图4.12 6 135型柴油机的部分速度特性

1—90%负荷；2—75%负荷；3—55%负荷

标定功率可以理解为使用中允许的最大功率，它是根据用途、使用负荷的情况等确定的。对一具体使用的柴油机标定功率速度特性只有一条，它代表该台柴油机在使用中允许达到的最高性能，所有柴油机均须作标定功率速度特性。

一、标定功率速度特性曲线

1. 转矩 T_{tq} 曲线分析

在柴油机中，每循环充气量的大小（即 ϕ_c 的大小）只不过提供产生多大转矩的可能性，在各种转速下究竟能发出多大转矩主要取决于每循环供油量 Δb 的多少。因此，柴油机转矩曲线的变化趋势很大程度上取决于每循环供油量 Δb 随转速变化的情况。η_{it}、η_m、Δb、η_v 随 n 的变化趋势如图4.13所示。

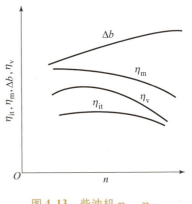

图4.13 柴油机 η_{it}、η_m、Δb、η_v 随 n 的变化趋势

在常用的柱塞式喷油泵中，当油量调节机构位置一定而改变转速时，每循环供油量 Δb 由油泵的速度特性决定，它将随转速的升高而增加。指示热效率 η_{it} 的变化是在某一中间转速时稍有凸起。因为在较高转速下常由于 ϕ_c 下降和 Δb 的上升，过量空气系数 ϕ_a 下降，加上燃烧过程经历的时间缩短，混合气形成条件恶化，不完全燃烧现象增加，η_{it} 有些下降。当转速过低时，也会由于空气涡流减弱、燃烧不良及传热漏气损失增加，η_{it} 降低，但 η_{it} 曲线的变化趋势比较平坦。η_m 随转速的上升而下降。

2. 功率 P_e 曲线

由于 T_{tq} 变化平坦,在一定转速范围内,功率 P_e 几乎与转速成正比增加。

3. 燃油消耗率 b_e 曲线

综合 η_{it}、η_m 的变化,b_e 是在某一中间转速时最低,但整个曲线变化并不很大。

近年来,柴油机采用了电控燃油喷射和可变增压系统,如高压共轨系统、可变几何变形增压器等。这样,柴油机的标定功率速度特性是按某种目的人为设计的。图 4.14 所示为重型电控增压中冷柴油机标定功率速度特性曲线,设计者追求最低转速对应的转矩、最大转矩和额定转速对应转矩以满足整车动力需求。

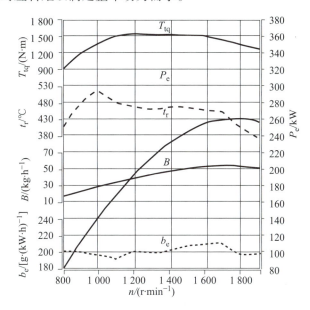

图 4.14 重型电控增压中冷柴油机标定功率速度特性曲线

二、部分速度特性

随着油量调节机构固定位置的减小,循环供油量减小,但 Δb 随 n 的变化趋势亦是随 n 的增加而上升,所以柴油机部分特性 T_{tq} 的变化基本与外特性上 T_{tq} 平行,即 T_{tq} 随转速变化不大,如图 4.12 所示。对于经常在部分负荷下工作的汽车发动机,我们还应作负荷为 90%、75%、50%、25% 的部分负荷速度特性曲线或作万有特性曲线。

4.3.3 转矩特性

汽车行驶过程中经常会遇到像爬坡这样阻力突然增大的情况,为减少换挡次数,要求发动机的转矩随转速的降低而增加。例如,当汽车上坡时,若油量调节装置已达最大位置,但所发出的转矩仍感不足,车速就要降低,此时需要发动机随车速降低而能发出更大的转矩,以克服爬坡阻力。因此,要求发动机转矩有适应这种变化的能力。

一、转矩储备系数

发动机的动力性能不仅需要给出标定功率及其相应的转速,还要同时考虑发动机的转矩特性。一般用转矩储备系数 μ 和适应性系数 K 来表征发动机的转矩特性：

$$\mu = \frac{T_{tqmax} - T_{tq}}{T_{tq}} \times 100\%$$

$$K = \frac{T_{tqmax}}{T_{tq}}$$

式中　T_{tqmax}——外特性曲线上的最大转矩（N·m）；

T_{tq}——标定工况（或最大功率）时的转矩（N·m）。

μ 或 K 值大，表明两转矩之差（$T_{tqmax} - T_{tq}$）值大，即随着转速的降低，转矩 T_{tq} 增加较快，从而在不换挡的情况下，爬坡能力和克服短期超载能力强。

汽油机的外特性转矩曲线随转速增加而较快向下倾斜，其 μ 值在 10%～30%，K 值在 1.2～1.4，可以满足汽车的使用要求。柴油机转矩曲线平坦，若不予以校正，则 μ 值在 5%～10%，K 值只有 1.05 左右，难以满足汽车的工作需要。

二、转速储备系数

标定工况（或最大功率）时的转速 n_1 与最大转矩时的转速 n_2 之比称为转速储备系数。它的大小也影响到克服阻力的潜力。例如，有 A、B 两台发动机，它们的转矩储备系数 μ 和最大功率时的转速 n_1 相同，但和最大转矩时的转速 n_2 不相等，如图 4.15 所示。

当外部阻力矩由 T_{R1} 曲线增到 T_{R2} 曲线时，发动机转速由于外界阻力的增加而下降，这时发动机 B 可以在转速 n_{2B} 下稳定工作，发动机 A 则在转速 n_A 下稳定工作。当外界阻力再增至 T_{R3} 曲线时，发动机 B 就不能适应而需换挡，而发动机 A 还可稳定在 n_{2A} 下工作，并且转速从 n_1 下降到 n_{2A}，还可更多地利用内部运动零件的动能来克服短期超负荷，所以发动机 A 比 B 克服障碍的潜力大。

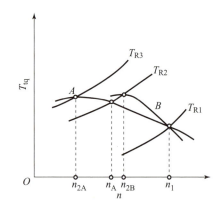

图 4.15　最大转矩时转速对克服阻力的影响

因此，与最大转矩 T_{tqmax} 相应的转速 n_2 越低，即转速储备系数（n_1/n_2）越大，在不换挡情况下，发动机克服阻力的潜力越强。汽油机转速储备系数为 1.15～2.0，柴油机转速储备系数为 1.5～2.0。

三、非电控柴油机转矩校正

为了防止柴油机的负荷超过冒烟限值，在喷油泵的油量调节机构上均有一触止装置，限制每循环的最大供油量。这个最大供油量的调整，必须在最大工作转速工况下进行。

如图 4.16 上的 A 点，可以避免在其他转速下超过冒烟极限供油量。在冒烟极限时 Δb 随 n 变化的关系如图 4.16 所示（曲线 1），它相当于不同转速下的负荷特性上冒烟极限的连线，其变化趋势与 ϕ_c 随 n 的变化近似（每一点 ϕ_a 大致相同）。

曲线 2 是未校正的标定功率供油量曲线。可以看出，由于油泵速度特性的影响，曲线 2 在转速降低时空气得不到充分利用，使按充气量来计算可能发出的转矩没能发挥出来，而且它的变化趋势也不适应汽车对转矩储备的要求。

上述问题的产生是由油泵速度特性造成的，因此，柴油机中都采用油量校正装置来改

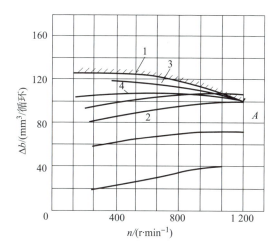

图 4.16 油量校正装置对循环供油量的影响
1—冒烟极限；2—未校正的标定功率供油量曲线；
3—用弹簧校正器的供油量曲线；4—出油阀式校正器的供油量曲线

善外特性转矩曲线。油量校正装置的作用是：当发动机在标定工况下工作时，如果转速因外界阻力矩不断增加而下降，则喷油泵能自动增加循环供油量，以增大低速时的转矩，提高转矩储备系数。

常用的转矩校正方法有两种：出油阀式校正机构；附加在调速器上的弹簧校正机构。出油阀式转矩校正方法由于对选择供油提前角不利以及加工误差等原因，目前采用不普遍。

经过校正的 $\Delta b - n$ 曲线如果与 $\phi_c - n$ 曲线相似，就能使 $T_{tq} - n$ 曲线相似于 $\phi_c - n$ 曲线，即随转速下降，循环供油量增加。由于充分利用了不同转速下的进入气缸的空气量，T_{tq} 的变化趋势就能适应汽车对转矩储备的需要。

4.4 发动机的万有特性

发动机的万有特性又称综合特性或多参数（组合）特性。由于负荷特性和速度特性只能用来表示某一转速或某一节气门开度时发动机参数随负荷或转速的变化规律，而汽车的工况变化范围很广，要分析各种工况下的性能就需要许多张负荷特性或速度特性图，这样做极不方便，也不清楚。

4.4.1 汽油机与柴油机万有特性的比较

汽油机万有特性与柴油机万有特性相比有如下特征：最低油耗偏高，经济区偏小；等燃油消耗线在低速区向大负荷收敛，说明汽油机在低速、低负荷工作时，燃油消耗率较高；等功率曲线随转速升高而斜穿等燃油消耗线，故当 P_e 一定时，转速越高越费油；汽油机（n 一定）$\Delta b/\Delta T_{tq}$ 或 $\Delta b/\Delta p_{me}$ 比柴油机大，说明变工况工作时平均油耗偏高。

柴油机万有特性与汽油机相比有如下特性：最低燃油消耗偏低，经济区较宽；等耗油率线均不收敛，变化比较平坦；等功率线向高速延伸时，耗油率变化不大。

4.4.2 万有特性的制取

为了能在一张图上较全面地表示发动机的性能，经常应用多参数的特性曲线，称为万有特性。应用最广的万有特性是以转速 n 为横坐标，以平均有效压力 p_{me}（或转矩 T_{tq}）为纵坐标，在图上画出许多重要特性参数的等值曲线族，其中最重要的是等燃油消耗率曲线和等功率曲线，根据需要还可以画出等过量空气系数曲线、等进气管真空度曲线、冒烟极限等。图 4.17 所示为汽油机万有特性。

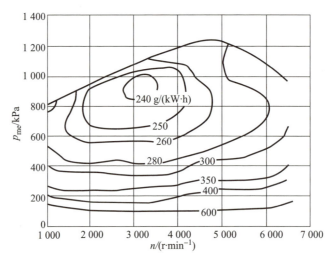

图 4.17 汽油机万有特性

等燃油消耗率曲线可以根据各种转速下的负荷特性曲线用作图法得到。具体方法如图 4.18 所示。

（1）将不同转速的负荷特性以 p_{me} 为纵坐标，b_e 为横坐标，用同一比例尺画在一张坐标图上。

（2）在万有特性图的横坐标轴上，以一定比例标出转速数值。纵坐标 p_{me} 的比例应与负荷特性 p_{me} 的比例相同。

（3）将负荷特性图横放在万有特性图左方，并将与负荷特性曲线上燃油消耗率 b_e 相等的各点移至万有特性图中，标上记号，再将 b_e 值相等的各点连成光滑曲线，即等燃油消耗率线。各条等燃油消耗率曲线是不能相交的。

要想获得光滑的万有特性曲线图，必须在测录各种转速的负荷特性时，保持发动机冷却液温度和全损耗系统用油的温度稳定，大气条件尽可能接近。

图 4.19 所示为某四缸非增压及增压柴油机的万有特性。

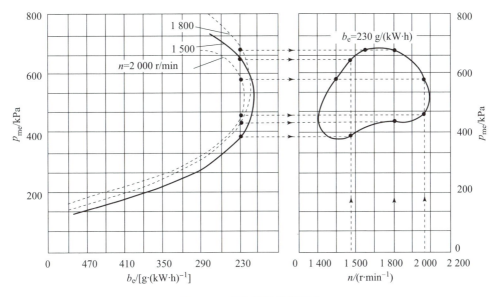

图 4.18 万有特性的作图法

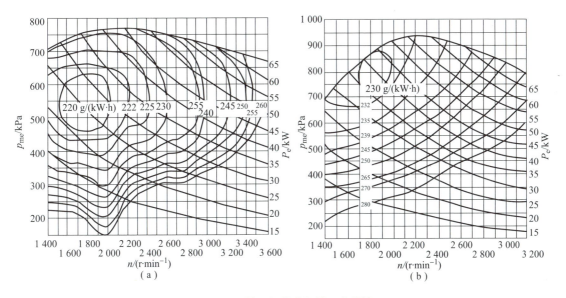

图 4.19 某四缸柴油机的万有特性
(a) 非增压；(b) 增压

在万有特性图中，最内层的等燃油消耗率曲线是最经济的区域，耗油率最低。曲线越向外，经济性越差，从中很容易找出最经济的负荷和转速。

4.4.3 万有特性的应用

（1）由万有特性可以方便地查到内燃机在任何点（T_{tq}，n）工作时的 P_e、b、p_{me}，内燃机在任何点（P_e，n）工作时的 T_{tq}、b、p_{me} 以及发动机最经济负荷和转速。

（2）等燃油消耗率曲线的形状及分布情况对内燃机使用经济性有很大影响。等燃油消耗曲线最内层为最经济区，曲线越向外，经济性越差。如果等燃油消耗率曲线横向较长，表示内燃机在负荷变化不大而转速变化较大的情况下油耗较小；如果等燃油消耗率曲线纵向较长，则发动机负荷变化较大，而转速变化较小情况下的燃油消耗较少。对于常用中等负荷、中等转速工况的车用内燃机，希望最经济区处于万有特性中部，等燃油消耗曲线横向较长；对于转速变化范围较小而负荷变化范围较大的工程机械用内燃机，希望最经济区在标定转速附近，等燃油消耗率曲线纵向较长。

（3）在进行某些改进与研究性试验时，为保证内燃机与传动系统的匹配，将常用排挡下常用阻力曲线（折算成 p_{me} 值）绘于万有特性图上。这样可以一目了然地看出汽车的常用工作区是否与发动机经济油耗区接近，以判断改进效果。

（4）可用万有特性评价内燃机排放污染情况。将内燃机有害排放物随负荷和转速变化的关系画在万有特性图上，从而反映内燃机在某一工况下的燃烧与混合气形成情况。

（5）可以结合传动系统参数绘制整车万有特性图，由此可以确定在各挡、各种坡度、不同车速下的经济性和动力性。

拓展知识

发动机与车辆的匹配

发动机是车辆的一个重要组成部分，是汽车动力的来源。因此，整车的动力性和经济性既取决于发动机自身的性能，又依赖于发动机与汽车的合理匹配。前面已经学过的发动机的各种特性是分析发动机与车辆匹配的有效工具。同样的汽车底盘可以匹配不同类型以及不同排量的发动机。在发动机与车辆的匹配中，应根据具体的使用要求以及发动机的特点进行选型，并在匹配中作进一步的必要调整。

一般而言，随着汽车质量的增加，轿车的百公里油耗也有上升的趋势，近似呈线性变化关系。但匹配不同类型的发动机对轿车燃油经济性的影响是十分明显的。在发动机与车辆的匹配中，始终存在着车辆动力性与经济性之间的矛盾。从匹配发动机的排量上来看，匹配的发动机排量越大，则动力性越好，而经济性则会变差，反之则经济性会提高，而在动力性方面则要做出一定程度的牺牲。

在匹配中，应分析发动机工作点的变化，尽量使发动机的常用工况位于经济性较好的运行区域内。在不能满足要求时可考虑对发动机进行必要调整。例如，通过调整发动机配气相位改变充气效率的变化规律，进而达到改变发动机特性的目的。

同时，在匹配中应具有全局、系统的观点。局部的最优并不一定表示全局的最优。例如，发动机的一些附件驱动改为电驱和电控后，并不一定使其经济性提高，因为若不做其他变动，则意味着发动机负荷率降低，可能使发动机工作于经济性更差的运行区域。在匹配中，变速系统也起到十分重要的作用。为了提高汽车的性能就需要将汽车动力装置，即发动机与变速器的集成，作为一个整体来进行设计与优化。

汽车发动机的工作环境复杂多变，同一类型的汽车在不同地区将面临道路、气候等条件的很大差别。我国国土辽阔，地形复杂，不同的气候地理条件对汽车发动

拓展知识

机提出了一些特殊的要求。例如在高原地区,希望采取增压等功率恢复的措施或匹配更大排量的发动机,寒冷地区需特别注意冷起动性能,而在气候炎热地区,则要保证发动机有足够的冷却能力。

从整车匹配的角度看,发动机的动力性直接关联着发动机结构的紧凑性及质量指标(如体积功率与比质量)。所谓体积功率,是指发动机功率与其外形尺寸(长×宽×高)所决定的体积之比,它影响到发动机在车辆中的安装空间;比质量即单位功率的质量,发动机相对质量的减轻意味着整车自身质量的减少,对整车性能至关重要。因此,增大体积功率及减轻比质量,一方面依赖于发动机结构设计的紧凑化、轻量化,另一方面靠发动机强化使升功率不断提高。

从结构紧凑性及减轻比质量的角度看,汽油机明显优于柴油机。现代轻型车及轿车汽油机转速比同类柴油机高1/4~1/3,汽油机的升功率一般比自然吸气柴油机高45%~65%。因此,如果装用与汽油机等排量的柴油机,汽车的加速时间将增加一倍以上,如果装用等功率的柴油机,则其排量比汽油机大40%,汽车的加速时间也要增加10%左右,柴油机升功率低,同时又引起比质量比汽油机高50%~120%,同等功率的柴油机净质量约为汽油机的160%,由汽油机派生的柴油机(同缸心距),其净质量为汽油机的110%。

提高发动机动力性(增加升功率、降低比质量)的有效措施是采用增压。以排量为1.2L级增压柴油机的转矩外特性为例,与其基本上等功率的自然吸气柴油机(最大功率的偏差在10%以内)排量要在1.6L才能满足要求。

值得强调指出的是,提高发动机的负荷率以改善车辆与发动机的匹配是节能的关键环节之一。从本章讲到的负荷特性曲线上可看出,发动机经常使用的负荷过低,燃油经济性极差。轿车经常使用的负荷很低,特别是使用在城市内道路工况的车辆更是如此。随着各国所制定的油耗法规限值逐渐严格,轿车选用发动机趋向小型化。为了提高车辆的负荷率,进而以轻量化为目标的微型车(一般排量<1L)或超微型车将显示出节能的优点。

发动机停缸控制技术已在一些汽车发动机产品中得到应用,该技术应用电控技术,在汽车负荷率较低(车速较低且车辆加速度低于一定值)时停止一部分发动机气缸的工作,仅由余下的部分气缸工作,从而使这部分气缸工作的发动机具有较高的负荷率。停缸控制技术特别适合于气缸数为6缸或6缸以上的发动机,若气缸数过少,则在停缸转换时可能影响发动机工作的平稳性。另外,在车速过低时也不宜采用停缸。

模块小结

1. 负荷特性表示内燃机在某一转速下,燃油经济性指标及其他参数随负荷变化的关系。

(1) 汽油机负荷特性：点火提前角最佳、燃油喷射系统及进气系统工作正常，保持汽油机转速一定，每小时燃油消耗量 B、燃油消耗率 b_e 随负荷变化的关系。

(2) 柴油机负荷特性：柴油机转速一定，每小时耗油量 B、有效燃料消耗率 b_e 随负荷而变化的关系。

2. 负荷特性曲线的特点：同一转速下，最低油耗率越小，曲线变化越平坦，经济性越好。柴油机最低油耗率比汽油机低10%～30%，而且有效燃油消耗率曲线比较平坦。相比之下，柴油机在部分负荷时低油耗率区比汽油机宽，因而柴油机比汽油机省油。

3. 发动机性能指标随转速变化的关系，称为发动机的速度特性。速度特性包括部分负荷速度特性和外特性。外特性是发动机所能达到的最高性能。

(1) 汽油机速度特性：汽油机节气门（油门）开度固定不动，点火提前角最佳及燃油供给完好的情况下，有效功率、转矩、燃油消耗率、每小时耗油量、排气温度、空气消耗量、进气管真空度、充量系数、点火提前角等随转速变化的关系。

(2) 柴油机速度特性：喷油泵油量调节机构（供油拉杆或齿条）位置不动，柴油机性能指标随转速变化的关系，称为柴油机速度特性，即当油量调节机构固定在标定循环供油量位置时的速度特性。

4. 万有特性：根据负荷特性曲线簇经过转换，画出多参数特性，即万有特性。

思考与练习

1. 什么是内燃机的负荷特性？
2. 试分析汽油机、柴油机负荷特性中曲线的变化趋势？
3. 负荷特性曲线形状对柴油机性能有何影响？
4. 什么是内燃机速度特性？试分析汽油机和柴油机特性曲线？
5. 汽油机、柴油机的特性曲线有什么异同点？为什么？
6. 发动机负荷特性和速度特性能否相互转化？为什么？
7. 什么是发动机的万有特性？如何制作万有特性曲线？
8. 内燃机万有特性的曲线形状、位置对内燃机性能有何影响？

模块 5

汽车的动力性

📘 学习目标

1. 了解汽车的动力性指标；
2. 了解汽车的驱动力；
3. 理解汽车行驶阻力的组成；
4. 了解汽车行驶的附着条件与汽车的附着率。

📘 学习重点

1. 汽车的动力性指标；
2. 汽车的行驶方程式及其计算。

📘 学习难点

汽车的行驶方程式及其计算。

📘 模块概述

汽车的动力性是指汽车在良好路面上直线行驶时由汽车受到的纵向外力决定的、所能达到的平均行驶速度。汽车是一种高效率的运输工具，运输效率之高低在很大程度上取决于汽车的动力性。所以，动力性是汽车各种性能中最基本、最重要的性能。本章将着重介绍汽车动力性的评价指标，汽车的驱动力、行驶阻力，汽车行驶的附着条件与汽车的附着率。

5.1 汽车的动力性指标

从获得尽可能高的平均行驶速度的观点出发，汽车的动力性主要可由三方面的指标来评定，即：

(1) 汽车的最高车速 U_{max}。
(2) 汽车的加速时间 t；
(3) 汽车的最大爬坡度 i_{max}。

其中，最高车速是指在水平良好的路面（混凝土或沥青）上汽车能达到的最高行驶车速。汽车的加速时间表示汽车的加速能力，它对平均行驶车速有着很大影响，特别是轿车对加速时间更为重视。常用原地起步加速时间与超车加速时间来表明汽车的加速能力。（原地起步加速时间指汽车由 1 挡或 2 挡起步，并以最大的加速强度（包括选择恰当的换挡时机）逐步换至最高挡后到某一预定的距离或车速所需的时间；超车加速时间指用最高挡或次高挡由某一较低车速全力加速至某一高速所需的时间）。因为超车时汽车与被超车辆并行，容易发生安全事故，所以超车加速能力强，并行行程短，行驶就安全。图 5.1 所示为一些轿车的原地起步加速过程曲线。汽车的上坡能力是用满载（或某一载质量）时汽车在良好路面上的最大爬坡度表示的。显然，最大爬坡度是指 1 挡最大爬坡度。轿车最高车速大，加速时间短，经常在较好的道路上行驶，一般不强调它的爬坡能力；然而，它的 1 挡加速能力大，故爬坡能力也强。货车在各种地区的各种道路上行驶，所以必须具有足够的爬坡能力，一般 i_{max} 在 30%，即 16°左右。要进一步说明的是：i_{max} 代表了汽车的极限爬坡能力，它应比实际行驶中遇到的道路最大坡度超出很多，这是因为应考虑到在实际坡道行驶时，在坡道上停车后顺利起步加速、克服松软坡道路面的大阻力、克服坡道上崎岖不平路面的局部大阻力等要求的缘故。

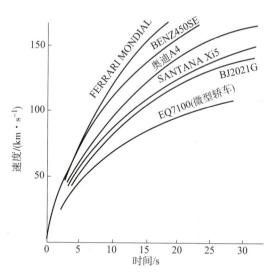

图 5.1 轿车的原地起步加速过程曲线

越野汽车要在坏路或无路条件下行驶，因而爬坡能力是一个很重要的指标，它的最大爬坡度可达 60%，即 31°左右。

应指出，上述三方面指标均应在无风或微风条件下测定。

5.2 汽车的驱动力与行驶阻力

确定汽车的动力性,就是确定汽车沿行驶方向的运动状况。为此,需要掌握沿汽车行驶方向作用于汽车的各种外力,即驱动力与行驶阻力。根据这些力的平衡关系建立汽车行驶方程式,就可以估算汽车的最高车速、加速时间和最大爬坡度。

汽车的行驶方程式为:

$$F_t = \sum F$$

式中　F_t——驱动力(N);

　　　$\sum F$——行驶阻力之和(N)。

驱动力是由发动机的转矩经传动系统传至驱动轮上得到的。行驶阻力有滚动阻力、空气阻力、坡度阻力和加速阻力。现在分别研究驱动力和这些行驶阻力,并最后把 $F_t = \sum F$ 这一行驶方程式加以具体化,以便研究汽车的动力性。

5.2.1　汽车的驱动力

汽车发动机产生的转矩经传动系统传至驱动轮上。此时作用于驱动轮上的转矩 T_t 产生一对地面的圆周力 F_0,地面对驱动轮的反作用力 F_t(方向与 F_0 相反)即驱动力的外力(图5.2),此外力称为汽车的驱动力。其数值为:

$$F_t = T_t / r$$

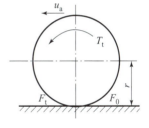

图 5.2　汽车的驱动力

式中　T_t——作用于驱动轮上的转矩(N·m);

　　　r——车轮半径(m)。

作用于驱动轮上的转矩 T_t 是由发动机产生的转矩经传动系统传至车轮上的。若令 T_{tq} 表示发动机转矩,i_g 表示变速器的传动比,i_0 表示主减速器的传动比,η_T 表示传动系统的机械效率,则有 $T_t = T_{tq} i_g i_0 \eta_T$。

对于装有分动器、轮边减速器、液力传动等装置的汽车,上式应计入相应的传动比和机械效率,因此驱动力为:

$$F_t = \frac{T_{tq} i_g i_0 \eta_T}{r} \tag{5-1}$$

一般用根据发动机外特性确定的驱动力与车速之间的函数关系曲线 $F_t - u_a$ 来全面表示汽车的驱动力,称为汽车的驱动力图。设计中的汽车有了发动机的外特性曲线,传动系统的传动比、传动效率、车轮半径等参数后,可用式(5-1)求出各个挡位的 F_t 值,再根据发动机转速与汽车行驶速度之间的转换关系求出 u_a,即可求出各个挡位的 $F_t - u_a$ 曲线。发动机转速与汽车行驶速度之间的关系式为:

$$u_a = 0.377 \frac{rn}{i_g i_0}$$

式中，u_a——汽车行驶速度（km/h）；
n——发动机转速（r/min）；
r——车轮半径（m）；
i_g——变速器传动比；
i_0——主减速器传动比。

由于驱动力图中的驱动力是根据发动机外特性求得的，因此它是在使用各挡位时一定车速下汽车能发出的驱动力的极值。实际行驶中，发动机常在节气门部分开启下工作，相应的驱动力要比它小。

5.2.2 汽车的行驶阻力

汽车在水平道路上等速行驶时，必须克服来自地面的滚动阻力和来自空气的空气阻力。滚动阻力以符号 F_f 表示，空气阻力以符号 F_w 表示。当汽车在坡道上上坡行驶时，还必须克服重力沿坡道的分力，称为坡度阻力，以符号 F_i 表示。汽车加速行驶时还需要克服加速阻力，以符号 F_j 表示。因此，汽车行驶的总阻力为：

$$\sum F = F_f + F_w + F_i + F_j$$

上述阻力中，滚动阻力和空气阻力是在任何行驶条件下均存在的，坡度阻力和加速阻力仅在一定行驶条件下存在。在水平道路上等速行驶时就没有坡度阻力和加速阻力。

一、滚动阻力

车轮滚动时，轮胎路面的接触区域产生法向、切向的相互作用力以及相应的轮胎和支撑路面的变形。轮胎和支撑路面的相对刚度决定了变形的特点。当弹性轮胎在硬路面（混凝土路、沥青路）上滚动时，轮胎的变形是主要的。此时由于轮胎有内部摩擦产生的弹性迟滞损失，所以轮胎变形时对它做的功不能全部吸收。

图5.3所示为9.00-20轮胎在硬支撑路面上受径向载荷时的变形曲线。图中 OCA 为加载变形曲线，面积 $OCABO$ 为加载过程中对轮胎做的功；ADE 为卸载变形曲线，面积 $ADEBA$ 为卸载过程中轮胎恢复变形时放出的功。由图可知，两曲线并不重合，两面积之差 $OCADEO$ 即为加载与卸载过程之能量损失。此能量消耗在轮胎各组成部分相互间的摩擦以及橡胶、帘线等物质分子间的摩擦，最后转化为热能而消失在大气中。这种损失称为弹性物质的迟滞损失。

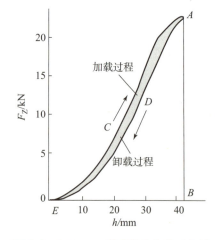

图5.3　9.00-20轮胎的径向变形曲线

进一步分析便可知这种迟滞损失表现为阻碍车轮滚动的一种阻力偶。当车轮不滚动时，地面对车轮的法向反作用力的分布是前后对称的；但当车轮滚动时，在法线 $n-n'$ 前

后相对应点 d 和 d' [图 5.4（a）] 变形虽然相同，但由于弹性迟滞现象，处于压缩过程的前部 d 点的地面法向反作用力就会大于处于回复过程的后部 d' 点的地面法向反作用力，这可以从图 5.4（b）中看出。

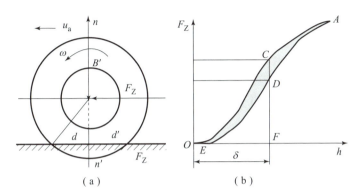

图 5.4　弹性车轮在硬路面上的滚动

如果将法向反作用力 F_Z 平移至与通过车轮中心的垂线重合，则从动轮在硬路面上滚动时的受力情况可画成图 5.4（b）所示的形式，即滚动时有滚动阻力偶矩 $T_f = F_Z a$ 阻碍车轮滚动。

由图 5.5 可知，欲使从动轮在硬路上等速滚动，必须在车轮中心加一推力 F_{p1}，它与地面切向反作用力构成一力偶矩来克服上述滚动阻力偶矩。由平衡条件得：

$$F_{p1} r = T_f$$

故：

$$F_{p1} = \frac{T_f}{r} = F_Z \frac{a}{r}$$

若令 $f = \dfrac{a}{r}$，且考虑到 F_Z 与 W 的大小相等，常将 F_{p1} 写作：

$$F_{p1} = Wf \text{ 或 } f = \frac{F_{p1}}{W}$$

式中　f——滚动阻力系数。

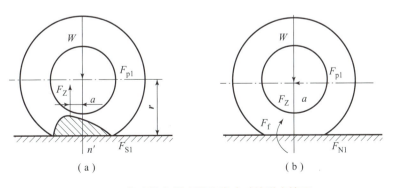

图 5.5　从动轮在硬路面上滚动时的受力情况

可见，滚动阻力系数是车轮在一定条件下滚动时所需推力与车轮负荷之比，即单位汽车中立所需之推力。换言之，滚动阻力等于滚动阻力系数与车轮负荷之乘积，即：

$$F_f = Wf \qquad (5-2)$$

且

$$F_f = \frac{T_f}{r}$$

这样，在分析汽车行驶阻力时就不必具体考虑车轮滚动时所受到的滚动阻力偶矩，而只要知道滚动阻力系数求出滚动阻力便可以了（当然，滚动阻力无法在真正的受力图上表现出来，它只是一个数值）。这将有利于动力性分析的简化。

图 5.6 所示为驱动轮在硬路面上等速滚动时的受力。图中 F_{X2} 为驱动力矩 T_t 所引起的道路对车轮的切向反作用力。F_{p2} 为驱动轴作用于

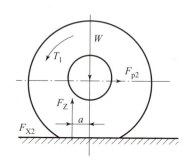

图 5.6 驱动轮在硬路面上滚动时的受力

车轮的水平力。法向反作用力 F_Z 也由于轮胎迟滞现象而使其作用点向前移了一个距离 a，即在驱动轮上也作用有滚动阻力偶矩 T_f。由平衡条件得：

$$F_{X2} r = T_t - T_f$$

$$F_{X2} = \frac{T_t}{r} - \frac{T_f}{r} = F_t - F_f$$

滚动阻力系数由试验确定。滚动阻力系数与路面的种类、行驶车速以及轮胎的构造、材料、气压等有关。表 5.1 所示为汽车在某些路面上以中、低速行驶时，滚动阻力系数的大致数值。

表 5.1 滚动阻力系数 f 的大致数值

路面类型		滚动阻力系数	路面类型	滚动阻力系数
良好的沥青或混凝土路面		0.010 ~ 0.018	泥泞土路（雨季或解冻期）	0.100 ~ 0.250
一般的沥青或混凝土路面		0.018 ~ 0.020	干砂	0.100 ~ 0.300
碎石路面		0.020 ~ 0.025	湿砂	0.060 ~ 0.150
良好的卵石路面		0.025 ~ 0.030	结冰路面	0.015 ~ 0.030
坑洼不平的卵石路面		0.035 ~ 0.050	压紧的雪道	0.030 ~ 0.050
压紧土路	干燥的	0.025 ~ 0.035		
	雨后的	0.050 ~ 0.150		

行驶车速对滚动阻力系数有很大影响。图 5.7（a）说明，这两种轿车轮胎在车速 100 km/h 以下时，滚动阻力逐渐增加但变化不大；在某一车速（如 140 km/h）以上时增长较快。车速达到某一临界车速（例如 200 km/h）左右时，滚动阻力迅速增长，此时轮胎发生驻波现象，轮胎周缘不再是圆形而呈明显的波浪状。出现驻波后，不但滚动阻力显著增加，轮胎的温度也很快增加到 100℃ 以上，胎面与轮胎帘布层脱落，几分钟内就会出

现爆破现象,这对高速行驶的车辆是一件很危险的事情。

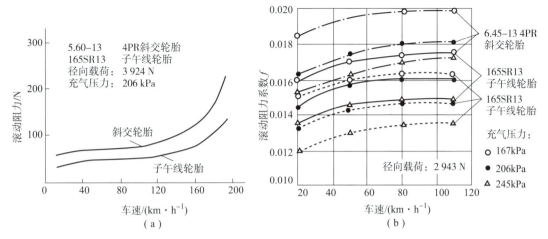

图 5.7 轿车轮胎的滚动阻力、滚动阻力系数与车速、充气压力的关系

轮胎的结构、帘线和橡胶的品种,对滚动阻力都有影响。图 5.7（b）所示为几种不同轿车轮胎的滚动阻力系数随车速与充气压力变化的曲线。可以看出,轮胎充气压力对 f 值影响很大。气压降低时 f 值迅速增加,这是因为气压降低时,滚动的轮胎变形大,迟滞损失增加。从图中还可以看出,子午线轮胎的滚动阻力系数较低。

驱动状况下的轮胎作用有驱动转矩,胎面相对于地面有一定程度的滑动,增加了轮胎滚动时的能量损耗。图 5.8 所示为由试验得到的滚动阻力系数（包含胎面滑动损失）与驱动力系数的关系曲线。驱动力系数为驱动力与径向载荷之比。可以看出,随着驱动力系数的加大,滚动阻力系数迅速增加；从图中还可以看出,子午线轮胎的滚动阻力系数较小,驱动力系数变化对它的影响也较小。

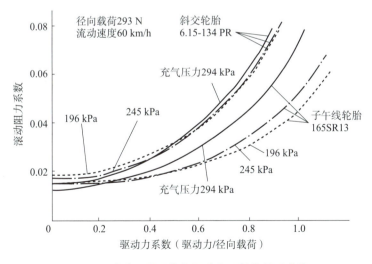

图 5.8 滚动阻力系数与驱动力系数的关系曲线

货车轮胎的滚动阻力系数与车速的关系接近于直线,滚动阻力系数的数值较小,车速对滚动阻力系数的影响也不大。

二、空气阻力

汽车是在空气介质中行驶的。汽车相对于空气运动时,空气作用在汽车前部的压力称为空气阻力,用符号 F_w 表示。

汽车行驶时,围绕汽车的空气形成空气流。空气沿车身表面流过,在汽车后面并不终止,而是形成涡流。地面附近的空气必须从车身底部和路面之间强制通过,因而产生阻力。汽车车身的流线型越好,环绕汽车的空气流线越匀顺,产生的阻力也就越小。

1. 空气阻力的组成

空气阻力可分为摩擦阻力和压力阻力两大部分。摩擦阻力是由于空气的黏性在车身表面产生切向力的合力在行驶方向上的分力。摩擦阻力与车身表面质量及表面积有关,占空气阻力的 8%~10%。压力阻力是作用在车身表面上法向压力的合力在行驶方向上的分力。

压力阻力包括下列 4 个部分。

(1) 形状阻力。汽车行驶时,空气流经车身,在汽车前方,空气相对被压缩,压力升高;在车身尾部和圆角处,空气稀薄,形成涡流,引起负压。由汽车前后部压力差所引起的阻力称为形状阻力。其值与车身外形有关,占空气阻力的 55%~60%。形状阻力与车身主体形状有很大关系。例如,车头、车尾的形状及风窗玻璃的倾角等是影响形状阻力的主要因素。

(2) 干扰阻力。凸出于车身表面的部分所引起的空气阻力,如门把手、后视镜、翼子板、悬架导向杆、驱动轴等,占空气阻力的 12%~18%。

(3) 诱导阻力。汽车上下部压力差(即升力)在水平方向上的分力,占空气阻力的 5%~8%。

(4) 内循环阻力。发动机冷却系统、车身内通风等所需空气流经车体内部时形成的阻力,占空气阻力的 10%~15%。

上述各种阻力各占比例的数值是以轿车为例给出的。由上可见,形状阻力所占比例最大,车身外形是影响空气阻力因素中的主要因素。因此,改进车身的形状设计是减小空气阻力的主要措施。由于车速不断提高,人们不仅对轿车而且对货车的形状也越来越重视。

以上 5 种阻力(摩擦阻力、形状阻力、干扰阻力、诱导阻力、内循环阻力)的合力在汽车行驶方向上的分力即为空气阻力。通常将空气阻力的作用点称为风压中心。一般它与汽车的重心不重合。风压中心离地高度 h_w 对汽车高速行驶时的稳定性有很大影响。当汽车高速行驶时,h_w 越高,汽车前轴负荷越轻,严重时可能导致汽车失去操纵。

2. 空气阻力的计算

在汽车行驶速度范围内,根据空气动力学原理,空气阻力的数值通常由下式确定:

$$F_w = \frac{1}{2} C_D A \rho v_r^2$$

式中 C_D——空气阻力系数,为无因次系数,主要取决于车身形状,其物理意义是单位动压力 $\left(\frac{1}{2}\rho v_r^2\right)$ 在每平方米迎风面积上产生的空气阻力;

A——汽车的迎风面积(m^2);

ρ——空气密度,一般 $\rho = 1.2258$ ($N \cdot s^2 m^{-4}$);

v_r——汽车与空气的相对速度(m/s)。

无风时，v_r = 汽车行驶速度；

顺风时，v_r = 汽车行驶速度 - 风速；

逆风时，v_r = 汽车行驶速度 + 风速。

如果无风时汽车行驶速度以 v_a（km/h）计，则上式为：

$$F_w = \frac{C_D A v_a^2}{21.15}$$

式中，空气阻力是与空气阻力系数 C_D 及迎风面积 A 成正比的，从结构上降低空气阻力主要应从降低空气阻力系数 C_D 入手。空气阻力又与速度的平方成正比，汽车行驶速度越高，空气阻力越大，空气阻力相对于滚动阻力的比率就会显著增加。现代汽车的行驶速度很高，因此，空气阻力对汽车的动力性和燃油经济性的影响日益受到重视。所以，降低高速汽车的空气阻力系数 C_D 值就成为试验与研究的重要课题。C_D 值的大小和汽车外形关系极大，要降低 C_D 值就要求汽车外形的流线型好。C_D 值可通过风洞试验测定。

3. 汽车的迎风面积

汽车的迎风面积是指汽车行驶时受迎面空气流直接冲击的面积，即汽车在垂直于行驶方向平面上的投影面积。在近似计算 F_w 时，可用下式估算：

对于载货汽车：

$$A = BH$$

对于轿车：

$$A = 0.78 B_1 H$$

式中　B——轮距（m）；

　　　B_1——车宽（m）；

　　　H——车高（m）。

各类汽车的空气阻力系数 C_D 和迎风面积 A 的数值如表 5.2 所示。

表 5.2　各类汽车的空气阻力系数 C_D 和迎风面积 A

车型	迎风面积 >1 /m²	空气阻力系数 C_d	$C_D A$ /m²	备注
典型轿车	1.7~2.1	0.30~0.41		
货车	3~7	0.6~1.0		
客车	4~7	0.5~0.8		
3H/I130				模型试验
空车	4	0.941	3.764	
载货用篷布盖好	4.65	0.816	3.794	
后面装有厢式车厢	5.8	0.564	3.271	
油罐车	4	0.716	2.864	
Fiat Uno 70i. c.	1.81	0.30	0.543	
BMW 753 i	2.11	0.33	0.696	
Audi 100	2.05	0.30	0.615	

续表

车型	迎风面积 >1 /m²	空气阻力系数 C_d	$C_D A$ /m²	备注
Honda Accord Ex2. Oi – 16	1.70	0.33	0.561	
Lexus LS 400	2.06	0.32	0.659	
Mercedes 300SE/500SE	2.10	0.34	0.714	
Santana XI5	1.89	0.425	0.803	"Motor Fan"滑行试验，设为常数求得

三、坡度阻力

当汽车上坡行驶时（图5.9），汽车重力沿坡道的分力表现为汽车坡度阻力，即：

$$F_i = G\sin\alpha \quad (5-3)$$

式中 G——作用于汽车上的重力，$G = mg$，m 为汽车质量，g 为重力加速度。

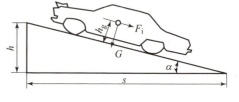

图5.9 汽车的坡度阻力

道路坡度是以坡高与底长之比来表示的，即：

$$i = \frac{h}{2} = \tan\alpha$$

根据我国的公路路线设计规范，高速公路平原微丘区最大纵坡为3%，山岭重丘区为5%；一级汽车专用公路平原微丘区最大坡度为4%，山岭重丘区为6%；一般四级公路平原微丘区为5%，山岭重丘区为9%。所以，一般道路的坡度均较小，此时

$$\sin\alpha \approx \tan\alpha = i$$

故

$$F_i = G\sin\alpha \approx G\tan\alpha = Gi$$

四、加速阻力

汽车加速行驶时，需要克服加速运动时的惯性力，这就是加速阻力 F_j。为便于计算，通常把汽车的质量分为平移质量和旋转质量两部分。加速时不仅平移质量会产生惯性力，旋转质量也会产生惯性力偶矩。为便于计算，一般把旋转质量的惯性力偶矩转化为平移质量的惯性力，并以系数 δ 作为计入旋转质量惯性力偶矩后的汽车质量换算系数，因而，汽车加速阻力 F_j 可写成：

$$F_j = \delta \frac{G}{g}\frac{dv}{dt}$$

式中 δ——汽车旋转质量换算系数（$\delta > 1$）；
G——汽车重量（N）；
g——重力加速度（m/s²）；
$\frac{dv}{dt}$——行驶加速度（m/s²）。

δ 主要与飞轮的转动惯量、车轮的转动惯量及传动系统的传动比有关。

5.2.3 汽车行驶方程式

根据上面逐项分析的汽车行驶阻力，可以得到汽车行驶方程式为：

$$F_t = F_f + F_w + F_i + F_j$$

或

$$\frac{T_{tq} i_g i_0 \eta_T}{r} = Gf\cos\alpha + \frac{C_D A}{21.15}u_a^2 + G\sin\alpha + \delta m \frac{du}{dt}$$

考虑到实际上正常道路的坡度角不大，$\cos\alpha \approx 1$，$\sin\alpha \approx \tan\alpha \approx i$，故常将上式写为：

$$\frac{T_{tq} i_g i_0 \eta_T}{r} = Gf + \frac{C_D A}{21.15}u_a^2 + Gi + \delta m \frac{du}{dt}$$

这个等式表示了在无风天气、正常道路上行驶汽车的驱动力与行驶阻力的数量关系，在进行动力性分析时十分有用。但应指出，这个方程式并未经过周密的推导。

5.3 汽车行驶的附着条件与汽车的附着率

5.3.1 汽车行驶的附着条件

从上面的分析可知，动力装置（指发动机与传动系统）所确定的驱动力是决定动力性的一个主要因素。驱动力大，加速能力好，爬坡能力也强。不过这个结论只在轮胎-路面有足够大的附着力（例如良好轮胎在干燥的水泥路面上）时才能成立。在潮湿的沥青路面上附着性能差时，大的驱动力可能引起车轮在路面上急剧加速滑转，地面切向反作用力并不很大，动力性也未进一步提高。由此可见，汽车的动力性能不只受驱动力的制约，它还受到轮胎与地面附着条件的限制。

地面对轮胎切向反作用力的极限值称为附着力 F_φ，在硬路面上它与轮胎法向反作用力形成正比，常写成：

$$F_{X\max} = F_\varphi = F_Z \varphi$$

式中　φ——附着系数，它是由路面与轮胎决定的。

由作用在驱动轮上的转矩 T_t 引起的地面切向反作用力不能大于附着力，否则将发生驱动轮滑转现象，即对于后轮驱动的汽车，有：

$$\frac{T_t - T_{f2}}{r} = F_{X2} \leqslant F_{Z2}\varphi$$

这就是汽车行驶的附着条件。上式可写成：

$$\frac{F_{X2}}{F_{Z2}} \leqslant \varphi$$

式中 $\dfrac{F_{X2}}{F_{Z2}}$ ——后轮驱动汽车驱动轮的附着率 $C_{\varphi 2}$，即：

$$C_{\varphi 2} \leq \varphi$$

对于前轮驱动汽车，其前驱动轮的附着率亦不能大于地面附着系数。

可以由发动机、传动系统的参数及汽车的行驶工况确定汽车驱动轮的附着率。显然，驱动轮的附着率是表明汽车附着性能的一个重要指标，是汽车驱动轮在不滑转工况下充分发挥驱动力作用所要求的最低地面附着系数。

5.3.2 汽车的附着力与地面法向反作用力

汽车的附着力决定于附着系数以及地面作用于驱动轮的法向反作用力。

附着系数主要取决于路面的种类和状况，行驶车速对附着系数也有影响。附着系数还受到车轮运动状况的影响。在一般动力性分析中，只取附着系数的平均值。在良好的混凝土或沥青路面上，路面干燥时 φ 值为 $0.7 \sim 0.8$，路面潮湿时为 $0.5 \sim 0.6$；在干燥的碎石路上 φ 值为 $0.6 \sim 0.7$；在干燥的土路上 φ 值为 $0.5 \sim 0.6$，湿土路面上为 $0.2 \sim 0.4$。

驱动轮地面法向反作用力与汽车的总体布置、车身形状、行驶状况及道路的坡度有关。图 5.10 所示为汽车加速上坡时的受力。图 5.10 中，G 为汽车重力；α 为道路坡度角；h_g 为汽车质心高；F_w 为空气阻力；T_{f1}、T_{f2} 为作用在前、后轮上的滚动阻力偶矩；T_{je} 为作用于横置发动机飞轮上的惯性阻力偶矩；T_{jw1}、T_{jw2} 为作用在前、后车轮上的惯性阻力偶矩；F_{Zw1}、F_{Zw2} 为作用于车身上并位于前、后轮接地点上方的空气升力；F_{Z1}、F_{Z2} 为作用在前、后轮上的地面法向反作用力；F_{X1}、F_{X2} 为作用在前、后轮上的地面切向反作用力；L 为汽车轴距；a、b 为汽车质心至前、后轴之距。

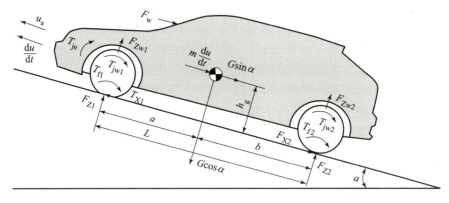

图 5.10 汽车加速上坡时的受力

若将作用在汽车上的诸力对前、后轮与道路接触面中心取力矩，则得：

$$F_{Z1} = G\left(\dfrac{b}{L}\cos\alpha - \dfrac{h_g}{L}\sin\alpha\right) - \left(\dfrac{G}{g}\dfrac{h_g}{L} + \dfrac{\sum I_W}{Lr} \pm \dfrac{I_f i_g i_0}{Lr}\right)\dfrac{du}{dt} - F_{Zw1} - G\dfrac{rf}{L}\cos\alpha$$

$$F_{Z2} = G\left(\dfrac{a}{L}\cos\alpha + \dfrac{h_g}{L}\sin\alpha\right) - \left(\dfrac{G}{g}\dfrac{h_g}{L} + \dfrac{\sum I_W}{Lr} \pm \dfrac{I_f i_g i_0}{Lr}\right)\dfrac{du}{dt} - F_{Zw2} + G\dfrac{rf}{L}\cos\alpha$$

由于 F_w 与 F_{Zw1}、F_{Zw2} 均是在风洞中实测获得的，所以在上式中不能再计入 F_w 对前、后轮与道路接触面中心的力矩。

汽车前、后轮地面法向反作用力忽略掉旋转质量惯性阻力偶矩与滚动阻力偶矩之后,便简化为:

$$F_{Z1} = F_{Zs1} - F_{Zw1} - \frac{G}{g}\frac{h_g}{L}\frac{du}{dt}$$

$$F_{Z2} = F_{Zs2} - F_{Zw2} + \frac{G}{g}\frac{h_g}{L}\frac{du}{dt}$$

5.3.3 附着率

附着率是指汽车在直线行驶的状况下,充分发挥驱动力作用时要求的最低附着系数。不同的直线行驶工况要求的最低附着系数是不一样的。在较低行驶车速下,用低速挡加速或上坡行驶,驱动力发出的驱动力大,要求的(最低)附着系数大。此外,在水平路段上以极高车速行驶时,要求的附着系数也大。

汽车的附着系数是指地面对轮胎切向反作用力的最大极限值(附着力)与驱动轮法向反作用力的比值。

驱动轮的附着率不能大于地面附着系数,汽车驱动轮的附着率可以由发动机、传动系统的参数及汽车的行驶工况来确定。

汽车的动力性由两方面决定:一是动力装置(发动机和传动系统)所确定的驱动力;二是汽车的附着性能。如果动力装置确定的驱动力足够,而附着性能不足,那么汽车驱动轮就会打滑,汽车难以正常行驶,由此可见汽车附着性能的重要性。汽车驱动轮的附着率是汽车驱动轮在不发生滑转工况下充分发挥驱动力作用所要求的最低附着系数,它是表明汽车附着性能的一个重要指标。

由于驱动轮的附着率不能大于地面附着系数,否则就会打滑而影响汽车的正常行驶,所以汽车在路面上行驶时,附着率远离附着系数(向小于附着系数的方向),打滑的机会就会少一些,通常希望附着率小一些。

影响汽车附着率的因素较多,比如汽车总布置情况(轴距、质心高度、质心到前后轴的距离等)、车身形状、行驶状况(加速度大小等)、实际的道路坡度等。此外,车速也影响到附着率,由于车速升高,空气升力增加,驱动轮法向反作用力下降,切向反作用力增加,因此,附着率随着车速增加而增大,如图 5.11 所示,图中 C_{Lr} 为空气升力系数。

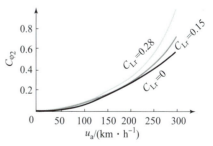

图 5.11 附着率随车速变化的关系

为了保证汽车的行驶能力和驾驶安全性,应采取一些方法对附着率进行改善,如:

(1)改善车身形状,或者增加一些辅助的空气动力学装置以降低空气升力系数,达到减小附着率以改善操纵稳定性与动力性的目的。

(2)调整汽车的总布置,变动前、后轴的轴荷以减小驱动轮的附着率。

拓展知识

汽车常见的动力改装方法

为了提高爱车的动力性能，越来越多的车主选择改装的方式，改装确实是提高汽车动力性的最有效方法。影响汽车动力性的因素很多，意味着改装的方法不少，常见的动力改装方法有哪些呢？

一、汽车结构进一步优化

1. 汽车燃料供给系统改装

汽油发动机燃油供给系统从传统化油器式燃油供给系统发展到电控燃油喷射系统，其中还经历了机械式燃油喷射系统和机电混合式燃油喷射系统的发展。电控燃油喷射系统则经历了由单点喷射到多点喷射，由缸外喷射到缸内直喷的发展过程。在燃油系统不断改进的过程中，发动机的动力性在不断提升，油耗在不断下降，尾气排放向着更加严格的指标发展。虽然电控燃油喷射系统技术已经发展得比较成熟，但如果对其进行合理的改装，仍然能够进一步增大发动机功率。

（1）加大空气流量，降低进气阻力。换装高流量的空气滤芯可降低发动机进气的阻力，同时提高发动机运转时单位时间的进气量及容积效率。如果想达到更好的效果，还可将整个空气滤清器改装为滤芯外露式滤清器，俗称"香菇头"，以进一步降低进气阻力，增加发动机的进气量。

（2）改变进气道形状，增加进气的空气流动速度。进气道的改进可以从形状及材质两个方面来进行。改变进气道形状，一是为了实现进气蓄压，以供急加速时节气门突然全开之需；二是增加进气的流速。改变进气道材质，对材质的要求原则上是不吸热和质量轻。目前汽车改装最常用的是碳纤维材质，其优点是具有不吸热的特性，缺点是价格昂贵。通常赛车会同时改进进气道形状和材质，并将空气滤清器一并转移甚至干脆拆除，将进气口延伸至车外，以便随车速提高增加进气压力，从而提高进气量，以求获得车辆动力性的最大提升。

（3）采用二次进气，提高容积效率。二次进气是除了从空气滤清器吸入的空气外，再利用进气歧管的真空压力差，从发动机PCV（曲轴箱强制通风）管路外接另一进气装置，导入适量的新鲜空气来达到提高容积效率的目的。二次进气所能产生的动力提升效果最主要的是在节气门开度较小的低转速阶段，因为在节气门全开的高速阶段，空气大量进入，使真空度降低时，二次进气装置所能导入的空气量相对来说就变得微不足道了。

（4）改进节气门，提升进气效率。节气门的改进方式有两种：通过更换动作更快的伺服电动机对电子节气门进行改进；将单节气门改为多节气门，这是针对跑车、赛车而言，改进方法是在每个进气管各自装一个节气门，这种结构也称为多喉直喷式。多喉式相比于单喉式充气效率提高程度很大，但改进成本也较大。

（5）加装废气涡轮增压装置。对于自然吸气式发动机加装废气涡轮增压装置，

拓展知识

可以明显提升发动机扭矩及功率，使其增大20%～30%，最高可达50%。加装废气涡轮增压装置需同时加装中冷器，这是由于空气在被压缩的过程中温度会升高，影响发动机的充气效率，而中冷器可以起到冷却空气的作用。此外，加装废气涡轮增压装置的发动机一般需要将活塞更换为锻造活塞，以适应气缸压力的增加。

（6）增加发动机排量。通过镗缸来加大气缸的直径，然后更换一组与之匹配的活塞。增大发动机排量可以有效提高其功率，但同时耗油量及废气排放也会增大。

（7）增大多点燃油喷射系统中的压力，提高喷油量。调压阀是多点燃油喷射系统中的压力调节器，它负责保持燃油系统为喷油器提供一个固定的压力，这个固定压力越大，喷油器在相同的时间喷出的燃油量也越多。通过调节调压阀提高喷油器的喷油压力，进而使相同喷油脉宽下的喷油量增加5%～10%。需要注意的是，通过这种方法增加喷油量后，必然导致混合气浓度增加，通常需要对发动机控制单元的控制策略进行修改，否则可能造成控制单元控制失准，并报故障码。此外，增大喷油压力需适度，压力超出规定值则会造成发动机工作不稳，甚至出现爆燃等现象。

（8）更换喷油器，提高喷油量。在发动机进行了大幅改进之后，如果高速时所需的喷油时间比发动机一个进气行程的时间还长，就会造成喷油器持续的喷油也无法提供足够的油量，这时就需更换更大喷油量的喷油器了。

2．提升点火系统的点火性能

提高点火系统的点火性能可以有效提高发动机燃烧效率，具体方法如下。

（1）将普通高压点火线改为高能量高压点火线。为了提高发动机点火能量，零件制造商专为改装车提供一种高能量高压点火线，即"矽导线"。这种高压点火线比普通高压点火线的内阻要小很多，点火电量通过性好，可以增加点火能量。

（2）提高高压线圈的电压。通过改进线圈材质，或采用次级线圈与初级线圈匝数比值更大的点火线圈，均能产生更高的点火电压，并且能承受较高的电流输出负荷。点火电压的提高对增加点火能量有直接且正面的影响。

（3）更换高能火花塞。高能火花塞能承受较大的热负荷和机械负荷，并且可以适应更高的点火电压，使点火能量充足，如电极材料为铱合金的火花塞可以承受极高温度而不被熔毁，且电极耐磨能力很强，从而使之寿命更长。

3．合理匹配汽车发动机及传动系统

在对汽车发动机进行改进时，当汽车的总质量、质量分配、空气阻力及轮胎滚动阻力等因素确定后，发动机与动力传动系统的合理匹配对保证汽车的动力性和燃油经济性是非常重要的。汽车的动力性是由整车动力总成的性能决定的，虽然汽车的发动机在当中扮演了非常重要的角色，但是在发动机排量和输出功率相差不大的情况下，动力总成的配合情况才是决定汽车输出动力的最核心因素。对车辆的动力系统进行整体的优化，使发动机与变速器、主减速器合理配合，才能使发动机的输出功率充分地释放出来。

拓展知识

4. 减轻汽车整备质量

从材料上减轻汽车整备质量。将车辆各总成改用轻质量的材料以减轻汽车整备质量，可以提高汽车动力性。例如，发动机机体采用镁铝合金，某些零部件使用钛合金材料，可以达到减轻汽车整备质量的目的。

二、发动机控制单元（ECU）的改进

1. 发动机控制单元程序的优化

根据汽车在不同地区的使用要求，可以通过修改发动机控制单元的程序来增加发动机功率，达到提升汽车动力性的目的。汽车出厂时，厂家对于发动机控制单元的一些参数标定留有较大的可调整余地，改进发动机控制单元程序可以最大限度地挖掘出发动机的潜在能力。在发动机控制单元的程序修改后，需要使用专用仪器进行路试检测，有条件的可以在电涡流测功机上进行检测，以便得到更精确的数据，待完全调校好以后再装车路试。

修改发动机控制单元程序的方法通常可以分为3种：第一种是通过换芯片、加装机板或者重新写入程序等方法，对原车发动机控制单元进行改进；第二种是不改动原车的发动机控制单元，而是在其输出端连接辅助装置，从而改变原车电脑的输出信号，达到不同的控制效果；第三种是更换功能更强大的发动机控制单元。

2. 可变计算机控制

可变计算机控制是指在一辆车上安装3块发动机控制单元，分别按照发动机低速、正常及最大功率输出3种运转状态设计程序，并按照实际需要，切换相应的控制单元工作。如果这3种工作模式采用1块控制单元来实现，程序控制难度将大幅增加，而当控制单元出现故障时，汽车就不能运行了，故从安全可靠和易于实现的角度来考虑，采用3块发动机控制单元的设计更为合理。

模块小结

汽车动力性主要受发动机参数、主减速器传动比、传动系统挡数及传动比、汽车流线型、汽车质量、轮胎尺寸与形式和汽车行驶条件等影响。

1. 发动机参数的影响。主要因素有发动机最大功率、发动机最大转矩和发动机外特性曲线的形状。

2. 主减速器传动比的影响。主减速器传动比的选择主要考虑汽车的用途及经常使用的道路条件。

3. 传动系统挡数的影响。无副变速器和分动器时，传动系统挡数即为变速器前进挡的挡数。变速器挡数增加时，发动机在接近最大功率工况下工作的机会增加，发动机的平均功率利用率高。

4. 传动系统传动比的影响。主要因素有变速器的最小传动比和最大传动比以及变速

器各挡传动比的比例关系。

5. 汽车流线型的影响。汽车的空气阻力系数对汽车的动力性有影响。流线型对高速汽车的动力性、经济性的影响是非常显著的，但对汽车能克服的最大道路阻力影响不大。

6. 汽车质量的影响。汽车总质量增加时，动力因数将随之下降，而道路阻力和加速阻力随之增大。因此对于额定载质量一定的汽车，在保证刚度与强度足够的前提下，应尽量减轻自身质量，以提高汽车的动力性。

7. 轮胎尺寸与形式的影响。汽车的驱动力与滚动阻力以及附着力都受轮胎的尺寸与形式的影响，故合理选用轮胎花纹与形式对汽车的动力性有重要意义。

8. 汽车行驶条件的影响。主要因素有气候条件、高原山区、道路条件等。在高原地区行驶的车辆，由于海拔较高，空气稀薄，发动机充气量与气缸内压缩终点压力降低，导致发动机功率下降。汽车行驶在坏路和无路的条件下，由于路面附着系数减小和车轮滚动阻力增加，所以汽车动力性大大降低。

思考与练习

1. 何谓汽车的动力性？其评价指标有哪些？
2. 写出汽车行驶方程式，并说明哪些因素对驱动力有影响。
3. 试用汽车的驱动力图，结合相关公式求解汽车的动力性指标。
4. 动力因素 D 的物理意义是什么？
5. 影响汽车动力性的主要因素有哪些？

模块 6
汽车的燃油经济性

🚗 学习目标

1. 了解汽车燃油经济性的评价指标；
2. 了解影响汽车燃油经济性的主要因素。

📝 学习重点

汽车燃油经济性的评价指标。

🚗 学习难点

汽车燃油经济性的评价指标。

📝 模块概述

在保证动力性的条件下，汽车以尽量少的燃油消耗量经济行驶的能力称作汽车的燃油经济性。

燃油经济性好，可以降低汽车的使用费用、减少国家对进口石油的依赖性、节省石油资源；同时也降低了发动机产生的 CO_2（温室效应气体）的排放量，起到防止地球变暖的作用。

发动机的燃油消耗率与排放污染是有密切关系的，只能在保证排放达到有关法规要求的前提下来降低发动机的燃油消耗率，提高汽车的燃油经济性。

由于节约燃料、保护环境已成为全球关注的重大事件，汽车燃油经济性受到各国政府、汽车制造业与车主进一步的重视。本章将着重介绍各国对汽车燃油经济性的评价指标，以及影响汽车燃油经济性的主要因素等。

6.1 汽车燃油经济性的评价指标

汽车的燃油经济性常用一定运行工况下汽车行驶百公里的燃油消耗量或一定燃油量能使汽车行驶的里程来衡量。

在我国及欧洲，燃油经济性指标的单位为 L/(100 km)，即行驶 100 km 所消耗的燃油升数。其数值越大，汽车的燃油经济性越差。美国为 MPG 或 mile/gal，指的是每加仑燃油能行驶的英里数。这个数值越大，汽车燃油经济性越好。

等速行驶百公里燃油消耗量是常用的一种评价指标，指汽车在一定载荷（我国标准规定轿车为半载、货车为满载）下，以最高挡在水平良好路面上等速行驶 100 km 的燃油消耗量。一般先测出每隔 10 km/h 或 20 km/h 速度间隔的等速百公里燃油消耗量，然后将其绘制在图上并连成曲线，得到等速百公里燃油消耗量曲线，用它来评价汽车的燃油经济性，如图 6.1 所示。

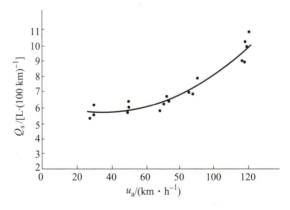

图 6.1　等速百公里燃油消耗量曲线

但是，等速行驶工况并没有全面反映汽车的实际运行情况，因为还有在市区行驶中频繁出现的加速、减速、怠速停车等行驶工况。因此，在对实际行驶车辆进行跟踪测试统计的基础上，各国都制定了一些典型的循环行驶试验工况来模拟实际汽车运行状况，并以其百公里燃油消耗量（或 MPG）来评定相应行驶工况的燃油经济性。

汽车燃油经济性指标评价大致可以分为以下两类。

1. 单位行驶里程的燃油消耗量

当燃油按容积计量时，单位行驶里程的燃油消耗量用符号 Q_L 表示，其单位是 L/(100 km)；当燃油按质量计量时，单位行驶里程的燃油消耗量用符号 Q_S 表示，其单位是 kg/(100 km)。

该指标只能用于比较同类型汽车或同一辆汽车的燃油经济性。

2. 单位运输工作量的燃油消耗量

当燃油按容积计量时，单位运输工作量的燃油消耗量用符号 Q_{LG} 表示，其单位是 L/(100 t·km)；当燃油以质量计量时，单位运输工作量的燃油消耗量用符号 Q_{SG} 表示，其单位是 kg/(100 t·km)。该指标可用来比较不同类型、不同载质量的汽车的燃油经济性。

一般多以容积计量燃油消耗量，因此，常采用 L/(100 km) 或 L/(100 t·km) 为单位计量。

6.2 影响汽车燃油经济性的主要因素

汽车等速百公里燃油消耗量计算公式为：

$$Q_S = \frac{P_e b}{1.02 u_a \rho g}$$

或

$$Q_S = \frac{CFb}{\eta_T}$$

式中　P_e——发动机的功率（kW）；
　　　b——燃油消耗率 [g/(kW·h)]；
　　　u_a——车速（m/s）；
　　　ρ——燃油的密度（kg/L）；
　　　g——重力加速度（m/s²），汽油的 ρg 可取为 6.96~7.15 N/L，柴油可取 7.94~8.13 N/L；
　　　C——常数；
　　　F——行驶阻力，$F = F_f + F_w$。

由上式可知，等速百公里燃油消耗量正比于等速行驶时的行驶阻力与燃油消耗率，反比于传动效率。

发动机的燃油消耗率，一方面取决于发动机的种类、设计制造水平；另一方面又与汽车行驶时发动机的负荷率有关。发动机负荷率低时，有效燃油消耗率的值显著增大。

当然，总的汽车燃油消耗还与加速、减速、制动、怠速停车等工况以及汽车附件（如空调）的使用有关。在城市循环工况中，后三个因素的影响相当大，它们消耗的能量总计可达燃油化学能的 25.2%。但传统结构的汽车在这些方面尚未找到突破性的提高燃油经济性的措施。

基于以上分析，下面将分别从使用与汽车结构两个方面讨论影响汽车燃油经济性的因素，从中可以看出提高燃油经济性的一些途径。

6.2.1 使用方面

一、行驶车速

汽车在接近于低速的中等车速时燃油消耗量 Q_S 最低，高速时随车速增加 Q_S 迅速加大。这是因为在高速行驶时，虽然发动机的负荷率较高，但汽车的行驶阻力增加很多，从而导致百公里油耗增加。

二、挡位选择

在一定道路上，汽车用不同排挡行驶的燃油消耗量是不一样的。显然，在同一道路条件与车速下，虽然发动机发出的功率相同，但挡位越低，后备功率越大，发动机的负荷率越低，燃油消耗率越高，百公里燃油消耗量就越大，而使用高挡时的情况则相反。

三、挂车的应用

运输企业中普遍拖带挂车。这是提高运输生产率和降低成本，包括降低燃油消耗量的一项有效措施。如"解放"牌 CA10B 汽车经常拖挂 4.5~5 t 挂车，在行驶于坡度小于8%、最大坡度小于 11% 的道路上，生产率可提高 30%~50%，油耗可降低 20%~30%（以 100 t·km 计）。应注意，拖带挂车后，虽然汽车总的燃油消耗量增加了，但以 100 t·km 计量的油耗下降了，即分摊到每吨货物上的油耗下降了。拖带挂车后节省燃油的原因有两个：一个是带挂车后阻力增加，发动机的负荷率增加，使燃油消耗率 b 下降；另一个原因是汽车的质量利用系数（即装载质量与整车整备质量之比）较大。

四、正确的调整与保养

汽车的调整与保养会影响到发动机的性能与汽车行驶阻力，所以对百公里油耗有相当大的影响。

例如，一般驾驶员常用滑行距离来检查底盘的技术状况。当汽车的前轮定位正确，制动器摩擦片与制动鼓有正常的间隙，轮胎气压正常，各相对运动零部件滑磨表面光洁、间隙恰当并有充分的润滑油时，底盘的行驶阻力减小，滑行距离便大大增加。阻力较小的装载质量为 2.5 t 的汽车在良好水平道路上以 30 km/h 的车速开始摘挡滑行，滑行距离应达 200~250 m。当滑行距离由 200 m 增至 250 m 时，油耗可降低 7%。

6.2.2 汽车结构方面

在汽车结构方面，燃油经济性有以下影响因素。

一、轿车总尺寸和质量

实测数据说明，又大又重的豪华型轿车（有的达 2.7 t 以上）比小而轻的轻型或微型汽车（质量只有 500 kg 上下）的油耗几乎要高 3~5 倍。大型轿车费油的原因是大幅度地增加了滚动阻力、空气阻力、坡度阻力和加速阻力。为了保证高动力性而装用大排量发动机的轿车行驶中负荷率低也是费油的原因之一。

20 世纪 50 年代，微型汽车曾引起世人广泛的兴趣。为了节能与环保，现在小型、微型轿车再次受到各国关注。素以产销大排量轿车为特色的美国也开始研制和生产微型汽车。福特生产了 Ka 牌轿车，克莱斯勒展示了塑料车身复合式概念车 CCV。一向只生产高级轿车的奔驰公司也生产了 A – class 与奔驰—斯沃琪的 Smart 轿车。在我国，富康、捷达、夏利与奥拓等小型、微型汽车也正受到普遍的欢迎。

为了减轻质量，轿车选用材料中的铝与复合材料的比例日益增加。20 世纪 90 年代初，北美每辆轿车铝材的用量平均为 79 kg，日本为 61 kg，欧洲为 53 kg；2000 年欧洲每辆轿车的用铝量为 95.3 kg；2000 年美国轿车和轻型载货汽车平均用铝量为 124 kg/辆；欧洲铝协会的目标是：2010 年每辆轿车的用铝量达到 180 kg。豪华轿车奥迪 A8 采用全铝承载式车身，质量减小 15%，百公里油耗降低 5% ~ 8%。

复合材料在汽车上的用量也在逐年增加。20 世纪 90 年代初，大量使用复合材料的所谓"复合材料汽车"在西欧的销量为 25 万辆左右。预计这种轿车在西欧的产量今后将以每年 25% 的比例增长。此类汽车在美国市场上的份额目前已达到 30% 以上。

二、发动机

发动机中的热损失与机械损耗占燃油化学能中的 65% 左右。显然，发动机是对汽车燃油经济性最有影响的部件。发动机的热效率直接影响发动机的有效燃料消耗率，从而影响汽车的燃料消耗量。发动机的热效率取决于发动机的种类、压缩比、负荷率、燃烧过程。

1. 发动机的种类

柴油机比汽油机的热效率高，特别是在部分负荷时柴油机的有效燃料消耗率较低，这一点对车用发动机尤为有利。现在柴油车的百公里燃油消耗量（按容量计算）比汽油车要节省 20% ~ 50%，而且柴油价格低廉。因而，在柴油机的性能不断改进之后，扩大柴油机的使用范围是当前的发展趋势。

2. 发动机的压缩比

提高压缩比曾是提高汽油机燃油经济性的主要措施。但是，压缩比过高不仅会引起爆燃和表面点火，而且会引起严重的排气污染。因此，只能适当提高压缩比以改善发动机的燃油经济性。为了控制排气中的有害气体成分，特别是在高温、高压条件下 NO_x 的产生，将汽油机的压缩比限制在 9 以下。

3. 发动机的负荷率

由发动机的负荷特性可知，发动机在转速一定的条件下，负荷率较高，汽油机的加浓装置起作用之前有效燃油消耗率较低；发动机在中等转速、较高负荷率下工作时，其燃油经济性较好。根据试验，一般汽车在良好水平路面上以常用速度行驶时，只利用到相应转速下最大功率的 50% ~ 60%，等于发动机最大功率的 20% 左右。由此可见，在汽车实际使用的大部分时间内，发动机的负荷率都是较低的。

4. 发动机的燃烧过程

改善汽油机燃烧过程的主要趋势是采用稀薄混合气分层燃烧，它的空燃比可达 18 以上，既能显著提高燃油经济性，也可降低排放污染。

上述问题是有关发动机课程中讨论的内容，在此不再详述。

三、传动系统

传动系统的挡位增多后，增加了选用合适挡位使发动机处于经济工作状况的机会，有利于提高燃油经济性。因此，近年来轿车手动变速器已基本上采用 5 挡，也有采用 6 挡的情况；轿车自动变速器广泛采用 4 挡或 5 挡，采用 6 挡的也日渐增多，甚至有采用 7 挡的；大型货车有采用更多挡位的趋势，如装载质量为 4 t 的货车装用了 7 挡变速器，由专职驾驶员驾驶的重型汽车和牵引车，为了改善动力性和燃油经济性，变速器的挡位可多至 16 个。

挡数无限的无级变速器在任何条件下都提供了使发动机在最经济工况下工作的可能性，若无级变速器始终能维持较高的机械效率，则汽车的燃油经济性将显著提高。

四、汽车轮胎

汽车对轮胎提出各种要求，如强度、耐磨性、耐久性，还要求它保证动力、经济等各种使用性能。现在公认子午线轮胎的综合性能最好。由于它的滚动阻力小，与一般斜交轮胎相比，可节省燃油 6% ~ 8%。

五、汽车阻力系数和汽车迎风面积

空气阻力分别与汽车的迎风面积、空气阻力系数、车速的平方成正比。车速越高，空气阻力占整个行驶阻力的比例越大。因此，用降低空气阻力来提高燃油经济性在高速行驶时效果尤为显著。

降低空气阻力系数的方法主要是使车身形状近于流线型，并去掉车身表面的凸起部分。现在一般轿车的空气阻力系数为 0.4 左右。若对其进行优化，如表面光滑化（去掉车身外表面和窗玻璃之间的凸起）、车身底面平整化、减少轮胎鼓包的高低不平等，则可使空气阻力系数降低到 0.22，以 130 km/h 等速行驶为例，把现在的一般空气阻力系数从 0.44 改善到 0.22 时，可提高燃油经济性 27%。预计在不久的将来，实际使用轿车的空气阻力系数可达 0.2。

6.3　汽车动力性、燃油经济性试验

汽车动力性、燃油经济性试验包含动力性、燃油经济性的评价指标及单项的行驶阻力、传动系统效率、附着力的测量。试验在道路上或实验室内进行。

6.3.1　路上试验

一、试验的基本条件

（1）路上试验应在混凝土或沥青路面的直线路段上进行。路面要求平整、干燥、清洁，纵向坡度在 0.1% 之内，长度为 2 ~ 3 km，宽度不小于 8 m。

（2）试验应在无雨、无雾天气进行，大气温度应在 0~4℃，风速不大于 3 m/s，相对湿度小于 95%。

（3）测试汽车应处于良好的技术状况。我国规定动力性试验时汽车的载荷为满载，德国规定轿车为半载。一些著名汽车杂志的轿车试验中，轿车的载荷在 100~180 kg。客车或轿车的乘员可以用重物替代，每名乘员的质量相当于 60 kg 重物。轮胎的充气压力应符合技术条件，误差不超过 10 kPa。

（4）试验时，试验车辆必须经过预热行驶，各总成应预热到规定的温度，车辆应清洁，应关闭车窗和驾驶舱的通风口。在做各项燃油消耗量试验时，汽车发动机不得调整。

（5）车速测定仪器和汽车燃油流量计精度为 0.1%，计时器最小读数为 0.1 s。

二、试验项目及方法

1. 直接挡节气门全开加速燃油消耗量试验

测试路段长 500 m，试验时，汽车用直接挡（没有直接挡用最高挡），以（30±1）km/h 的速度稳定通过 50 m 的预备段，从测试路段的起点开始，节气门全开加速通过测试路段，测量并记录通过测试段的加速时间、燃油消耗量及汽车在测试段终点时的速度。

试验往返各进行两次，测得同方向加速时间的相对误差应不大于 5%。取测得的四次加速时间试验结果的算术平均值作为测定值，且要符合该车技术条件的规定。

2. 等速燃油消耗量试验

汽车用最高挡等速行驶，从 20 km/h 开始（最小稳定车速高于 20 km/h 时，从 30 km/h 开始），按车速为 10 km/h 的整数倍间隔均匀选取车速，直至该挡最高车速的 90%。通过 500 m 的测试路段，至少测定 5 个点来记录燃油消耗量和时间。同一车速往返各进行两次，取 4 次试验结果的平均值作为等速行驶时的燃油消耗量。

以车速为横轴，燃油消耗量为纵轴绘制等速行驶的燃油消耗量特性曲线。

3. 多工况燃油消耗量测定

汽车运行工况可分为匀速、加速、减速和怠速等，在实际运行时，往往是上述几种工况的组合决定了汽车的油耗。所以，各国根据不同车型车辆的常用工况制定了不同的试验循环，从而既可使试验结果比较接近于实际情况，又可缩短试验周期。我国的《乘用车燃油消耗/试验方法》（GB/T 12545.1—2008）规定了模拟城市工况循环燃油消耗量的试验方法——十五工况法。我国的《商用车燃油消耗量试验方法》（GB/T 12545.2—2008）规定了六工况法和四工况法。

多工况燃油消耗量试验方法就是将不同车型的车辆严格依据各自的试验循环测定其燃油消耗量。在怠速工况时，离合器应接合，变速器置于空挡；从怠速运转工况转换为加速工况时，在转换前 5 s 分离离合器，将变速器挡位换为低速挡，换挡时应迅速、平稳。在减速工况时，应完全放松加速踏板，但离合器仍然接合。当车速降至 10 km/h 时分离离合器，必要时，在减速工况中允许使用车辆制动器。

汽车在进行多工况试验时，加速、匀速和用车辆制动器减速时，在每个试验工况（除单独规定外）的车速偏差为 ±2 km/h。在工况改变过程中允许车速的偏差大于规定值，但在任何条件下超过车速偏差的时间应不大于 1 s，即时间偏差为 ±1 s。

每次循环试验后，应记录通过循环试验的燃油消耗量和时间。当按各试验循环完成一次试验后，车辆应迅速调头，重复试验，试验往返各进行两次，取四次试验结果的算术平均值作为多工况燃油消耗量试验的测定值。

4. 限定条件下燃油消耗量的试验方法

汽车在实际使用中的燃油消耗直接地反映了汽车的燃油经济性水平，但是由于汽车实际使用条件的复杂性，实际燃油消耗量的离散性很大，为了使实际运行条件下的测试结果有一定的可比性，要求对实际运行条件加以适当的限制和规定，这就是限定条件下的燃油消耗量试验。

试验时，测试路段应设在三级以上的平原干线公路上，试验路段长度不小于 50 km。

所选择道路的交通情况应正常。试验车辆在保证交通安全和遵守交通法规规定的前提下，应基本保持一定的行驶速度。对于轿车，车速为 60 km/h；对于铰接式客车，车速为 35 km/h；对于其他车辆，车速为 50 km/h。各车速下速度偏差不应超过 ±2 km/h。

各型车辆的试验循环如图 6.2 ~ 图 6.6 所示。

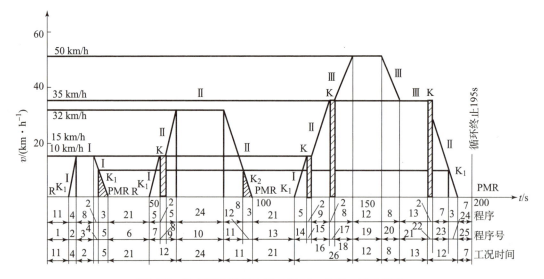

图 6.2 轿车及总质量小于 3 500 kg 的货车试验循环

K—离合器分离；K_1，K_2—离合器分离，变速器接合 1 挡或 2 挡；
Ⅰ，Ⅱ，Ⅲ—变速器 1 挡，2 挡，3 挡；PM—空挡；R—怠速（图中阴影表示换挡）

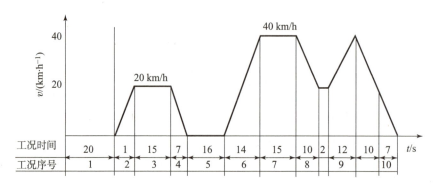

图 6.3 微型汽车试验循环

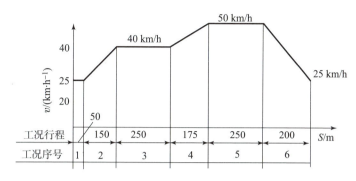

图 6.4 客车、城市客车试验循环

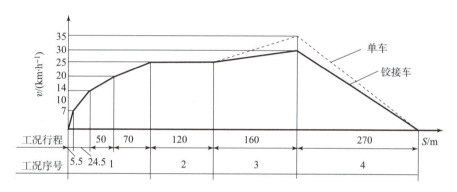

图 6.5 载货汽车（总质量为 3 500～14 000 kg）试验循环

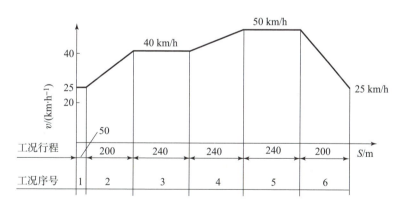

图 6.6 载货汽车（总质量大于 14 000 kg）试验循环

客车试验时，每隔 10 km 停车一次，怠速运转 1 min 后重新起步。

试验中要记录制动次数、各挡位使用次数、行驶时间和行程、停车时间等，要测量每 50 km 单程的燃油消耗量，并计算汽车百公里油耗和平均车速。试验往返各进行一次，以两次测量结果的算术平均值作为限定条件下的平均使用燃油消耗量的测定值。

6.3.2 汽车燃油经济性台架试验

在汽车底盘测功试验台上进行循环试验（测定油耗）是近年来新发展的试验方法，我国于 20 世纪 90 年代开始参照采用联合国欧洲经济委员会汽车油耗试验方法，制定了我国乘用车油耗试验方法（GB/T 12545.1—2001），其中规定油耗试验必须在底盘测功试验台上进行。燃油消耗量在底盘测功试验台上进行试验，如图 6.7 所示。将汽车驱动轮置于底盘测功试验台的转鼓上，驱动轮既可拖动转鼓，又可进行反拖。如果将底盘测功试验台装在有空调设施的实验室内，则控制室温的空调器就不会有风和气温的变化，能够使行驶阻力保持稳定，所以这种台架试验具有良好的结果再现性。

按照 GB 18565—2001《营运车辆综合性能要求和检验方法》的规定，汽车百公里燃油消耗量不得大于该车型原厂规定的相应车速等速百公里燃油消耗量。要想在底盘测功试验台上进行的油耗试验能取得与道路试验一致的结果，关键是将汽车在道路上的行驶阻力（滚动阻力和空气阻力）在测功机上尽可能地模拟出来。

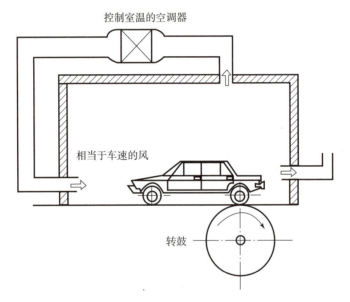

图 6.7　燃油消耗量台架试验

拓展知识

混合动力电动汽车的节油原理

混合动力电动汽车与传统的内燃机汽车相比，其节油的主要原因在于以下几个方面。

（1）为了满足急加速、以很高车速行驶与快速上坡对驱动功率的要求，传统的内燃机汽车所配备的发动机功率往往相当大。例如，金牛座（Taurus）轿车在水平良好路面上以 100 km/h 和 120 km/h 匀速行驶时，要求发动机提供的功率大致是 20 kW 和 36 kW，但其配备的发动机最大功率达 114 kW，这样大的功率储备主要是用于大加速度、高车速以及坡道等行驶工况。因此，在一般的情况下，发动机节气

拓展知识

门开度小、负荷率低，发动机常常工作在一个不经济的区域内，相应的燃油消耗率高。然而，对于混合动力电动汽车，其储能元件（如蓄电池）的补偿作用平滑了内燃机的工况波动，在汽车的一般行驶中能够吸收、储存电能，而在需要提供大功率时提供电能，从而在混合动力驱动系统中可以使用小型的发动机，并可以使发动机的工作点处于高效率的最优工作区域内。

（2）混合动力电动汽车可以在汽车停车等候或低速滑行等工况下关闭内燃机，从而节约燃油。

（3）在混合动力电动汽车的电力驱动部分，电动机能够作为发电机工作。当汽车减速滑行或紧急制动时，可以利用发电机回收部分制动能量，转化成电能存入蓄电池，从而进一步提高汽车的燃油经济性。

模块小结

汽车燃油经济性是汽车的一个重要性能。它关系到个人和运输企业的经济利益，在汽车说明书中大概最引人注意的技术规格也是燃油消耗。为了节约能源和减少消耗能源时产生温室效应的副作用，降低汽车燃油消耗似乎就成了汽车厂商和车主的一个永恒的研究课题。本模块对如何提高燃油经济性提出如下几点建议。

一、燃油经济性的影响因素

1. 发动机与油耗的关系。

说到发动机与油耗的关系，有的人往往把油耗的大小与发动机的排量联系在一起，认为大排量的发动机的油耗会大于小排量的发动机。但事实不尽然，大车和小车相比油耗相对较大主要是整车质量上的问题而不是发动机的原因。

发动机的工作过程中影响油耗的两个最根本因素是空燃比和发动机负荷，这两个值都有一个理论上的最佳值，在实际工作过程中，空燃比和发动机负荷的实际值越接近理论值，汽车就越省油。

2. 轮胎与油耗的关系。

轮胎作为汽车的关键承载部件之一，起到承受车辆负荷、向路面传递驱动力和制动力等作用。因此，轮胎也能影响汽车的燃油经济性、操纵性和安全性。胎面上的花纹是轮胎与路面直接接触的唯一部位，从表面上看，它的形状、排布不过是简单的直线与弧线的组合，但事实上这里边蕴藏着轮胎科技的精华，直接影响着轮胎的抓地力和胎噪、滚动阻力等性能。

不同类型花纹的轮胎的燃油消耗率不同，折线花纹轮胎比一般花纹要省油，节油轮胎可省油。

3. 车重与油耗的关系。

对一台车油耗影响最大的因素其实为车重。行驶同样的距离，越重的车做功越多，也就需要更多的燃油。

4. 汽车的传动系统。

汽车的传动系统对汽车的燃油经济性有重要影响。变速器挡位多，不但使汽车换挡平顺，而且使发动机增加了处于经济工况下运行的机会，有利于提高燃油经济性。因此现代汽车都是趋向采用5挡或5挡以上变速器，或者采用无级变速，以保证在任何条件下具有使发动机在最经济工况下工作的可能性。在速度不变的情况下，接合高速挡时，传动比小的发动机转速低；接合低速挡时，传动比大的发动机转速高。由发动机的负荷特性可知，当发动机负荷相同时，一般是转速越低，燃油消耗率越小。在一定的行驶条件下，传动系统的速比越小，汽车的燃油经济性越高，因此汽车的经济行驶都在高挡位。

5. 风阻系数。

由于现代汽车速度的增加，汽车的造型对燃油经济性也有重要影响，车速越快，影响越大，这就是人们常说的"风阻"。减小空气阻力主要是通过减少汽车的迎风面积和空气阻力系数来实现。一般而言迎风面积取决于汽车的体积，空气阻力取决于车身造型，为此，汽车车身紧凑化和流线型是提高燃油经济性的途径。

二、在技术层面上改善燃油经济性的措施

汽车发动机的节油和车身轻量化或者汽车风阻系数不同，车主对后两者的办法不多，但可以采取很多办法对汽车发动机进行控制，以达到节油的目的。与汽车发动机相关的节油技术涉及两个方面：一个是驾驶员的驾驶习惯；一个是发动机技术上一些局部的改装。

相对而言，驾驶员的驾驶习惯只需要长时间的实践就可以掌握，因此，在提高燃油经济性对策的问题上需要汽车厂商对技术不断追求。

就目前的发展而言，混合动力车无疑是最切实可行的降低油耗手段。油电混合动力车融合电动汽车和燃油汽车的优点，较好地满足了汽车低排放、低油耗、高性价比的综合要求。当然，其他技术的出现同样可以达到降低油耗的目的，譬如先进内燃机技术、CVT无级变速器等。

三、在驾驶技术层面上改善燃油经济性的措施

提高燃油经济性的措施绝不仅仅如此，从汽车制造上的层面上，不断追求新技术无疑是提高汽车经济性的有效解决办法，从车主的角度，良好的驾驶习惯可以在很大程度上提高燃油经济性。

1. 杜绝不必要的猛踏加速踏板。

日常行车，脚踏加速踏板要轻缓，做到轻踏缓抬。实验表明，汽车起步时，应避免猛踩油门，每踩一脚油门，少则耗油 5~15 mL，多则耗油 50~60 mL。在驾驶过程中，踩油门会导致汽油喷射量增加，发动机转速降低。在这个过程中，发动机将产生多余的燃烧效率，但并没有被汽车的动力所利用，从而成为多余的热能消耗。

2. 避免长时间的怠速运转。

一般汽车怠速运转 1 min 以上所消耗的燃油要比重新起动所消耗燃油多，因此建议相比于较长时间停车，还是熄火更好。

3. 减少汽车不必要的起动次数。

尽量不要让汽车非正常熄火，频繁的起动将会增加不必要的油耗。

4. 避免不必要的紧急制动。

汽车每次紧急制动会增加油耗，并且对轮胎的磨损也很大。

5. 避免空挡滑行。

空挡滑行时最低油耗相当于怠速油耗,而带挡滑行时,ECU 会在一段时间内让发动机完全停止喷油,这时的最低油耗是零。因此带挡滑行更省油。

6. 及时合理换挡。

换挡的动作要准确、迅速、及时,避免因动作过慢而使车速下降过多。不要在加速踏板开度很大、发动机转速很高的情况下慢慢换入下一个挡位,而应当在油门开度不大、发动机转速不高的情况下迅速换挡。换挡过程的快慢直接影响汽车的油耗,试验证实两者可使油耗相差一倍以上。在道路状况良好的情况下,尽量使用高速挡行驶,避免在中间过渡挡位停留过长时间,这样会获得较好的燃油经济性。在高速挡时不要拖挡,在低速挡时不要使发动机转速很高,这是合理使用挡位的原则。

7. 适当的胎压可以降低油耗。

轮胎亏气会造成滚动阻力增加,因此更费油。可见"亏气"的负面效果比"多气"的正面效果更明显,所以在实际使用中一定要注意经常检查胎压,不要亏气行驶。

1. 简述燃油经济性的含义及其评价指标。
2. 如何正确驾驶车辆才能提高燃油经济性?

模块 7
汽车的制动性

📚 学习目标

1. 掌握制动性的评价指标；
2. 掌握制动时汽车的受力情况以及地面制动力、制动器制动力与地面附着力之间的关系；
3. 掌握汽车制动距离的概念和计算方法；
4. 能对制动跑偏和制动侧滑进行正确的受力分析和运动分析；
5. 了解制动防抱死系统的原理。

✅ 学习重点

1. 制动性的评价指标；
2. 汽车的制动效能及其恒定性。

📚 学习难点

1. 制动时车轮的受力；
2. 理想的制动性能。

📋 模块概述

自从汽车诞生之日起，汽车的制动性就显得至关重要，并且随着汽车技术的发展和行驶车速的提高，其重要性也显得越来越明显。制动性直接关系到交通安全，重大交通事故往往与制动距离太长、在紧急制动时发生侧滑等情况有关。所以，汽车的制动性是汽车行驶的重要保障。本章主要介绍汽车制动性的评价指标、制动时汽车的方向稳定性、理想的制动性能等，并通过对它们的分析，找出影响汽车制动性的主要因素。

7.1 汽车制动性的评价指标

汽车的制动性是汽车的主要性能之一。制动性直接关系到交通安全,重大交通事故往往与制动距离太长、紧急制动时发生侧滑等情况有关,因此汽车的制动性是汽车安全行驶的重要保障。

汽车行驶时能在短距离内停车且维持行驶方向稳定性和在下长坡时能维持一定车速的能力,称为汽车的制动性。

汽车的制动性主要由下列三方面来评价。

（1）制动效能,即制动距离和制动减速度。
（2）制动效能的恒定性,即抗热衰退性能。
（3）制动时汽车的方向稳定性,即制动时汽车不发生跑偏、侧滑以及失去转向能力的性能。

表7.1所示为乘用车制动规范对行车制动器制动性的部分要求。

表7.1　乘用车制动规范对行车制动器制动性的部分要求

项目	中国 ZBT 24007—1989	欧洲共同体 （EEC）71/320	中国 GB 7258—2004	美国 联邦135
试验路面	干水泥路面	附着良好	$\varphi \geqslant 0.7$	Skid no81
载重	满载	一个驾驶员或满载	任何载荷	轻、满载
制动初速度	80 km/h	80 km/h	50 km/h	96.5 km/h （60 mile/h）
制动时的稳定性	不许偏出 3.7 m 通道	不抱死跑偏	不许偏出 2.5 m 通道	不抱死偏出 3.66 m （12 ft）
制动距离或 制动减速度	≤50.7 m	≤50.7 m, ≥5.8 m/s²	≤20 m, ≥5.9 m/s²	≤65.8 m（216 ft）
踏板力	≤500 N	<490 N	≤500 N	66.7 - 667 N （15 ~ 150 lbf）

制动距离有时也用在良好路面条件下,用汽车以100 km/h的初速度制动到停车的最短距离来表示。表7.2所示为几种车型100 km/h→0的制动距离。

表7.2　几种车型100 km/h→0的制动距离

车型	制动距离/m
捷达	48.4
别克GL8	45.8
桑塔纳2000	45.0

续表

车型	制动距离/m
帕萨特	43.9
奥迪 A6 1.8T	42.3
宝来 1.8T	40.0
宝马 745i	37.1

7.2 制动时车轮的受力

在汽车制动时，使具有一定运动速度的汽车减速或停车的外力是由地面制动力和空气阻力提供的。由于空气阻力相对较小，所以实际上外力主要是由地面制动力提供的。当汽车质量一定时，地面制动力越大，制动减速度越大，制动距离就越短，所以地面制动力对汽车制动性具有决定性的影响。

7.2.1 地面制动力

一般汽车多用车轮制动器使车轮受到与汽车行驶方向相反的地面切向反作用力的作用，该力称为地面制动力。

图 7.1 所示为在良好的硬路面上制动时车轮的受力情况。T_μ 是车轮制动器中摩擦片与制动鼓（盘）相对滑转时的摩擦力矩，单位为 N·m；F_{Xb} 是地面制动力，单位为 N；W 为车轮垂直载荷；T_p 为车轴对车轮的推力。

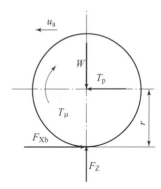

图 7.1 在良好的硬路面上制动时车轮的受力情况

显然，从力矩平衡得到 $F_{Xb} = \dfrac{T_\mu}{r}$，式中 r 是车轮半径。

地面制动力是使汽车制动而减速行驶的外力，而地面最大制动力的大小取决于制动器内制动摩擦片与制动鼓（盘）间的摩擦力及轮胎与地面间的附着力。

7.2.2 制动器制动力

在轮胎周缘克服制动器摩擦力矩所需的力称为制动器制动力，用符号 F_μ 表示。它相当于把汽车架离地面并踩住制动踏板，在轮胎周缘沿切线方向推动车轮直至它能转动所需的力，即：

$$F_\mu = \frac{T_\mu}{r}$$

由此可知，制动器制动力由制动系统的设计参数决定，即取决于制动器的型式、结构尺寸、摩擦系数、车轮半径、制动传动系统的油压或气压等。在结构参数一定的情况下，它一般是与制动系统的油压或气压成正比的。

7.2.3 地面制动力、制动器制动力与附着力之间的关系

在制动时，若只考虑车轮的运动为滚动与抱死拖滑两种状况，当制动踏板力较小时，则制动器摩擦力矩不大，地面与轮胎之间的摩擦力即地面制动力，其足以克服制动器摩擦力矩而使车轮滚动。显然，车轮滚动时的地面制动力就等于制动器制动力，且随踏板力增长成正比地增长，但地面制动力是滑动摩擦的约束反力，它的值不能超过附着力（图7.2），即：

$$F_{Xb} \leq F_\varphi = F_Z \varphi$$

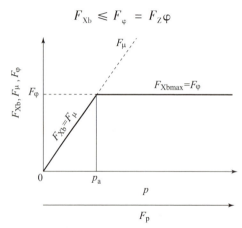

图 7.2 制动过程中地面制动力、制动器制动力及附着力的关系

当制动踏板力或制动系统压力上升到某一极限值 p_a 时，地面制动力达到附着力（$F_{Xb} = F_\varphi$），车轮即被抱死而出现拖滑。当制动系统压力继续升高时，制动器制动力 F_μ 由于制动器摩擦力矩的增长而仍直线上升，而地面制动力将不再随制动器摩擦力矩的增加而改变，由此可见，汽车的地面制动力首先取决于制动器制动力，同时又受地面附着条件的限制，只有制动器制动力足够，同时地面附着力较高时，才能获得较高的地面制动力。

7.2.4 硬路面上的附着系数

上面曾假设车轮的运动只有滚动和抱死拖滑，但仔细观察汽车的制动过程，发现胎面留在地面上的印痕从车轮滚动到抱死拖滑是一个渐变的过程。图7.3 所示为汽车制动过程中逐渐增大踏板力时轮胎留在地面上的印痕。印痕基本上可分如下三段。

（1）第一段印痕的形状与轮胎胎面花纹基本上一致，车轮还接近于单纯的滚动。

（2）第二段轮胎花纹的印痕可以辨别出来，但花纹逐渐模糊，轮胎不只是单纯地滚

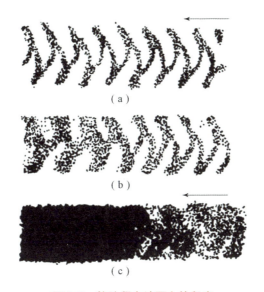

图 7.3 轮胎留在地面上的印痕
(a) 第一段；(b) 第二段；(c) 第三段

动，胎面与地面发生一定程度的相对滑动，即车轮处于边滚边滑的状态。

（3）第三段形成一条粗黑的印痕，看不出花纹的印痕，车轮被制动器抱住，在路面上做完全的拖滑。

从这三段的变化情况可以看出，随着制动强度的增加，车轮滚动成分越来越少，而滑动成分越来越多。一般用滑动率 s 来说明这个过程中滑动成分的多少，即：

$$s = \frac{v_w - r\omega_w}{v_w} \times 100\%$$

式中　v_w——车轮中心的速度（km/h）；
　　　ω_w——车轮的角速度（rad/s）；
　　　r——没有地面制动力时的车轮滚动半径（m）。

7.3　汽车的制动效能及其恒定性

7.3.1　制动距离与制动减速度

汽车的制动效能是指汽车迅速降低车速直至停车的能力。评定制动效能的指标是制动距离和制动减速度。

一、制动距离

制动距离是指汽车在规定的初速度下急踩制动踏板时,从脚接触制动踏板(或手接触制动手柄)起至汽车停住为止汽车驶过的距离。它是评价汽车制动效能最直观的指标。

为了分析制动距离,我们需要对制动过程有一个全面的了解。图7.4所示为制动距离曲线。

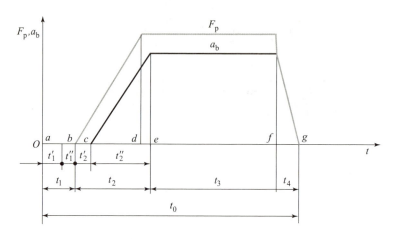

图7.4 制动距离曲线

a 点表示出现制动信号,开始计算时间。

t_0 为驾驶员反应时间,是从出现制动信号开始到驾驶员的脚接触制动踏板为止所经历的时间。在此段时间内,汽车等速运动,一般 t_0 为 0.3~1.0 s。

t_1 为制动系统的反应时间,是从驾驶员脚接触制动踏板起到汽车出现制动减速度为止所经历的时间。它用于克服制动系统机械传动部分的间隙、制动踏板的自由行程、气压或液压沿管路的传递、制动蹄与制动鼓的间隙等。在 t_1 时间内,汽车的减速度为零,做等速运动。

t_2 为制动力和制动减速度由零增加到稳定值所经历的时间。对于在用的每辆车而言,其稳定值各不相同。常将 $t_1 + t_2$ 称为制动系统的协调时间,一般为 0.2~0.9 s。

t_3 为持续制动时间,是驾驶员在松开制动踏板前,汽车以稳定的制动减速度行驶的制动时间。

t_4 为制动解除时间,是从驾驶员放松制动踏板的瞬时起到制动力完全消除为止所经历的时间。其值一般为 0.2~1.0 s。

从汽车制动的全过程来看,对其影响较大的是制动器的作用时间和持续制动时间。其中制动器作用时间不但取决于驾驶员踩制动踏板的速度,而且更重要的是受制动器结构型式的影响。此外,车辆的制动解除时间不宜过长,否则会延迟随后起步行驶的时间。有时因制动车轮抱死而使汽车失去控制,驾驶员放松制动踏板时,制动力不能立即释放,从而引发一些交通事故。

制动距离的理论公式为:

$$S = S_1 + S_2 + S_3$$

式中　S_1, S_2, S_3 分别为 t_1, t_2, t_3 内走过的距离(m)。

二、制动减速度

制动减速度是制动时车速对时间的导数，即 $\dfrac{dv}{dt}$。当制动起始车速相差不多时，对制动减速度没有影响。制动减速度用自动记录的惯性式制动减速仪来测量。

制动减速度按测试、取值和计算方法的不同，可以分为制动稳定减速度、充分发出的平均减速度和平均减速度三种。

（1）制动稳定减速度。

用制动减速仪测取制动减速度随时间变化的曲线，取其最大稳定值为制动稳定减速度，从而产生最大的制动减速度，用 j_a 表示，也称为最大制动减速度。一般认为制动到抱死状态时具有最大的地面制动力，从而产生最大的制动减速度。

（2）充分发出的平均减速度 MFDD（m/s^2）。

在车辆制动试验中用速度计测得制动距离和速度的情况下，充分发出的平均减速度可由下列公式求出：

$$MFDD = \dfrac{v_b^2 - v_e^2}{25.92(S_e - S_b)}$$

式中　v_b——0.8 v_0 的车速，v_0 为起始制动车速（km/h）；

　　　v_e——0.1 v_0 的车速（km/h）；

　　　S_b——从初速度 v_0 到 v_b 之间车行驶过的距离（m）；

　　　S_e——从初速度 v_0 到 v_e 之间车行驶过的距离（m）。

由于充分发出的平均减速度能较准确地反映车辆的制动减速特性，因此在安全条件规定中采用充分发出的平均减速度 MFDD 指标代替 GB 7258—1987（旧安全条件）中的制动稳定减速度。

（3）平均减速度 $\bar{\alpha}$（m/s^2）。

在评价汽车的制动性能时，由于瞬时减速度曲线形状复杂，不好用某一点的值来代表，所以我国行业标准采用平均减速度的概念，即：

$$\bar{\alpha} = \dfrac{1}{t_2 - t_1}\int_{t_1}^{t_2}\alpha(t)\,dt$$

式中　t_1——制动压力达到最大值的时刻；

　　　t_2——到停车总时间 2/3 的时刻；

　　　$\alpha(t)$——随时间变化的瞬时减速度。

7.3.2　制动效能的恒定性

制动效能指标是指在冷制动情况（制动器起始温度在 100℃ 以下）下的制动效能。汽车在繁重的工作条件下制动时（例如在下长坡时，制动器就要较长时间连续地进行较大强度的制动），制动器温度常在 300℃ 以上，有时高达 600～700℃。高速制动时，制动器温度也会很快上升。制动器温度上升后，摩擦力矩常会有显著下降，这种现象称为制动器的热衰退。

热衰退现象产生的原因是：制动蹄的摩擦材料含有如合成树脂、天然或合成橡胶等有机聚合物，它们在加温、加压条件下固化。在连续强烈制动及高速制动的工况下，摩擦片温度过高，摩擦片内的有机物受热分解，产生一些气体和液体，在摩擦表面形成有润滑作用的薄膜，使摩擦系数下降，因而出现制动效能的热衰退现象。严重时，制动蹄衬片表面会烧糊，即使制动蹄衬片再冷却下来，摩擦系数也不能恢复。另外，汽车涉水时，因水进入制动器而出现的短时间内制动效能的降低称为水衰退。为了保证行车安全，汽车涉水后应踩几次制动踏板，使制动蹄和制动鼓发生摩擦，用摩擦产生的热使制动器迅速干燥，以使制动效能恢复正常。

7.4 制动时汽车的方向稳定性

在制动过程中，有时会出现制动跑偏、后轴侧滑或前轮失去转向能力而使汽车失去控制离开原来的行驶方向，甚至发生撞入对方车辆行驶轨道、滑下山坡的危险情况。一般称汽车在制动过程中维持直线行驶或按预定弯道行驶的能力为制动时汽车的方向稳定性。在汽车试验中常规定一定宽度的试验通道（如 1.5 倍车宽或 3.7m），制动时方向稳定性合格的车辆在试验过程中不允许产生不可控制的效应而使它离开这条通道。

7.4.1 汽车的制动跑偏

制动时汽车自动向左或向右偏驶称为"制动跑偏"。制动时汽车跑偏的原因有两个：一个是左、右车轮制动力不相等；二是悬架导向杆系统与转向系统拉杆在运动学上不协调。制动跑偏时轮胎在地面上留下的印迹如图 7.5 所示。

图 7.5 制动跑偏时轮胎在地面上留下的印迹

一、左、右车轮制动力不相等

造成跑偏的第一个原因是左、右车轮制动力不相等。设左前轮的制动器制动力大于右前轮，故左前轮的地面制动力 F_{Xll} 大于右前轮的地面制动力 F_{Xlr}，并对重心产生转动力矩。为平衡该力矩，路面将分别对前、后轴产生侧向反力 Y'_1 和 Y'_2。若车轮平面到主销

的距离为 b，则有 $F_{X1l}b - F_{X1r}b > 0$ 的力矩产生，该力矩可使方向盘偏转。虽然驾驶员在制动时把稳了方向盘，但转向机构各零件间有一定的间隙，在间隙消除后还会产生一定的弹性变形，所以转向轮仍会产生一点向左的偏转，发生制动跑偏。同时，由于主销有后倾，其对转向轮产生一同方向的偏转力矩，从而增大了向左转动的角度。为了防止制动跑偏，用制动力检验制动效能时，要求前轴左、右轮制动力之差不大于该轴轴荷的5%，后轴左、右轮制动力之差不大于该轴轴荷的8%。制动跑偏时的受力如图7.6所示。

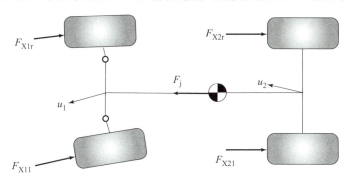

图 7.6 制动跑偏时的受力

二、悬架导向杆系统与转向系统拉杆在运动学上不协调

造成跑偏的第二个原因是悬架导向杆系统与转向系统拉杆发生运动干涉，且跑偏的方向不变。例如一试制中的货车，在紧急制动时总是向右跑偏，在车速30 km/h 时，最严重的跑偏距离为1.7 m。分析其原因主要是转向节上节臂处球头销离前轴中心线太高，且悬架钢板弹簧的刚度又太小。图7.7所示为该货车的前部简图。在紧急制动时，前轴向前扭转了一个角度，转向节上节臂处球头销本应做相应的移动，但由于球头销又连接在转向纵拉杆上，仅能克服转向拉杆的间隙，使拉杆有少许弹性变形而不允许球头销做相应的移动，从而使得转向节臂相对于主销做向右的偏转，于是引起转向轮向右移动，造成汽车跑偏。后来改进了设计，使转向节上节臂处球头销位置下移，在前钢板弹簧扭转相同角度时，球头销位移量减少，转向节偏转也减少；同时增加了前钢板弹簧的刚度，基本上消除了跑偏现象。

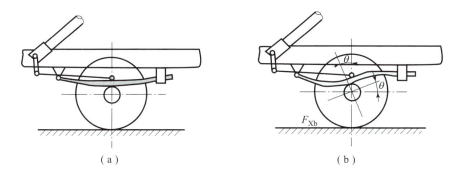

图 7.7 悬架导向杆系统与转向系统拉杆在运动学上的不协调引起的制动跑偏
（a）未制动时；（b）制动时前轴转动（转角为 θ）

7.4.2 制动时后轴侧滑与前轴转向能力的丧失

制动时发生侧滑，特别是后轴侧滑，将引起汽车剧烈的回转运动，严重时可使汽车调头。虽然前轴侧滑对汽车行驶方向改变不大，但不能用方向盘来控制汽车的行驶方向。因为汽车转弯做圆周运动需要有向心力，向心力是由地面对车轮的侧向反力形成的。如果前轮制动到抱死状态，地面已不可能再给出任何的侧向反力，则不可能再用方向盘来控制汽车的行驶方向，汽车不会沿转向轮给出的方向转弯。经常在山区行驶的汽车不希望出现前轮制动到抱死的状态，如果前轮抱死，驾驶员感到方向失灵，则应松开制动踏板。

以下用前、后轴单独侧滑的对比来说明后轴侧滑为什么具有更大的危险性。

一、前轮抱死拖滑

如图 7.8 所示，某汽车在直行中制动，前轴车轮抱死，在偶然产生侧向力的作用下，前轴发生侧滑。前轴中点 A 的速度方向沿侧向力 F 偏离汽车纵轴线的夹角为 α，后轴没有侧滑，速度 u_B 的方向仍与汽车纵轴方向一致。作 u_A 及 u_B 的垂线交于 O 点，汽车相当于绕瞬心 O 做圆周运动，所产生的离心惯性力为 F_j，其作用效果将抵消侧向力的作用，减少侧滑，且一旦侧向力消失，F_j 有使汽车回正的作用。

二、后轮抱死拖滑

如图 7.9 所示，后轮抱死时，F_j 与后轴侧滑方向一致，惯性力加剧，后轴侧滑，后轴侧滑又增大惯性力，汽车将急剧转动，处于不稳定状态。

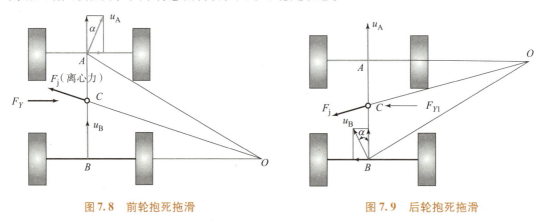

图 7.8 前轮抱死拖滑　　　　　　　　图 7.9 后轮抱死拖滑

7.5 理想的制动性能

7.5.1 制动力与同步附着系数

制动时前后车轮同时抱死对附着条件的利用、制动时汽车的方向稳定性都较为有利，这是汽车制动性的理想状态，制动效果最佳。此时的前、后轮制动器制动力的关系曲线常称为理想的前、后轮制动器制动力分配曲线，如图 7.10 所示。

一般汽车只能在某一种路面上使前、后车轮同时抱死拖滑，而在其他路面上不是前轮先抱死就是后轮先抱死。此时汽车的前、后制动器制动力之比为一固定值。常用前制动器制动力与汽车总制动器制动力之比来表明分配的比例，称为制动器制动力的分配系数，并以符号 β 表示，即：

$$\beta = \frac{F_{\mu1}}{F_{\mu}}$$

式中　$F_{\mu1}$ ——前轮制动器制动力（kN）；

F_{μ} ——汽车总制动器制动力（kN）。

所以，$F_{\mu} = F_{\mu1} + F_{\mu2}$，$F_{\mu2}$ 为后轮制动器制动力，则：

$$\frac{F_{\mu1}}{F_{\mu2}} = \frac{\beta}{1-\beta}$$

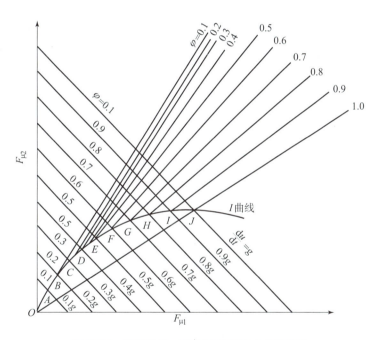

图 7.10　理想的前、后制动器制动力分配曲线

对于 $F_{\mu1}$、$F_{\mu2}$ 比值固定的汽车，使前、后车轮同时抱死的路面附着系数称为同步附着系数。从图 7.11 中可看出，同步附着系数是 β 曲线和 I 曲线的交点处对应的附着系数。该点所对应的减速度称为临界减速度。

7.5.2　制动防抱死系统（ABS）

制动防抱死系统（Anti-lock Braking System，ABS）是指在制动过程中防止车轮被制动抱死，提高汽车的方向稳定性和转向操纵能力，缩短制动距离的安全装置。图 7.12 所示为典型的 ABS。

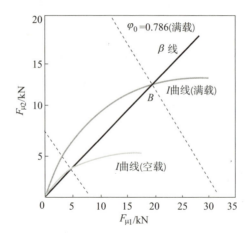

图 7.11　某货车的 β 曲线与 I 曲线

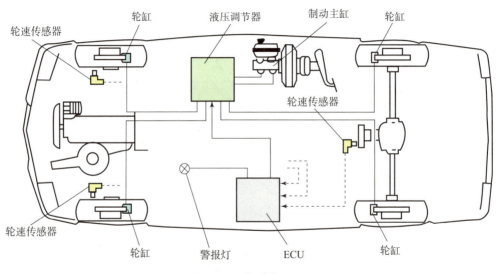

图 7.12　典型的 ABS

ABS 由液压制动系统、轮速传感器、制动压力调节器、ECU 等部件组成。其工作原理就是由轮速传感器监测车轮的转速，将获得的信号汇集到 ECU 内分析。当监测到车轮快要抱死时，ECU 会发出指令给制动压力调节器，由它实现制动、保压、减压、再增压的过程，避免轮胎抱死。

在紧急制动或者是在冰雪路面等低附着系数路面上制动时，由于制动力超过路面能提供的最大附着能力，滚动的车轮与路面之间趋向打滑，车轮趋向抱死。车轮抱死后将丧失侧向附着能力，不能够承受侧向力，一般前轮抱死导致汽车丧失转向能力，后轮抱死会引起汽车甩尾、失稳。ABS 根据各车轮角速度信号，计算得到车速、车轮角减速度、车轮滑移率。依据上述信息，ABS 在车轮趋向抱死时减小制动力，车轮角减速度或滑移率在一定范围内保持制动力，车轮转速升高后恢复制动力。

在普通沥青路面上，特别是在路面湿滑的情况下，ABS 能够明显改善车辆的制动动作，缩短制动距离。在松软的路面上，比如沙地、雪地，ABS 会明显增加制动距离。因为在这种情况下锁紧的车轮会挤压路面而形成隆起，进而陷入土堆，而使用 ABS 的车辆则能轻易越过和减少这样的隆起。这使具备 ABS 的车辆在野外或雪地上能更轻易地被操控。

7.5.3 驱动防侧滑系统（ASR）

驱动防侧滑（Acceleration Slip Regulation，ASR）系统是在 ABS 基础上进一步拓展的又一种汽车安全装置，该系统的产生使汽车的安全性能得到进一步提高。ASR 的功能是防止汽车在起步或加速时使驱动轮打滑，特别是可防止汽车在非对称路面或转弯时驱动轮空转从而保证在冰、雪、积水、泥等路况下的行车安全。有无 ASR 的区别如图 7.13 所示。

ASR 的工作原理为：在驱动轮打滑时通过对比各车轮的转速，ASR 电子系统判断出驱动轮打滑，自动立刻减少节气门进气量，降低发动机转速，从而减少动力输出，对打滑的驱动轮进行制动。在 ASR 系统中为了确定驱动轮是否滑转，可以利用 ABS 中的轮速传感器获得车轮的转速信号。ASR 系统的电子控制装置既可以是独立的，也可以与 ABS 共用。ASR 系统的制动压力调节装置

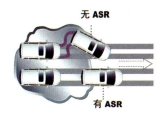

图 7.13 有无 ASR 的区别

通常与 ABS 的制动压力调节装置共用。为了控制节气门开度，通常设有电动控制的副节气门及节气门开度传感器，点火提前角的控制则通过发动机的电子控制系统进行。

7.6　影响汽车制动性的主要因素

汽车的制动性与汽车的结构和使用条件有关。如汽车轴间负荷的分配、载质量、道路条件、驾驶技术、车轮制动器、制动初速度等，均对制动过程有很大影响。

（1）轴间负荷的分配。

汽车制动时，前轴负荷增加，后轴负荷减小。如果前、后轮制动器制动力根据轴间负荷的变化分配，能保证在任何附着系数的路面上，它们之和等于附着力，且彼此分别等于各自的附着力，则前、后轮同时抱死。如果前、后轴制动器制动力的比例为定值，则只有在具有同步附着系数 φ_0 的路面上，前、后轮才能同时抱死。当汽车在附着系数 φ 大于 φ_0 的路面上制动时，会出现后轮先抱死的情况；当汽车在附着系数 φ 小于 φ_0 的路面上制动时，会出现前轮先抱死的情况。空载时总是后轮先抱死。

（2）载质量。

汽车总重量中的载质量对制动过程有很大影响。由于前、后轮制动器的设计一般不能保证在任何道路条件下都能使其制动力同时达到附着极限，因此汽车的制动距离就会因载质量的不同而不同。对于载质量较大的汽车，其制动距离会随载质量的增加而相应增加。例如，对于载质量为 3t 以上的汽车，大约载质量每增加 1t，其制动距离要平均增加

1.0 m。即使是同一辆汽车，当装载方式不同时，也会因重心位置的变动影响汽车的制动距离。

（3）道路条件。

道路的附着系数限制了最大制动力，故它对汽车的制动性有很大的影响。当制动的初速度相同时随着 φ 值的减小，制动距离随之增加。由于冰雪路面上的附着系数特别小，所以制动距离增大。特别要注意冰雪坡道上的制动距离，并应利用发动机制动。有计算表明，在冰雪路面上，利用发动机制动的辅助作用可使制动距离缩短 20%～30%。在冰雪路面上制动时方向稳定性变坏，当车轮被制动到抱死时侧滑的危险程度将更大。汽车在冰雪路面上行驶时，应加装防滑链。

（4）驾驶技术。

驾驶技术对汽车制动性有很大影响。在制动时，如能保持车轮接近抱死而未抱死的状态，便可获得最佳的制动效果。经验证明，在制动时，如迅速交替地踩下和放松制动踏板，即可提高其制动效果。因为此时车轮边滚边滑，轮胎着地部分不断变换，故可避免由于轮胎局部剧烈发热、胎面温度上升而降低制动效果的情况发生。在紧急制动时，驾驶员如能急速踩下制动踏板，则制动系统的协调时间将缩短，从而缩短制动距离。在光滑路面上不可猛踩制动踏板，以免因制动力过大而超过附着极限，导致汽车侧滑。

（5）车轮制动器。

制动摩擦片的表面沾有油、水或污泥时，摩擦系数将变小，制动力矩随之降低。

车轮制动器的摩擦副、制动鼓的构造和材料对制动器的摩擦力矩和制动效能的热衰退都有很大影响。制动器的结构型式不同，其制动效率也不同。在制动鼓半径和制动器张力相同的条件下，单位制动轮缸推力所产生的制动器摩擦力越大，制动器所产生的制动力矩也就越大。制动器的技术状况还与其使用和维修情况有密切关系。当制动鼓与制动摩擦片的接触面积不足或接触不均匀时，制动力矩就会降低，而且局部接触的面积和部位不同，也会引起制动性能的差异。

（6）制动初速度。

制动初速度高，需要通过制动消耗的动能大，故制动距离长。制动初速度越高，通过制动器转化产生的热量越多，制动器的温度越高。制动蹄片的摩擦性能会随温度的升高而降低，从而导致制动力衰减，制动距离增长。

7.7 汽车制动性的试验

7.7.1 制动性的台架试验

此试验的项目包括制动效能试验、制动器热衰退恢复试验、制动衬片（衬块）磨损试验和制动器噪声测定。此试验采用的设备为惯性式试验设备（单端或双端）及测量记录仪器。试验台上安装的制动鼓（盘）轴的转速应控制为规定车速相应的转速，允许误差为±2%。在制动过程中应对制动鼓（盘）和制动衬片（衬块）的温度进行测量，所用的测温传感器应符合 JB3936 标准。试验需在室温条件下进行，采用通风机对制动器进行冷却。

试验前，先用溶剂洗净摩擦衬片（衬块）的表面，然后将制动器安装到惯性试验台上，并调整制动衬片（衬块）与制动鼓（盘）之间的间隙，最后在制动鼓（盘）和制动衬片（衬块）的测温点上安装测温传感器，对液力驱动式制动器还应在制动轮缸内安装测温传感器。

制动效能试验要求制动器分别在初速度为 30 km/h 和 50 km/h 的情况下进行制动，制动器初始温度控制在 80℃±5℃。在每种制动初速度下制动一次，在整个制动减速度范围内最少做 5 次，从而测定出制动器经过磨合后的输出制动力矩。

制动器热衰退恢复试验主要是为了评定制动器在多次连续使用时的性能衰变及其冷却后的恢复能力。首先进行热衰退试验，制动初速度为 65 km/h 或 50 km/h，制动器初始温度为 80℃±5℃，让制动器从规定的初速度进行制动直到速度为零，共做 15 次。在进行热衰退试验后，制动鼓（盘）以相当于 30 km/h 车速的转速运转，通风机以 10 m/s 的风速使制动器冷却 3 min 后开始恢复试验。恢复试验要求制动器初速度为 30 km/h，在整个试验过程中以 10 m/s 的风速冷却制动器，制动次数为 10 次。

在进行上述性能试验后，首先对每一制动衬片（衬块）选定点的厚度进行精确测量，精确度为 0.01mm。如为干法成型的制动衬片（衬块）可称制动器总成（制动衬块总成）的质量，精确度为 1g。然后进行磨损试验：制动初速度为 30 km/h，制动器初始温度不超过 100℃、200℃、250℃，各制动 500 次；制动初速度为 50 km/h（除 T 类车外），制动器初始温度不超过 100℃、200℃、250℃，各制动 500 次；制动初速度为 65 km/h（T 类车），制动器初始温度不超过 100℃、200℃、250℃，各制动 500 次。制动管路压力调整到使制动减速度为 0.3g，从制动初速度制动直至速度为零，用通风机冷却，保持要求的制动器初始温度。每次制动时，测量制动衬片（衬块）指定点的厚度，计算制动衬片（衬块）的总磨损量。对于干法成型制动衬片（衬块），可在磨损试验结束后称制动器总成（制动衬块总成）重量，以计算出磨损重量值。

在各项试验中对每一次制动产生的噪声声级及持续时间均应进行测量并记录。测量时，将声级计的拾音头置于制动器的旋转平面内距制动器 500 m 处，并把拾音头装在护风球内。制动前应先测出环境噪声值并记录，以便对所测制动噪声值进行修正。

7.7.2 制动性的道路试验

汽车的制动性主要通过道路试验来评定。一般要测定冷制动及高温下汽车的制动距离、制动减速度、制动时间等参数。另外，还要测定在转弯与变更车道时汽车制动的方向稳定性。

试验路段应为干净、平整且坡度不大于 1% 的硬路面。路面附着系数不宜小于 0.72 ~ 0.75。试验时，风速应小于 5 m/s，气温在 0 ~ 35℃。在试验前，汽车应充分预热，以 0.8 ~ 0.9 v_{amax} 的速度行驶 1 h 以上。

道路试验的主要仪器为第五车轮、减速度计和压力传感器。近代的第五车轮采用电磁感应传感器、光电传感器与数字显示装置，能精确测出起始车速、制动距离和时间及横向偏移，显著地提高了试验的准确性。

在进行冷制动试验时，制动器温度不能超过 100℃。令汽车加速超过起始制动车速 3~5 km/h，摘挡滑行，待车速降至起始制动车速时，紧急制动直至停车。用仪器记录各项评定指标。为了保证试验结果的可靠性，一般都应该进行 200 次制动器的磨合制动试验，制动减速度为 3.5 m/s²。在试验中，若汽车航向角变动大于 8°或超越试验路段宽度 3.5 m 的界限，则重新调整被试汽车的制动系统，再进行试验。

高温工况试验包含两个阶段：加热制动器与测定制动性指标。一种常用的加热方法是连续制动，即令汽车加速到 $0.8\,v_{amax}$ 时，以 3 m/s² 的减速度制动减速到 $0.4\,v_{amax}$；加速再制动减速。每次制动的时间间隔根据不同类型的车辆分为 45~60 s，共制动 15~20 次。最后轿车制动器温度可升至 250~270℃，中型货车达 140~150℃，重型货车达 170~200℃。也可令汽车维持 40 km/h 的车速驶下长 1.7 km、坡度为 7% 的坡道来加热制动器。加热前后及中间应进行数次制动性能指标测定，以评定制动系统的热衰退性能。另一种加热方法是下长坡连续制动。如令汽车在坡度为 6%~10%、长 7~10 km 的坡道上以车速 300 km/h 制动下坡，最后检查制动性能指标。

拓展知识

汽车主动安全性能的提升

安全、节能、环保是目前汽车发展的三个重点方向，其中"安全"是关系到人生命的重中之重。进入 21 世纪以来，汽车设计者将智能化与信息化技术融入汽车主动安全控制系统中，使得汽车朝着更加安全、舒适、人性化的方向迅速发展。制动防抱死系统（ABS）作为历史最悠久、发展最完善的技术之一，能极大地改善和提高制动性能，是提高车辆主动安全性的重要装置。在 ABS 的基础上，人们又开发出了诸如 EBD，ESP 等技术，使汽车的主动安全性能得到更大的提升。

电子制动力分配（EBD）系统。EBD 能够根据汽车制动时产生的轴荷转移量自动调节前、后轴的制动力分配比例，提高制动效能，并配合 ABS 提高制动稳定性。汽车在制动时，四只轮胎附着的地面条件往往不一样。EBD 的工作原理恰恰就是用高速计算机在汽车制动的瞬间，分别对四只轮胎附着的不同地面进行感应和计算，得出不同的摩擦力数值，使四只轮胎的制动装置根据不同的情况用不同的方式和力量制动，并在运动中不断保持调整，使制动力与摩擦力相匹配，从而保证车辆的平稳。

车身电子稳定系统（Electronic Stability Program，ESP）用于自动控制车辆转弯过程的寻迹稳定性。其在汽车紧急躲避障碍物或在转弯时出现转向不足、转向过度进而使车身侧倾角度过大、车尾偏摆力矩超过某一程度、车体的行进方向与方向盘所转过的角度差距达到了某一程度时，将车辆行驶方向快速修正到原行驶路径上。ESP 通常是 EBD 中的一个自动控制程序，通过对各有关传感器电信号的计算、分析

拓展知识

来监控车辆的行驶状况。ESP 可向 ABS、ASR 或 EBD 等输出指令，通过对有关车轮的制动和制动力大小的控制，使行驶车辆自动保持动态平衡。ESP 的工作原理是：当 ESP 发现车辆转弯过程中出现转向过度时，ESP 会降低发动机的输出功率，并执行前面外车轮的制动作用来产生一向外的力量，使车身行驶的方向恢复到正常的轨迹。如果 ESP 发现车辆在转弯过程中出现转向不足的情况，那么除了会降低发动机动力输出外，还会对后两个车轮根据转向不足的程度施加不同的制动力，从而使汽车在转弯过程中有较好的稳定性。ESP 是当前汽车安全水准的最高形式，它是针对各种较差路况，如低附着路面、高速弯道行驶等状态下研发的一种车辆主动安全稳定控制系统，能大大提高汽车的行驶安全性和操纵稳定性，从而显著减少因外界各种恶劣路况及驾驶员失误等所造成的重大损失。

模块小结

1. 汽车制动性的评价指标主要包含制动效能、制动效能的恒定性以及在制动时汽车方向的稳定性。
2. 影响汽车制动性的主要因素见表 7.3。

表 7.3　影响汽车制动性的主要因素

影响因素	关系
载质量	汽车的载质量越高，制动时需要的制动力越大
道路条件	道路的附着系数限制了最大制动力
制动初速度	制动时车辆的初速度越大，制动距离也就越长
制动力度	在道路附着条件限制内，制动力度越大，制动性越好

思考与练习

1. 汽车制动性评价指标有哪些？
2. 什么是汽车的制动距离？它与哪些因素有关？
3. 影响制动性的主要因素有哪些？
4. 分析汽车制动跑偏的主要原因。
5. 汽车制动时为何出现热衰退现象？

模块 8

汽车的操纵稳定性

🚗 学习目标

1. 掌握汽车操纵稳定性包括的内容；
2. 掌握轮胎的侧偏特性；
3. 了解影响汽车稳态响应的参数。

📝 学习重点

1. 轮胎的侧偏特性；
2. 影响汽车稳态响应的参数。

🚗 学习难点

1. 轮胎的侧偏特性；
2. 影响汽车稳态响应的参数。

📝 模块概述

汽车的操纵稳定性是指在驾驶员不感到过分紧张、疲劳的条件下，汽车能遵循驾驶员通过转向系统及转向车轮给定的方向行驶，且当遭遇外界干扰时，汽车能抵抗干扰而保持稳定行驶的能力。

汽车的操纵稳定性不但影响到汽车驾驶的操纵方便程度，而且也是决定高速汽车安全行驶的一个主要性能，所以人们称之为"高速车辆的生命线"。

随着道路的改善，特别是高速公路的发展，汽车以 100 km/h 或更高车速行驶的情况是常见的。现代轿车设计的最高车速一般常超过 200 km/h，有的运动型轿车甚至超过 300 km/h。因此，汽车的操纵稳定性日益受到重视，成为现代汽车的重要使用性能之一。

8.1 汽车操纵稳定性的概述

8.1.1 汽车操纵稳定性包含的内容

汽车操纵稳定性涉及的问题较为广泛，与前面讨论过的几个性能有所不同，它需要采用较多的物理参量从多方面来进行评价。表 8.1 所示为汽车操纵稳定性的基本内容及评价所用的物理参量。

表 8.1 汽车操纵稳定性的基本内容及评价所用的物理参量

基本内容	主要评价参量
转向盘角阶跃输入下的稳态响应——转向特性，转向盘角阶跃输入下的瞬态响应	稳态横摆角速度增益——转向灵敏度、反应时间、横摆角速度波动的无阻尼圆频率
横摆角速度频率响应特性	共振峰频率、共振时振幅比、相位滞后角、稳态增益
转向盘中间位置操纵稳定性	转向灵敏度、转向盘力特性——转向盘转矩梯度
回正性	回正后剩余横摆角速度与剩余横摆角、达到剩余横摆角速度的时间
转向半径	最小转向半径
转向轻便性 (1) 原地转向轻便性； (2) 低速行驶转向轻便性； (3) 高速行驶转向轻便性	转向力、转向功
直线行驶性能 (1) 侧向风敏感性； (2) 路面不平敏感性	转向盘转角和（累计值） 侧向偏移
典型行驶工况性能 (1) 蛇行性能； (2) 移线性能； (3) 双移线性能——回避障碍性能 …	转向盘转角、转向力、侧向加速度、横摆角速度、侧偏角、车速等
极限行驶性能 圆周行驶极限侧向加速度	极限侧向加速度
抗侧翻能力	极限车速
发生侧滑时的控制性能	回至原来路径所需时间

在汽车操纵稳定性的研究中，常把汽车作为一个控制系统，求出汽车曲线行驶的时域响应与频域响应，并以它们来表征汽车的操纵稳定性。

汽车曲线行驶的时域响应是指汽车在转向盘输入或外界侧向干扰输入下的侧向运动响应。转向盘输入有两种形式：给转向盘作用一个角位移，称为角位移输入，简称角输入；给转向盘作用一个力矩，称为力矩输入，简称力输入。驾驶员在实际驾驶车辆时，对转向盘的这两种输入是同时加入的。外界侧向干扰输入主要是指侧向风与路面不平产生的侧向力。

下面对汽车操纵稳定性的主要内容作一简单介绍。

（1）转向盘角阶跃输入下的稳态响应及转向盘角阶跃输入下的瞬态响应就是表征汽车操纵稳定性的转向盘角位移输入下的时域响应。

（2）横摆角速度频率响应特性是转向盘转角正弦输入下，频率由 0→∞ 时，汽车横摆角速度与转向盘转角的振幅比及相位差的变化规律。它是另一个重要的表征汽车操纵稳定性的基础特性。

（3）转向盘中间位置操纵稳定性是转向盘小转角、低频正弦输入下汽车高速行驶时的操纵稳定性。

（4）回正性是一种转向盘力输入下的时域响应。

（5）转向半径是评价汽车机动灵活性的物理参量。

（6）转向轻便性是评价转动转向盘轻便程度的特性。

（7）直线行驶性能是评价汽车操纵稳定性的又一个重要特性。其中，侧向风敏感性与路面不平敏感性是汽车直线行驶时在外界侧向干扰输入下的时域响应。

（8）典型行驶工况性能（Task Performance）是指汽车通过某种模拟典型驾驶操作的通道的性能。它能更如实地反映汽车的操纵稳定性。

（9）极限行驶性能是指汽车在处于正常行驶与异常危险运动之间的运动状态下的特性。它表明了汽车安全行驶的极限性能。

本章讨论上述内容的最基本部分：转向盘角阶跃输入下的稳态响应、瞬态响应。此外，本文对轮胎的侧偏特性与汽车的侧翻等也稍作介绍。

汽车是由若干部件组成的一个物理系统。它具有惯性、弹性、阻尼等许多动力学的特点，所以它是一个多自由度动力学系统。应指出，构成汽车动力学系统的元件，如轮胎、悬架、转向系统等，具有非线性特性，描述汽车的微分方程应是非线性微分方程，即汽车为一非线性系统。但是在大多数行驶状况下，汽车的侧向加速度不超过 0.4g，若忽略一些次要因素，则可以把汽车近似地看作一个线性动力学系统。本章就是把汽车作为线性系统来分析讨论的。

8.1.2　车辆坐标系与转向盘角阶跃输入下的时域响应

汽车的运动是借固结于运动着的汽车上的动坐标系——车辆坐标系来描述的。图 8.1 所示的固结于汽车上的 $Oxyz$ 直角动坐标系就是车辆坐标系。Oxz 处于汽车左右对称的平面内。当车辆在水平路面上处于静止状态下，x 轴平行于地面指向前方，z 轴通过质心指向上方，y 轴指向驾驶员的左侧，常可令坐标系的原点 O 与质心重合。与操纵稳定性有关的主要运动参量为：车厢角速度在 z 轴上的分量——横摆角速度 ω_r、汽车质心速度在 y 轴上的分量——侧向速度 v、汽车质心加速度在 y 轴上的分量——侧向加速度 a_y 等。

图 8.1　车辆坐标系与汽车的主要运动形式

汽车的时域响应可分为不随时间变化的稳态响应和随时间变化的瞬态响应。例如，汽车等速直线行驶是一种稳态；若在汽车等速直线行驶时，急速转动转向盘至某一转角时，停止转动转向盘并维持此转角不变，即给汽车以转向盘角阶跃输入，一般汽车经短暂时间后便进入等速圆周行驶，这也是一种稳态，称为转向盘角阶跃输入下进入的稳态响应。

在等速直线行驶与等速圆周行驶这两个稳态运动之间的过渡过程便是一种瞬态，相应的瞬态运动响应称为转向盘角阶跃输入下的瞬态响应。

汽车的等速圆周行驶，即汽车转向盘角阶跃输入下进入的稳态响应，虽然在实际行驶中不常出现，但它是表征汽车操纵稳定性的一个重要的时域响应，一般也称它为汽车的稳态转向特性。汽车的稳态转向特性分为三种类型：不足转向、中性转向和过多转向。这三种不同转向特性的汽车具有如下行驶特点（图8.2）：在转向盘保持一固定转角 δ_{sw} 下，缓慢加速或以不同车速等速行驶时，随着车速的增加，不足转向汽车的转向半径 R 增大；中性转向汽车的转向半径维持不变；而过多转向汽车的转向半径则越来越小。操纵稳定性良好的汽车应具有

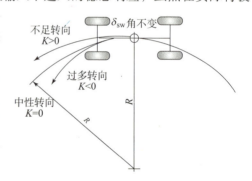

图 8.2　汽车的三种稳态转向特性

适度的不足转向特性。一般汽车不应具有过多转向特性，也不应具有中性转向特性，因为中性转向汽车在使用条件变动时，有可能转变为过多转向特性。

汽车的操纵稳定性同汽车在行驶时的瞬态响应有密切关系。常用转向盘角阶跃输入下的瞬态响应来表征汽车的操纵稳定性。图 8.3 所示为一辆等速行驶的汽车在 $t=0$ 时，驾驶员急速转动转向盘至角度 δ_{sw} 并维持此转角不变（即转向盘角阶跃输入）时的汽车瞬态响应曲线。

图 8.3 是以汽车横摆角速度 ω_r 来描述汽车响应的。可以看出，给汽车以转向盘角阶跃输入后，汽车横摆角速度经过一过渡过程后达到稳态横摆角速度 ω_{r0}。此过渡过程即汽车的瞬态响应，它具有如下几个特点。

（1）时间上的滞后。汽车的横摆角速度不能立即达到稳态横摆角速度 ω_{r0}，而要经过

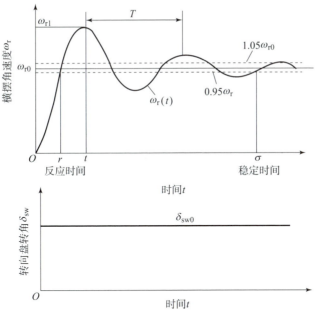

图 8.3　转向盘角阶跃输入下的汽车瞬态响应

时间 t 后才能第一次达到 ω_{r0}。这一段滞后时间称为反应时间。反应时间短，则驾驶员感到转向响应迅速、及时；否则就会感到转向迟钝。也有用到达第一峰值的时间 ε 来表示滞后时间的。

（2）执行上的误差。最大横摆角速度 ω_{r1} 大于稳态值 ω_{r0}。$\omega_{r1}/\omega_{r0} \times 100\%$ 称为超调量，它表示执行指令误差的大小。

（3）横摆角速度的波动。在瞬态响应中，横摆角速度 ω_r 以频率 ω 在 ω_{r0} 值上下波动。波动的频率 ω 决定于汽车动力学系统的结构参数，它也是表征汽车操纵稳定性的一个重要参数。

（4）进入稳态所经历的时间。横摆角速度达到稳态值 95%～105% 的时间 σ 称为稳定时间，它表明进入稳态响应所经历的时间。

个别汽车也可能出现汽车横摆角速度 ω_r 不能收敛的情况，即 ω_r 值越来越大，转向半径越来越小，从而导致汽车产生侧向滑动或翻车的危险。由此可知，瞬态响应包括两方面的问题：一是行驶方向稳定性，即给汽车以转向盘角阶跃输入后，汽车能否达到新的稳定状况的问题；二是响应品质问题，即达到新的稳态之前，其瞬态响应的特性如何。

8.1.3　人-汽车闭路系统

在上述对汽车时域响应的讨论中，假定驾驶员的任务只是机械地急速转动转向盘至某一转角并维持此角度不变，而不允许根据汽车的转向运动做出任何操纵修正动作，即不允许驾驶员起任何反馈作用。因此，汽车的时域响应只是把汽车作为开路控制系统，其完全取决于汽车的结构与参数，是汽车本身固有的特性。汽车作为开路系统的时域响应可以通过建立数学模型进行理论分析，也可以使用测试设备在试验中客观地进行测量。

但是，汽车的操纵稳定性最后应该是由驾驶员来评定的，操纵稳定性与驾驶员的操作特性又是紧密相关的。因此，操纵稳定性的研究对象应该是把驾驶员与汽车作为统一整体的人-汽车系统,而不能忽略驾驶员的反馈作用。图 8.4 简要地表示了人-汽车系统中驾驶员与汽车的关系。在汽车行驶中,驾驶员根据需要操纵转向盘使汽车做一定的转向运动;路面的凸凹不平、侧向风等亦影响汽车的行驶。与此同时,驾驶员根据随之出现的路面、交通等情况和通过眼睛、手及脚感知到的汽车运动状况,经过头脑的分析、判断,修正他对转向盘的操纵。在如此不断反复循环中,驾驶员操纵汽车行驶前进。由此可见,在人-汽车系统中,驾驶员把系统的输出参数反馈到输入控制中,所以人-汽车系统是一个闭路系统。不过驾驶员的反馈作用十分复杂,目前对于人-汽车闭路系统的理论研究还不很成熟,人-汽车系统的汽车操纵稳定性只能用试验方法来实际测定。表 8.1 中列出的典型行驶工况性能就是人-汽车闭路系统的操纵稳定性,是指人-汽车系统通过某种典型通道时的性能。

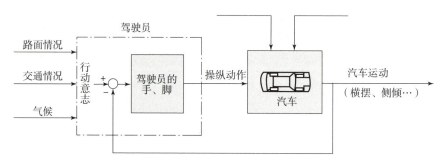

图 8.4 人-汽车系统中驾驶员与汽车的关系

尽管试验得到的人-汽车闭路系统的性能真实地反映了汽车的操纵稳定性,但是由于进行试验的驾驶员的操作特性起了反馈作用,所以客观性及再现性就不如开路系统汽车的时域响应好。还应指出,人-汽车系统的操纵稳定性只能在已具有实际车辆的条件下通过试验求得,目前还不能做到通过理论分析与计算来进行准确的预测。所以,在产品开发阶段,广泛应用的理论分析对象仍然只能是开路系统汽车的时域响应。

8.2 轮胎的侧偏特性

轮胎的侧偏特性是轮胎力学特性的一个重要部分。本节将讨论轮胎的侧偏现象与侧偏特性。侧偏特性主要是指侧偏力、回正力矩与侧偏角间的关系,它是研究汽车操纵稳定性的基础。

8.2.1 轮胎的坐标系

为了讨论轮胎的力学特性,需要建立一个坐标系,如图 8.5 所示。垂直于车轮旋转轴线的轮胎中分平面称为车轮平面。坐标系的原点 O 为车轮平面和地平面的交线与车轮旋转轴线在地平面上投影线的交点。车轮平面与地平面的交线取为 x 轴，规定向前为正。z 轴与地平面垂直，规定向上为正。y 轴在地平面上，规定面向车轮前进方向时向左为正。图 8.5 上还画出了地面作用于轮胎的力与力矩，即地面切向反作用力 F_X、地面侧向反作用力 F_Y、地面法向反作用力 F_Z 以及地面反作用力绕 z 轴的力矩——回正力矩 T_z 等。它们均按轮胎坐标系规定的方向确定正、负方向。图中还画出了侧偏角 α 与外倾角 γ。侧偏角是轮胎接地印迹中心（即坐标系原点）位移方向与 x 轴的夹角，图示方向为正，外倾角是垂直平面（xOz 平面）与车轮平面的夹角，图示方向为正。

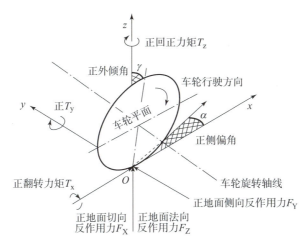

图 8.5　轮胎的坐标系与地面作用于轮胎的力和力矩

8.2.2　轮胎的侧偏现象和侧偏力-侧偏角曲线

汽车在行驶过程中，由于路面的侧向倾斜、侧向风或曲线行驶时的离心力等的作用，车轮中心沿 y 轴方向将作用有侧向力 F_y，相应地在地面上产生地面侧向反作用力 F_Y，F_Y 也称为侧偏力。当有地面侧向反作用力时，若车轮是刚性的，则可以发生以下两种情况：

（1）当侧偏力 F_Y 未超过车轮与地面间的附着极限时，车轮与地面间没有滑动，车轮仍在其自身平面内运动（图 8.6）。

（2）当侧偏力 F_Y 达到车轮与地面间的附着极限时，车轮发生侧向滑动，若滑动速度为 Δu，车轮便沿合成速度 u' 的方向行驶而偏离了车轮平面。

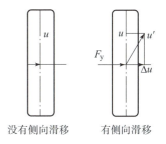

图 8.6　有侧向作用时刚性车轮的滚动

当车轮有侧向弹性时，即使 F_Y 没有达到附着极限，车轮行驶方向亦将偏离车轮平面，这就是轮胎的侧偏现象。为了说明侧偏现象，我们讨论具有侧向弹性的车轮在垂直载荷 W 的条件下，车轮中心受到侧向力 F_y，地面相应的有侧偏力 F_Y 时的两种情况。一是车轮静止不滚动。由于车轮有侧向弹性，轮胎发生侧向变形，轮胎胎面接地印迹的中心线 aa 与车轮

平面 cc 不重合，错开 Δh，但 aa 仍平行于 cc [图 8.7（a）]。二是车轮滚动。接触印迹的中心线 aa 不只是和车轮平面错开一定距离，还不再与车轮平面 cc 平行，aa 与 cc 的夹角 α 即为侧偏角。此时，车轮是沿着 aa 方向滚动的 [图 8.7（b）]。

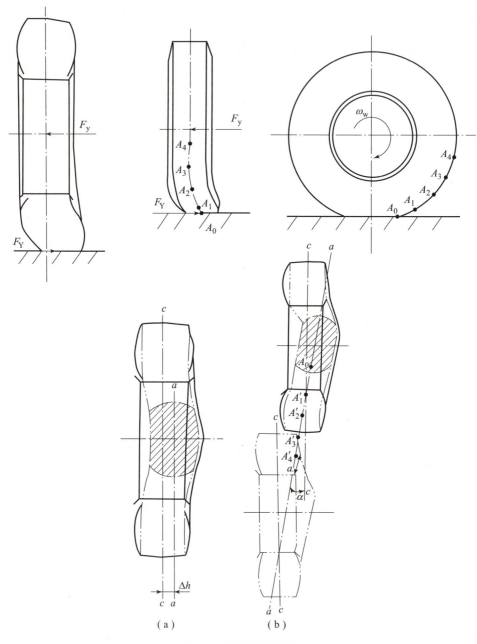

图 8.7 轮胎的侧偏现象
（a）静止；（b）滚动

为了说清楚出现侧偏角 α 的原因，下面具体分析车轮的滚动过程 [图 8.7（b）]。在轮胎胎面中心线上标出 A_0、A_1、A_2、$\cdots$ 各点，随着车轮向前滚动，各点将依次落于地面上相应的 A'_0、A'_1、A'_2、$\cdots$ 各点上。在主视图上可以看出，靠近地面的胎面上 A_0、A_1、

A_2、…各点连线在接近地面时逐渐变为一条斜线,因此它们落在地面相应各点 A'_0、A'_1、A'_2、…的连线并不垂直于车轮旋转轴线,即与车轮平面 cc 有夹角 α。当轮胎与地面没有侧向滑动时,A'_0、A'_1、A'_2、…的连线就是接地印迹的中心线,当然也是车轮滚动时在地面上留下的痕迹,即车轮并没有在车轮平面内向前滚动,而是沿着侧偏角 α 的方向滚动。显然,侧偏角 α 的数值是与侧向力 F_Y 的大小有关的;换言之,侧偏角 α 的数值与侧偏力 F_Y 的大小有关。

图 8.8 所示为一条由试验测出的侧偏力-侧偏角曲线。曲线表明,侧偏角不超过 5°时,F_Y 与 α 呈线性关系。汽车在正常行驶时,侧向加速度不超过 $0.4g$,侧偏角不超过 4°~5°,可以认为侧偏角与侧偏力呈线性关系。侧偏力—侧偏角曲线在 $\alpha = 0°$ 处的斜率称为侧偏刚度 k,单位为 N/rad 或 N/(°)。由轮胎坐标系有关符号的规定可知,负的侧偏力产生正的侧偏角,因此侧偏刚度为负值。F_Y 与 α 的关系式可写作:

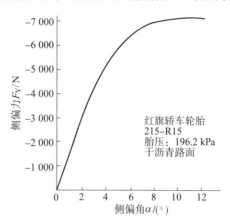

图 8.8 轮胎的侧偏特性

$$F_Y = k\alpha \qquad (8-1)$$

小型轿车轮胎的 k 值在 $-28\,000 \sim -80\,000$ N/rad。侧偏刚度是决定操纵稳定性的重要轮胎参数。轮胎应有高的侧偏刚度(指绝对值),以保证汽车具有良好的操纵稳定性。

在侧偏力较大时,侧偏角以较大的速率增长,即侧偏力—侧偏角曲线的斜率逐渐减小,这时轮胎在接地面处已发生部分侧滑。最后,侧偏力达到附着极限时,整个轮胎侧滑。显然,轮胎的最大侧偏力决定于附着条件,即垂直载荷、轮胎的胎面花纹、材料、结构、充气压力、路面的材料、结构、潮湿程度以及车轮的外倾角等。一般而言,最大侧偏力越大,汽车的极限性能越好,譬如圆周行驶的极限侧向加速度就越高。

8.2.3 轮胎的结构、工作条件对侧偏特性的影响

轮胎的尺寸、形式和结构参数对侧偏刚度有显著影响。尺寸较大的轮胎有较高的侧偏刚度。子午线轮胎接地面宽,一般侧偏刚度较高。钢丝子午线轮胎比尼龙子午线的侧偏刚度还要高些。

以百分数表示的轮胎断面高 H 与轮胎断面宽 B 之比($H/B \times 100\%$)称为高宽比。早期轮胎的高宽比为 100%,现代轮胎的高宽比逐渐减小,目前不少轿车已采用高宽比为 60% 或称 60 系列的宽轮胎。追求高性能的运动型轿车也有的采用高宽比为 50% 甚至 40% 的宽轮胎。高宽比对轮胎侧偏刚度影响很大,采用高宽比小的宽轮胎是提高侧偏刚度的主要措施。图 8.9 所示为四种不同高宽比子午胎的侧偏刚度与载荷的关系曲线。从中可以看出,高宽比为 60% 的 60 系列轮胎的侧偏刚度较高。

在汽车行驶时,轮胎的垂直载荷常有变化。例如在转向时,内侧车轮轮胎的垂直载荷减小,外侧车轮轮胎的垂直载荷增大。垂直载荷的变化对轮胎侧偏特性有显著影响。图

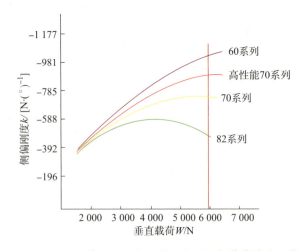

图 8.9　几种不同高宽比子午胎的侧偏刚度与载荷的关系曲线

8.10 表明，当垂直载荷增大后，侧偏刚度随垂直载荷的增加而加大；但当垂直载荷过大时，轮胎与地面接触区的压力变得极不均匀，使轮胎侧偏刚度反而有所减小。

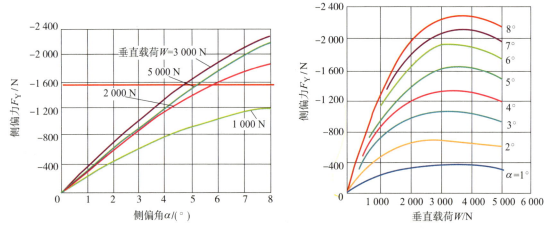

图 8.10　垂直载荷对侧偏特性的影响

轮胎的充气压力对侧偏刚度也有显著影响。由图 8.11 可知，随着胎压的增加，侧偏刚度增大；但胎压过高后刚度不再变化。

行驶车速对侧偏刚度的影响很小。

上面讨论的是没有切向反作用力作用时轮胎的侧偏特性。实际上，在轮胎上常同时作用有侧向力与切向力。由试验得到的曲线（图 8.12）表明，在一定侧偏角下，驱动力增加，侧偏力逐渐有所减小，这是由于轮胎侧向弹性有所改变。当驱动力相当大时，侧偏力显著下降，因为此时接近附着极限，切向力已耗去大部分附着力，而侧向能利用的附着力很少。在作用有制动力时，侧偏力也有相似的变化。从图 8.12 中还可以看出，这组曲线的包络线接近于一椭圆，一般称为附着椭圆。它确定了在一定附着条件下切向力与侧偏力合力的极限值。

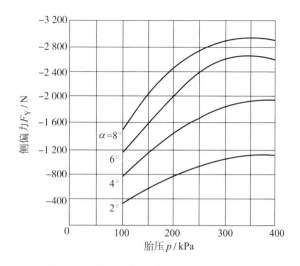

图 8.11　轮胎充气压力对侧偏刚度的影响

轮胎：6.40-13；速度 $u=11$ m/s；垂直载荷 $W=4\,000$ N

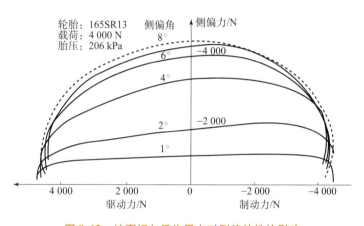

图 8.12　地面切向反作用力对侧偏特性的影响

路面及其粗糙程度、干湿状况对侧偏特性，尤其是最大侧偏力有很大影响。图 8.13 所示为一轮胎在干、湿沥青路面与湿混凝土路面上的侧偏特性。图上给出的是侧向力系数 F_Y/F_Z 与侧偏角 α 的关系曲线。

当路面有薄水层时，由于滑水现象（Hydroplaning），汽车会出现完全丧失侧偏力的情况。图 8.14 所示为一轮胎在不同轮胎胎面、路面粗糙度和水层厚度等条件下，最大侧偏力的降低情况。当水层厚度为 1.02 mm 时，在粗糙路面上开有 4 条沟槽的胎面能防止滑水现象。当水层厚度为 7.62 mm、车速为 80 km/h 时，不论胎面有无沟槽、路面是否粗糙，均出现滑水现象，此时最大侧偏力为零。

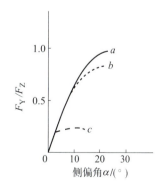

图 8.13　干路面和湿路面上的侧偏特性

a—干沥青路面，速度为 16.5 km/h；
b—湿混凝土路面，速度为 32.2 km/h；
c—湿沥青路面，速度为 14.5 km/h

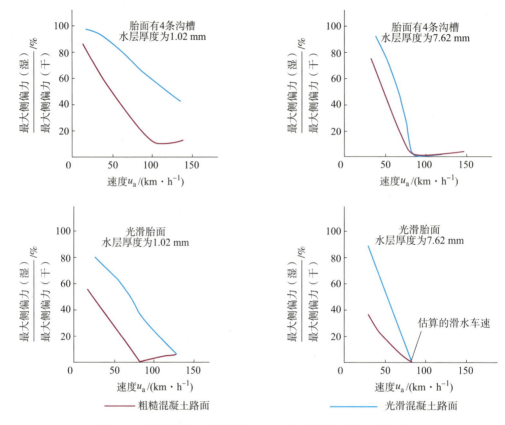

图 8.14　轮胎胎面、路面粗糙程度、水层厚度与滑水现象的关系

8.2.4　回正力矩——绕 z 轴的力矩

在轮胎发生侧偏时，还会产生作用于轮胎、绕 Oz 轴的力矩 T_Z，如图 8.5 所示。当圆周行驶时，T_Z 是使转向车轮恢复到直线行驶位置的主要恢复力矩之一，称为回正力矩。

回正力矩是由接地面内分布的微元侧向反作用力产生的。由图 8.7 可知，车轮在静止时受到侧向力后，印迹的中心线 aa 与车轮平面 cc 平行，错开 Δh，即印迹的中心线 aa 上各点的横向变形（相对于 cc 平面）均为 Δh，故可以认为地面侧向反作用力沿 aa 是均匀分布的 [图 8.15（a）]。而当车轮滚动时，如前所述，印迹的中心线不仅与车轮平面错开一定距离，而且转动了 α 角，因而印迹前端离车轮平面近，侧向变形小；印迹后端离车轮平面远，侧向变形大。可以认为，地面微元侧向反作用力的分布与变形成正比。地面微元侧向反作用力的分布情况如图 8.15（b）所示，其合力就是侧偏力 F_Y，但其作用点必然在接地印迹几何中心的后方，偏移某一距离 e。e 称为轮胎拖距，$F_Y e$ 就是回正力矩 T_Z。

在 F_Y 增加时，接地印迹内地面微元侧向反作用力的分布情况如图 8.15（c）所示。F_Y 增大至一定程度时，接地印迹后端的某些部分便达到附着极限，反作用力将沿 345 线

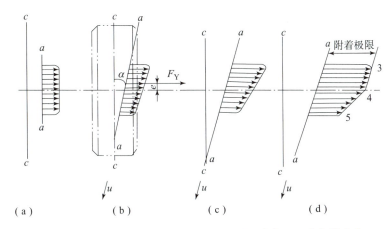

图 8.15 接地印迹内地面侧向反作用力的分布与回正力矩的产生

分布（图 8.15d）。随着 F_Y 的进一步加大，将有更多部分达到附着极限，直到整个接地印迹发生侧滑，因而轮胎拖距会随着侧向力的增加而逐渐变小。图 8.16 所示为试验得到的回正力矩 – 侧偏角的特性曲线。从中可以看出，回正力矩在开始时逐步增大，侧偏角为 4°~6°时达到最大值；侧偏角再增大，回正力矩下降，在 10°~16°时回正力矩为零；侧偏角继续增大，回正力矩成为负值。有人用接地印迹后端发生侧向滑动的速度大、摩擦因数较小来解释这个现象。试验结果还表明，回正力矩随垂直载荷的增大而增加。

轮胎的形式及结构参数对回正力矩 – 侧偏角特性有重要影响。在同样侧偏角下，尺寸大的轮胎一般回正力矩较大。子午线轮胎的回正力矩比斜交轮胎大。

轮胎的气压低，接地印迹长，轮胎拖距大，回正力矩也就大。

地面切向反作用力对回正力矩的影响如图 8.17 所示。从图 8.17 中可以看出，随着驱动力的增加，回正力矩达最大值后再下降；在制动力作用下，回正力矩不断减小，到一定制动力时下降为零；其后便变为负值。

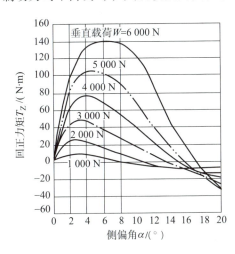

轮胎 8.00~14；速度为 8.4 m/s；胎压为 140 kPa

图 8.16 轮胎的回正力矩 –
侧偏角的特性曲线

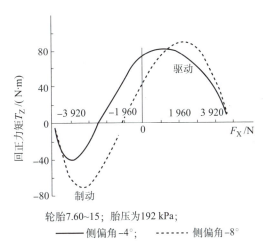

轮胎 7.60~15；胎压为 192 kPa；
—— 侧偏角 –4°；　　-------- 侧偏角 –8°

图 8.17 地面切向反作用力对回正力矩的影响

8.3 线性二自由度汽车模型对前轮转角输入的响应

8.3.1 线性二自由度汽车模型的运动微分方程

为了便于掌握操纵稳定性的基本特性,我们将对一简化为线性二自由度的汽车模型进行研究。在分析中忽略转向系统的影响,直接以前轮转角作为输入;忽略悬架的作用,认为汽车车厢只做平行于地面的平面运动,即汽车沿 z 轴的位移、绕 y 轴的俯仰角与绕 x 轴的侧倾角均为零。另外,在本节的特定条件下,将汽车沿 x 轴的前进速度 u 视为不变。因此,汽车只有沿 y 轴的侧向运动与绕 z 轴的横摆运动这两个自由度。此外,汽车的侧向加速度限定在 $0.4g$ 以下,轮胎侧偏特性处于线性范围内。在建立运动微分方程时还假设:驱动力不大,不考虑地面切向力对轮胎侧偏特性的影响,没有空气动力的作用,忽略左、右车轮轮胎由于载荷的变化而引起的轮胎特性变化以及轮胎回正力矩的作用。这样,实际汽车便简化成一个两轮摩托车模型,如图 8.18 所示。它是一个由前、后两个有侧向弹性的轮胎支承于地面、具有侧向及横摆运动的二自由度汽车模型。

在分析时,我们令车辆坐标系的原点与汽车质心重合。

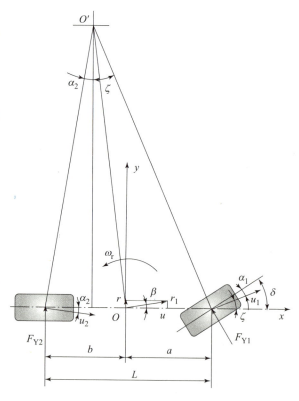

图 8.18 二自由度汽车模型

显然,汽车的质量分布参数,如转动惯量等,对固结于汽车的这一动坐标系而言为常数,这正是采用车辆坐标系的方便之处。因此,只要将汽车的(绝对)加速度与(绝对)角加速度及外力与外力矩沿车辆坐标系的轴线分解,就可以列出沿这些坐标轴的运动微分方程。

下面依次确定:汽车质心的(绝对)加速度在车辆坐标系上的分量,二自由度汽车受到的外力与绕质心的外力矩,外力、外力矩与汽车运动参数的关系。最后,列出二自由度汽车的运动微分方程式。

首先确定汽车质心的（绝对）加速度在车辆坐标系上的分量。

如图 8.19 所示，Ox 与 Oy 为车辆坐标系的纵轴与横轴。质心速度 v_1 于 t 时刻在 Ox 轴上的分量为 u，在 Oy 轴上的分量为 v。由于汽车在转向行驶时伴有平移和转动，在 $t + \Delta t$ 时刻，车辆坐标系中质心速度的大小与方向均发生变化，而且车辆坐标系的纵轴与横轴的方向亦发生变化。所以，沿 Ox 轴速度分量的变化为：

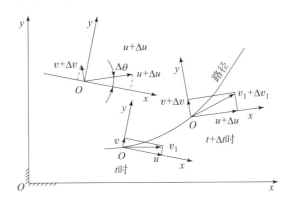

图 8.19　利用固结于汽车的车辆坐标系分析汽车的运动

$$(u + \Delta u)\cos\Delta\theta - u - (v + \Delta v)\sin\Delta\theta = u\cos\Delta\theta + \Delta u\cos\Delta\theta - u - v\sin\Delta\theta - \Delta v\sin\Delta\theta$$

考虑到 $\Delta\theta$ 很小并忽略二阶微量，上式变为 $\Delta u - v\Delta\theta$ 除以 Δt 并取极限，便是汽车质心绝对加速度在车辆坐标系 x 轴上的分量，即：

$$a_x = \frac{du}{dt} - v\frac{d\theta}{dt} = \dot{u} - v\omega_r \tag{8-2}$$

同理，汽车质心绝对加速度沿横轴 Oy 上的分量为：

$$a_y = \dot{v} + u\omega_r \tag{8-3}$$

由图 8.18 可知，二自由度汽车受到的外力沿 y 轴方向的合力与绕质心的力矩和为：

$$\sum F_Y = F_{Y1}\cos\delta + F_{Y2}$$
$$\sum M_Z = aF_{Y1}\cos\delta - bF_{Y2} \tag{8-4}$$

式中　F_{Y1}、F_{Y2}——地面对前、后轮的侧向反作用力，即侧偏力；

δ——前轮转角。

考虑到 δ 角较小，F_{Y1}、F_{Y2} 为侧偏力，则式（8-4）可被改写作：

$$\sum F_Y = k_1\alpha_1 + k_2\alpha_2$$
$$\sum M_Z = ak_1\alpha_1 - bk_2\alpha_2 \tag{8-5}$$

汽车前、后轮侧偏角与其运动参数有关。如图 8.18 所示，汽车前、后轴中点的速度为 u_1、u_2，侧偏角为 α_1、α_2，质心的侧偏角为 β，$\beta = v/u$。ζ 是 u_1 与 x 轴的夹角，其值为：

$$\zeta = \frac{v + a\omega_r}{u} = \beta + \frac{a\omega_r}{u}$$

根据坐标系的规定，前、后轮侧偏角为：

$$\alpha_1 = -(\delta - \zeta) = \beta + \frac{a\omega_r}{u} - \delta$$

$$\alpha_2 = \frac{v - b\omega_r}{u} = \beta - \frac{b\omega_r}{u} \tag{8-6}$$

由此，可列出外力、外力矩与汽车运动参数的关系式为：

$$\Sigma F_Y = k_1\left(\beta + \frac{a\omega_r}{u} - \delta\right) + k_2\left(\beta - \frac{b\omega_r}{u}\right)$$

$$\Sigma M_Z = ak_1\left(\beta + \frac{a\omega_r}{u} - \delta\right) - bk_2\left(\beta - \frac{b\omega_r}{u}\right)$$

所以，二自由度汽车的运动微分方程式为：

$$k_1\left(\beta + \frac{a\omega_r}{u} - \delta\right) + k_2\left(\beta - \frac{b\omega_r}{u}\right) = m(\dot{v} + u\omega_r)$$

$$ak_1\left(\beta + \frac{a\omega_r}{u} - \delta\right) - bk_2\left(\beta - \frac{b\omega_r}{u}\right) = I_Z\dot{\omega}_r$$

式中　I_Z——汽车绕 z 轴的转动惯量（kg·m²）；

$\dot{\omega}_r$——汽车横摆角加速度（rad/s²）。

整理后得二自由度汽车运动微分方程式为：

$$(k_1 + k_2)\beta + \frac{1}{u}(ak_1 - bk_2)\omega_r - k_1\delta = m(\dot{v} + u\omega_r)$$

$$(ak_1 - bk_2)\beta + \frac{1}{u}(a^2k_1 + b^2k_2)\omega_r - ak_1\delta = I_Z\dot{\omega}_r \tag{8-7}$$

这个联立方程式虽很简单，但包含了最重要的汽车质量与轮胎侧偏刚度两方面的参数，所以能够反映汽车曲线运动最基本的特征。

8.3.2　前轮转角阶跃输入下进入的汽车稳态响应——等速圆周行驶

一、稳态响应

汽车等速行驶时，在前轮转角阶跃输入下进入的稳态响应就是等速圆周行驶。常用输出与输入的比值，如稳态的横摆角速度与前轮转角之比来评价稳态响应。这个比值称为稳态横摆角速度增益，也称为转向灵敏度，以符号 $\left.\dfrac{\omega_r}{\delta}\right)_s$ 表示。

稳态时横摆角速度 ω_r 为定值，此时 $\dot{v} = 0$，$\dot{\omega}_r = 0$，将其代入式（8-7）得：

$$(k_1 + k_2)\frac{v}{u} + \frac{1}{u}(ak_1 - bk_2)\omega_r - k_1\delta = mu\omega_r$$

$$(ak_1 - bk_2)\frac{v}{u} + \frac{1}{u}(a^2k_1 + b^2k_2)\omega_r - ak_1\delta = 0 \tag{8-8}$$

将式（8-8）中两式联立并消去 v，便可求得稳态横摆角速度增益为：

$$\left.\frac{\omega_r}{\delta}\right|_s = \frac{u/L}{1 + \dfrac{m}{L^2}\left(\dfrac{a}{k_2} - \dfrac{b}{k_1}\right)u^2} = \frac{u/L}{1 + Ku^2} \tag{8-9}$$

式中　K——稳定性因数，$K = \dfrac{m}{L^2}\left(\dfrac{a}{k_2} - \dfrac{b}{k_1}\right)$，其单位为 s^2/m^2，是表征汽车稳态响应的一个重要参数。

二、稳态响应的三种类型

根据 K 的数值，汽车的稳态响应可分为三类。

1. 中性转向

当 $K = 0$ 时，$\left.\dfrac{\omega_r}{\delta}\right|_s = u/L$，即横摆角速度增益与车速成线性关系，斜率为 $1/L$。这种稳态称为中性转向，如图 8.20 所示。应指出，此关系式就是汽车以极低车速行驶而无侧偏角时的转向关系，如图 8.21 所示。在无侧偏角时，前轮转角 $\delta \approx L/R$，转向半径 $R \approx L/\delta$，横摆角速度 $\omega_r \approx (u/L)\delta$。因此，横摆角速度增益亦为 $\left.\dfrac{\omega_r}{\delta}\right|_s = u/L$。

2. 不足转向

当 $K > 0$ 时，式（8-9）分母大于 1，横摆角速度增益 $\left.\dfrac{\omega_r}{\delta}\right|_s$ 比中性转向时的要小。$\left.\dfrac{\omega_r}{\delta}\right|_s$ 不再与车速成线性关系，$\left.\dfrac{\omega_r}{\delta}\right|_s - u$ 是一条低于中性转向的汽车稳态横摆增益线，后来又变为向下弯曲的曲线，如图 8.20 所示。具有这样特性的汽车称为不足转向汽车。K 值越大，横摆角速度增益曲线越低，不足转向量越大。

可以证明，当车速为 $u_{ch} = \sqrt{1/K}$ 时，汽车稳态横摆角速度增益达到最大值，如图 8.20 所示，而且其横摆角速度增益为与轴距 L 相等的中性转向汽车横摆角速度增益的一半。u_{ch} 称为特征车速，是表征不足转向量的一个参数。当不足转向量增加时，K 增大，特征车速 u_{ch} 降低。

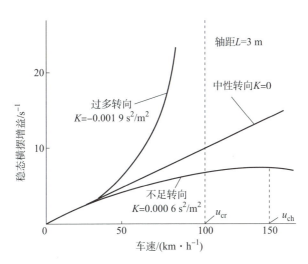

图 8.20　汽车的稳态横摆角速度增益曲线

3. 过多转向

当 $K<0$ 时，式（8-9）中的分母小于1，横摆角速度增益 $\left.\frac{\omega_r}{\delta}\right|_s$ 比中性转向时的大。随着车速的增加，$\left.\frac{\omega_r}{\delta}\right|_s - u$ 曲线向上弯曲（图8.20）。具有这种特性的汽车称为过多转向汽车。取值越小，（即 K 的绝对值越大），过多转向量越大。

显然，当车速为 $u_{cr} = \sqrt{-1/K}$ 时，稳态横摆角速度增益趋于无穷大，如图8.20所示，u_{cr} 称为临界车速，是表征过多转向量的一个参数。临界车速越低，过多转向量越大。

过多转向汽车达到临界车速时将失去稳定性。因为 ω_r/δ 等于无穷大时，只要极其微小的前轮转角便会产生极大的横摆角速度，这意味着汽车的转向半径极小，汽车发生急转而侧滑或翻车。由于过多转向汽车有失去稳定性的危险，故汽车都应具有适度的不足转向特性。

三、几个表征稳态响应的参数

为了试验与分析的方便，国内外研究开发部门根据自己的传统习惯，还采用一些别的参数来描述和评价汽车的稳态响应。

1. 前、后轮侧偏角绝对值之差 $(\alpha_1 - \alpha_2)$

为了测定汽车的稳态响应，常输入一固定转向盘转角，令汽车以不同等速度圆周行驶，测出其前、后轮侧偏角的绝对值 α_1、α_2，并以 $(\alpha_1 - \alpha_2)$ 与侧向加速度 a_y（绝对值）的关系曲线来评价汽车的稳态响应，如图8.21所示。

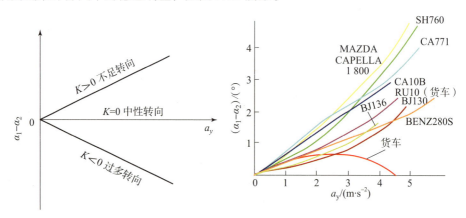

图8.21 表示汽车稳态响应的 $(\alpha_1 - \alpha_2) - a_y$ 曲线

现在讨论 $(\alpha_1 - \alpha_2)$ 值与汽车稳定性因数 K 的关系。由上述可知：

$$K = \frac{m}{L^2}\left(\frac{a}{k_2} - \frac{b}{k_1}\right) \tag{8-10}$$

将式（8-10）右边上下均乘以侧向加速度 a_y，于是有：

$$K = \frac{1}{a_y L}\left(\frac{F_{Y2}}{k_2} - \frac{F_{Y1}}{k_1}\right)$$

由于侧向加速度 a_y 与前、后轮的侧偏角 $\frac{F_{Y1}}{k_1}$、$\frac{F_{Y2}}{k_2}$ 符号相反，因此当前、后轮侧偏角

α_1、α_2 取绝对值时,侧向加速度 a_y 亦取绝对值,上式可被写成:

$$K = \frac{1}{a_y L}(\alpha_1 - \alpha_2) \tag{8-11}$$

由式(8-11)可知,$(\alpha_1 - \alpha_2) > 0$ 时,$K > 0$,此时为不足转向;当 $(\alpha_1 - \alpha_2) = 0$ 时,$K = 0$,此时为中性转向;当 $(\alpha_1 - \alpha_2) < 0$ 时,$K < 0$,此时为过多转向。$(\alpha_1 - \alpha_2)$ 与 a_y 呈线性关系,其斜率为 LK,如图 8.21 所示。

2. 转向半径的比 R/R_0

在前轮转角一定的条件下,若令车速极低、侧向加速度接近于零(轮胎侧偏角可忽略不计)时的转向半径为 R_0,而一定车速下有一定侧向加速度时的转向半径为 R,则这两个转向半径之比 R/R_0 可用来表征汽车的稳态响应。

下面确定 R/R_0 值与稳定性因数 K 的关系。由图 8.22 可知,$R_0 = L/\delta$。

由式(8-9)可求得:

$$R = \frac{u}{\omega_r} = \frac{(1 + Ku^2)L}{\delta} = (1 + Ku^2)R_0$$

或

$$\frac{R}{R_0} = 1 + Ku^2 \tag{8-12}$$

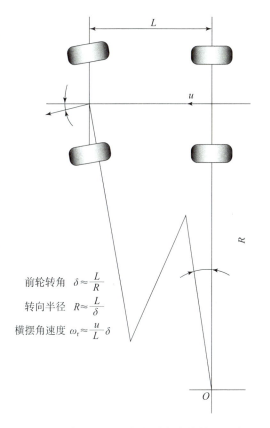

图 8.22 轮胎没有侧偏角时汽车的转向运动

故当 $K = 0$ 时,$R/R_0 = 1$,即中性转向汽车的转向半径不随车速发生变化,始终为 R_0;当 $K > 0$ 时,$R/R_0 > 1$,即不足转向汽车的转向半径总大于 R_0,且由式(8-12)可知,转向半径将随车速增加而增大;当 $K < 0$ 时,$R/R_0 < 1$,即过多转向汽车的转向半径总小于 R_0,且由式(8-12)可知,转向半径将随车速的增加而减小。

3. 静态储备系数 S.M.(Static Margin)

静态储备系数是和处于汽车纵轴上的中性转向点这个概念相联系的。使汽车前、后轮产生同一侧偏角的侧向力作用点称为中性转向点。

可通过力矩平衡找出中性转向点的位置,如图 8.23 所示。当侧向力作用于中性转向点的位置时,前、后轮产生同一侧偏角 α,前、后轴的侧偏力为 $F_{Y1} = k_1\alpha$、$F_{Y2} = k_2\alpha$,因此,中性转向点 c_n 距前轴的距离为:

$$a' = \frac{F_{Y2}L}{F_{Y1} + F_{Y2}} = \frac{k_2}{k_1 + k_2}L$$

静态储备系数 S.M. 就是中性转向点至前轴距离 a' 和汽车质心至前轴距离 a 之差 $(a' - a)$ 与轴距 L 之比值。

即当中性转向点与质心重合时,S.M. = 0,在质心位置上作用的侧向力引起前、后轮

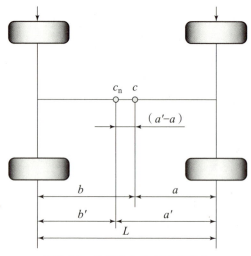

图 8.23　中性转向点位置的确定

的侧偏角相等，汽车具有中性转向特性。

当质心在中性转向点之前时，$a' > a$，S. M. 为正值。在质心位置上作用的侧向力引起的前轮侧偏角 α_1 大于后轮侧偏角 α_2，汽车具有不足转向特性。

当质心在中性转向点之后时，$a' < a$，S. M. 为负值。在质心位置上作用的侧向力引起的后轮侧偏角 α_2 大于前轮侧偏角 α_1，汽车具有过多转向特性。

8.4　汽车的侧翻

汽车侧翻是指汽车在行驶过程中绕其纵轴线转动 90°或更大的角度，以至车身与地面相接触的一种极其危险的侧向运动。有很多因素可能引起汽车的侧翻，包括汽车结构、驾驶员和道路条件等。汽车侧翻大体上可分为两大类：一类是曲线运动引起的侧翻（maneuver induced rollover）；另一类是绊倒侧翻（tripped rollover）。前者指汽车在道路（包括侧向坡道）上行驶时，汽车的侧向加速度超过一定限值，使得汽车内侧车轮的垂直反作用力为零而引起的侧翻；后者是指汽车在行驶时产生侧向滑移，与路面上的障碍物侧向撞击而被"绊倒"。本节只讨论前者。

8.4.1　刚性汽车的准静态侧翻

这里，"刚性汽车"指忽略汽车悬架及轮胎的弹性变形，"准静态"指汽车的稳态转向。在侧翻平面内，刚性汽车的稳态转向模型如图 8.24 所示。假设道路的侧向坡道角 β 很小，即 $\sin\beta \approx \beta, \cos\beta \approx 1$，于是有：

$$ma_y h_g - mg\beta h_g + F_{Zi}B - \frac{1}{2}mgB = 0 \qquad (8-13)$$

$$\frac{a_y}{g} = \frac{\frac{1}{2}B + \beta h_g - \frac{F_{Zi}}{mg}B}{h_g} = \left[\frac{1}{2} - \frac{F_{Zi}}{mg}\right]\frac{B}{h_g} + \beta \qquad (8-14)$$

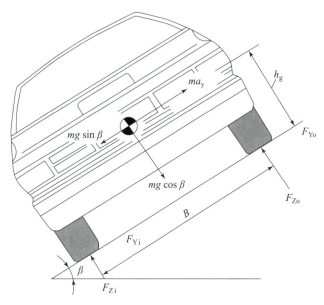

图 8.24　在侧翻平面内刚性汽车的稳态转向模型

汽车在水平路面上直线行驶（$\beta=0$、$a_y=0$）时，内侧车轮的垂直反作用力 $F_{Zi}=mg/2$；当 $a_y \neq 0$ 时，若仍要保持 $F_{Zi}=mg/2$ 不变，则道路的侧向坡道角 $\beta=a_y/g$，高速公路拐弯处的坡道角就是根据此原理设计的。

由式（8-14）可知，随着侧向加速度 a_y 的增大，F_{Zi} 逐渐减小。当 F_{Zi} 减小到零时，汽车在侧翻平面内不能保持平衡，从而开始侧翻。汽车在开始侧翻时所受的侧向加速度（g）称为侧翻阈值（rollover threshold），可由下式给出：

$$\frac{a_y}{g} = \frac{B}{2h_g} + \beta \qquad (8-15)$$

显然，当坡道角 $\beta=0$ 时，侧翻阈值为 $B/2h_g$，此值常用来预估汽车的抗侧翻能力，因为它只需要测量轮距 B 和质心高度 h_g 两个结构参数，应用起来十分方便。但由于忽略了悬架及轮胎的弹性，且这里仅考虑汽车的准静态情况，所以预估值偏高。表 8.2 所示为几种汽车的侧翻阈值。

表 8.2　几种汽车的侧翻阈值

车辆类型	质心高度/cm	轮距/cm	侧翻阈值/g
跑车	46~51	127~154	1.2~1.7
微型轿车	51~58	127~154	1.1~1.5
豪华轿车	51~61	154~165	1.2~1.6

续表

车辆类型	质心高度/cm	轮距/cm	侧翻阈值/g
轻型客货两用车	76～89	165～178	0.9～1.1
客货两用车	76～102	165～178	0.8～1.1
中型货车	114～140	165～190	0.6～0.8
重型货车	154～216	178～183	0.4～0.6

在良好路面上，轮胎的附着系数可达到 0.8，即当侧向加速度 a_y 达到 $0.8g$ 时，汽车开始侧滑。由表 8.2 可知，中、重型货车在尚未达到侧滑时，就已开始侧翻；而对轿车和轻型货车而言，似乎是尚未侧翻就已侧滑，然而事故统计表明，此两类汽车在侧翻时有时并未产生侧滑，这就需要对汽车侧翻问题作进一步探讨。

8.4.2 带悬架汽车的准静态侧翻

图 8.25 所示为在侧翻平面内带悬架的汽车物理模型，车厢用悬挂质量 m_s 表示。车厢的侧翻引起汽车质心位置的偏移，从而改变了汽车自重的抗侧翻能力，使得侧翻阈值减小。若忽略车桥的质量和侧翻，则有：

$$\sum M_0 = m_s a_y h_g [B/2 - \varphi(h_g - h_r)] + F_{Zi} B = 0 \tag{8-16}$$

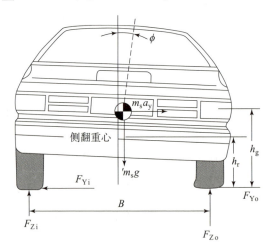

图 8.25 在侧翻平面内带悬架的汽车物理模型

若引入侧翻率 R_Φ（rad/g），则悬挂质量的侧翻角 Φ 可用下式表示：

$$\Phi = R_\Phi \frac{a_y}{g} \tag{8-17}$$

当 $F_{Zi} = 0$ 时，得侧翻阈值为：

$$\frac{a_y}{g} = \frac{B}{2h_g} \frac{1}{[1 + R_\Phi(1 - h_r/h_g)]} \tag{8-18}$$

如某轿车 $h_r/h_g = 0.5$、$R_\Phi = 0.1 \text{rad}/g$，则 $\frac{a_y}{g} = 0.95 \frac{B}{2h_g}$。与刚性汽车相比，侧翻阈

值减少了5%。另外，当汽车受侧向力作用时，外侧轮胎产生弹性变形，从而轮胎接地中心向内偏移，轮距 B 减小，使得侧翻阈值又减小约5%。

8.4.3　汽车的瞬态侧翻

前面讨论了汽车的准静态侧翻，而准静态假设只有当侧向加速度变化较慢时才是合理的。为了解侧向加速度变化较快时汽车的侧翻，必须研究汽车的侧翻响应。

图 8.26 所示为一种最简单的汽车侧翻物理模型。此模型与前面讲述过的带悬架的汽车模型相似，不过这里车厢用悬挂质量 m_s 和侧翻转动惯量 I_s 来表示。

该模型对阶跃输入的响应类似于有阻尼单自由度系统对阶跃输入的响应，如图

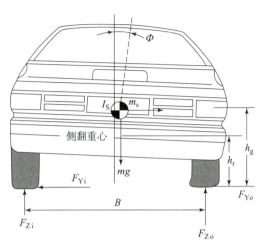

图 8.26　汽车侧翻物理模型

8.27 所示。汽车的侧翻角在初次达到稳态值之后有一个超调量，说明汽车在有比准静态下更小的侧向加速度时，内侧车轮就可能离开地面，即汽车的瞬态侧翻阈值比准静态时的小。对于轿车和多用途车辆，阶跃转向时的侧翻阈值比 $B/(2h_g)$ 低约 30%，而货车则低约 50%。

超调量的大小取决于侧翻阻尼。图 8.28 所示为计算得到的侧翻阈值随临界阻尼比的变化曲线。无阻尼时，侧翻阈值最小；随着阻尼比的增加，侧翻阈值也增大，但增大的速率逐渐减小。在侧向加速度正弦输入条件下，汽车侧翻响应取决于输入频率。图 8.29 所示为侧翻响应与侧翻共振频率的关系。频率为零时，侧翻阈值接近带悬架汽车准静态时之值；随着频率的增加，侧翻阈值减小，直至侧翻共振频率时达到最小，然后又迅速增大。

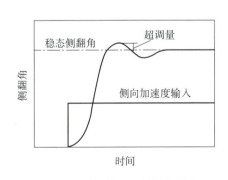

图 8.27　阶跃输入下的侧翻响应

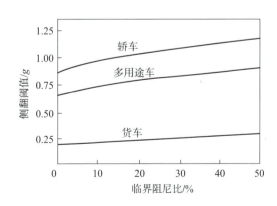

图 8.28　阻尼比对阶跃输入下侧翻阈值的影响

对于重型货车，侧翻共振频率低于 1 Hz。经验表明，在高速公路上正常行驶时，驾驶员通常在 2 s 内操纵汽车侧向移动 240～300 cm，以更改车道，避开车辆或其他障碍。在此过程中，侧翻共振频率约为 0.5 Hz，很容易造成重型货车的侧翻。对于多用途车和轿车，

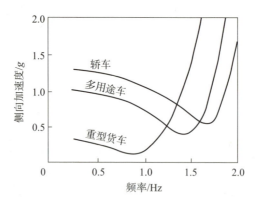

图 8.29　侧翻响应与侧翻共振频率的关系

其侧翻共振频率为 1.5 Hz 甚至更高。在此频率下操纵汽车转向时，汽车的侧向偏移通常很小（小于 30 cm），因此就此两类车辆而言，侧翻共振引起侧翻的可能性不大。

8.5　汽车操纵稳定性的路上试验

汽车操纵稳定性试验主要在汽车试验的专用场地上进行。在试验前要注意检查轴荷分配、轮胎充气压力与胎面等是否符合要求。

汽车操纵稳定性路上试验所需测定的仪器和参数有：用非接触式车速仪或第五车轮和时间信号发生器测定车速和时间，用测力转向盘测量转向盘作用转矩及转角，用加速度计测量侧向加速度（或测出汽车横摆角速度 ω_r 和转向半径 R 后，由 $R\omega_r^2$ 求得），用二自由度角速度陀螺或 GPS 惯性测量系统来测量汽车横摆的速度，用三自由度的航向陀螺和垂直陀螺或 GPS 惯性测量系统来测量汽车的航向角和车厢侧翻角。

8.5.1　低速行驶转向轻便性试验

试验时汽车按照画在场地上的双纽线，以 10 km/h 的车速行驶，如图 8.30 所示。双纽线轨迹的极坐标方程为：

$$L = d\sqrt{\cos 2\Psi}$$

在 $\Psi = 0$ 时，双纽线顶点处的曲率半径最小，其数值为 $R_{min} = d/3$。双纽线的最小曲率半径应为试验汽车的最小转弯半径的 1.1 倍，并圆整到比此乘积大的一个整数来确定。

在试验中记录转向盘转矩及转向盘转角，并按双纽线路径每一周整理出图 8.31 所示的转向盘转矩 - 转向盘转角曲线。通常以转向盘最大转矩、转向盘最大作用力及转向盘作用功等来评价转向轻便性。

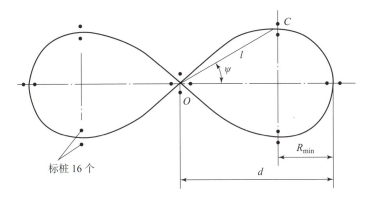

图 8.30　测定转向轻便性的双纽线

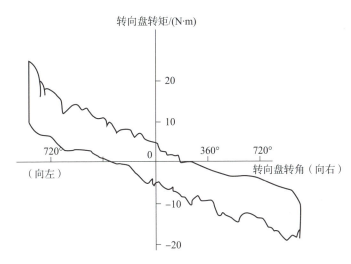

图 8.31　转向盘转矩 – 转向盘转角曲线

8.5.2　稳态转向特性试验

稳态转向特性试验的目的是测定汽车对转向盘转角输入达到稳定行驶状态时汽车的稳态横摆响应。我国主要采用定转向盘转角试验法。

试验在水平场地上进行，场地上画有 15 m 或 20 m 的圆周。汽车以最低稳定车速沿所画圆周行驶，此时转向盘的转角为 δ_{sw0}，测定车速 u_0 及横摆角速度 ω_{r0}。由于车速很低，离心力很小，因此轮胎侧偏角可忽略不计。利用 u_0 及 ω_{r0} 算出不计轮胎侧偏时的转向半径为：

$$R_0 = \frac{u_0}{\omega_{r0}}$$

在保持转向盘转角 δ_{sw0} 不变的条件下，令汽车缓慢连续而均匀地加速（纵向加速度不超过 0.25 m/s²），直至汽车的侧向加速度达到 6.5 m/s²。连续测量车速 u 与横摆角速度 ω_r 值，根据瞬时的 u 与 ω_r 值，按公式 $R = u/\omega_r$，$a_y = u\omega_r$ 求出相应的 R 与 a_y 值，这样就获得了不同侧向加速度下有侧偏角时的转向半径，从而求得 $R/R_0 - a_y$ 曲线。图 8.32 所示为这种试验中汽车行驶的轨迹。对于不足转向的汽车，随车速的增加，转向半径越来越大；反之，过多转向汽车的转向半径越来越小。试验进行到侧向加速度大时要注意安全。

还可以根据求得的转向半径值换算出前、后轮侧偏角之差：

$$\alpha_1 - \alpha_2 = 57.3L\left[\frac{1}{R_0} - \frac{1}{R}\right]$$

式中　α_1、α_2——前、后轴侧偏角（°）；
　　　L——轴距（m）；
　　　R——转向半径（m）；
　　　R_0——起始转向半径（m）。

由此可作出 $(\alpha_1 - \alpha_2) - a_y$ 曲线。

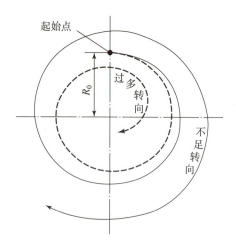

图 8.32　定转向盘连续加速行驶试验中汽车行驶的轨迹

8.5.3　阶跃试验

目前常用阶跃试验来测定汽车对转向盘转角输入时的瞬态响应。试验在平坦的场地上进行，汽车先以直线行驶，达到试验车速后，突然以不小于 200（°）/s 或不小于 500（°）/s（美国 ESV 的规定）的角速度转动转向盘。转向盘转角位移因车速不同而异，但要求达到一定的稳态圆周行驶时的侧向加速度，如 1~3 m/s²、间隔为 0.5 m/s² 或 0.4g（美国 ESV 的规定），转向盘转至应有转角后保持不变，油门亦不变，汽车从直线进入圆周行驶。试验要求在最高车速的 70% 车速下或在 40 km/h 及 110 km/h 两种车速下（美国 ESV 的规定）进行。记录汽车车速 u、时间 t、转向盘转角 δ_{sw}、横摆角速度 ω_r 和侧向加速度 a_y 等数据。根据所记录的数据，整理成横摆角速度增益 ω_r/δ 与稳态横摆角速度增益 ω_{r0}/δ 之比随时间变化的曲线。从曲线上可找出反应时间、超调量和稳定时间等参数。

阶跃试验要求有很大的场地，在试验中要特别注意安全。

8.5.4　汽车回正能力试验

汽车回正能力试验在平坦的场地上进行。令汽车沿半径为 15 m 的圆周行驶，调整车速使侧向加速度达 4 m/s²，然后突然松开转向盘，在回正力矩作用下，前轮将要恢复到直线行驶。记录这个过程的时间 t、车速 u、转向盘转角 δ_{sw} 和横摆角速度 ω_r，并整理出 $\omega_r - t$ 曲线。

对于最高车速超过 100 km/h 的汽车，还要进行高速回正性能试验，试验车速为最高车速的 70%。令汽车以试验车速直线行驶，随后驾驶员转动转向盘使侧向加速度达到 2 m/s²，然后突然松开转向盘做回正试验。

回正试验是表征和测定汽车自曲线恢复到直线行驶的过渡过程，是测定自由操纵力输入的基本性能试验。回正能力是汽车操纵稳定性的一个重要方面，对于一辆没有回正能力的汽车，或基本上回不到正中（即有较大一点的残余横摆角速度），或在回正过程中行驶方向往复摆动的汽车，驾驶员和乘员都是不满意的。

8.5.5 转向盘角脉冲试验

通常以汽车横摆角速度频率特性来表征汽车的动态特性。因此，频率特性的测量成为一个重要的试验。这个试验要确定给转向盘正弦角位移输入时输出（汽车横摆角速度）与输入的振幅比与相位差。通过直接给转向盘正弦角位移输入来测量汽车的频率特性是很困难的，因为一方面我们难以做到给以准确的正弦输入，而且要在几个固定车速下给转向盘以不同频率的正弦输入也是很费时间的。所以，经常是用转向盘角位移脉冲试验来确定汽车的频率特性。在进行这种试验时，给等速行驶的汽车一转向盘角位移脉冲输入，记录下输入的角脉冲与输出的汽车横摆角速度，如图 8.33 所示。通过求得输入、输出的傅里叶变换，便可确定频率特性。

转向盘角脉冲试验在平坦的场地上进行。试验车速为最高车速的 70%。汽车以试验车速行驶，然后给转向盘一个角脉冲转角输入，如图 8.34 所示。转向盘转角输入脉宽为 0.3~0.5 s，其最大转角应使汽车最大侧向加速度为 4 m/s²。当输入转向盘角脉冲时，汽车行驶方向发生摆动，经过不长时间恢复到直线行驶。记录试验过程的时间 t、转向盘转角 δ_{sw}、车速 u、横摆角速度 ω_r 和侧向加速度 a_y。我们对试验结果进行处理，便得到汽车的频率特性。

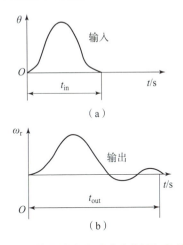

图 8.33 转向盘角脉冲试验的输入与输出
（a）转向盘角位移脉冲；（b）汽车横摆角速度

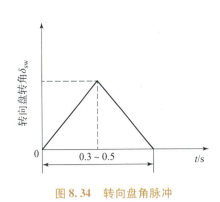

图 8.34 转向盘角脉冲

汽车操纵稳定性的影响因素

有很多因素影响汽车操纵稳定性，其中主要因素是在行驶系统、转向系统及传

拓展知识

动系统等方面。

一、行驶系统的影响

行驶系统中影响操纵稳定性的主要因素有：前轮定位参数、后悬架结构参数及横向稳定杆、轮胎、前轴或车架变形、悬架等。

1. 前轮定位参数的影响

前轮定位参数包括：前轮外倾角、主销内倾角、主销后倾角和前悬架导向机构。

（1）前轮外倾角是指通过前轮中心的汽车横向平面与前轮平面的交线与地面垂直线所成的夹角，前轮外倾角一般在1°左右。它的作用主要是当汽车行驶时，将轮毂压向内轴承，而减轻外端较小的轴承载荷，同时，可以防止因前轴变形和主销孔与主销间隙过大引起前轮内倾，缩短轮胎着地与主销轴线和地面交点间的距离，从而使汽车转向轻便。

（2）主销内倾角是指主销轴线与地面垂线在汽车横向平面内的夹角。主销内倾角对操纵稳定性的影响主要是回正力矩，它是在前轮转动时将车身抬高，由于系统位能的提高而产生的前轮回正力矩，它与侧向力无关。因此可以说，主销内倾角主要在低速时起回正作用，"后倾拖距"主要在高速时起回正作用。

（3）主销后倾角是指主销轴线与地面垂线在汽车纵向平面内的夹角。主销后倾角对汽车操纵稳定性的影响主要通过"后倾拖距"使地面侧向力对轮胎产生一个回正力矩，该力矩产生一个与轮胎侧偏角相似的附加转向角，它与侧向力成正比，使汽车趋于增加不足转向，有利于改善汽车的稳态转向特性。若主销后倾角减小，使得回正力矩变小，则当地面对转向轮的干扰力矩大于转向轮的回正力矩时，就会产生摆振。

（4）前悬架导向机构的几何参数决定前轮定位参数的变化趋势和变化率。在车轮跳动时，外倾角的变化包括由车身侧倾产生的车轮外倾变化和车轮相对车身的跳动而引起的外倾变化两部分。在双横臂独立悬架中，前一种变化使车轮向车身侧倾的方向倾斜，即外倾角增大，结果使轮胎侧偏刚度变小，使整车不足转向效果加大；后一种变化取决于悬架上、下臂运动的几何关系，在双横臂结构中，往往是外倾角随弹簧压缩行程的增大而减小，这种变化与车身侧倾引起的外倾角变化相反，会产生过度转向趋势。

2. 后悬架结构参数的影响

后悬架结构参数对汽车操纵稳定性的影响近似于前悬架的"干涉转向"。它是在汽车转向时，由车身侧倾导致独立悬架的左、右车轮相对车身的距离发生变化，外侧车轮上跳，与车身的距离缩短；内侧车轮下拉，与车身的距离加大。悬架的结构参数不同，当车轮上下跳动时，车轮前束角的变化规律也必然会不同。前轮前束是指汽车转向的前端向内收，使两前轮的前端距离小于后端距离。两车轮前后的距离之差称为前束值，一般不大于8～12 mm。其作用是消除由于前轮外倾，车轮在滚动

拓展知识

时向外分开，引起在车轮滚动时边滚边拖的现象，引导前轮沿直线行驶。

3. 横向稳定杆的影响

横向稳定杆常用来提高悬架的侧倾角刚度，或是调整前、后悬架侧倾角刚度的比值。在汽车转弯时，它可以防止车身产生很大的横向侧倾和横向角振动，以保证汽车具有良好的行驶稳定性。在提高横向稳定杆的刚度后，前悬架的侧倾角刚度增加，转向时左右轮荷变化加大，前轴的每个车轮的平均侧偏刚度减小，汽车不足转向量有所增加。前悬架中采用较硬的横向稳定杆有助于提高汽车的不足转向性，并能改善汽车的蛇行行驶性能。

4. 轮胎的影响

轮胎是影响汽车操纵稳定性的一个重要因素，增大轮胎的载荷能力，特别是后轮胎的载荷能力，例如加大轮胎尺寸或提高层级、后轮由单胎改为双胎，都会改善汽车的稳态转向特性。改变后轮胎的外倾角，也可以改善汽车的操纵稳定性，这是因为后轮胎的负外倾角可以增加后轮胎的侧偏刚度，从而减小过多转向趋势。

5. 前轴或车架变形的影响

由于车架是汽车的基础，它的变形会直接影响各部件的连接及配合，从而直接影响操纵稳定性。汽车前轴变形，会改变主销孔的轴线位置，使主销内倾角变大，外倾角变小；反之，内倾角变小，外倾角变大，从而在行驶时会产生转向沉重、磨胎和无自动回正的结果。

6. 悬架的影响

当车辆受到侧向作用力时，汽车前、后轴垂直载荷变动量的大小是影响操纵稳定性的主要原因。如果汽车前轴左、右车轮的垂直载荷变动量较大，汽车趋于增加不足转向量；如果后轴的左、右车轮的垂直载荷变动量较大，汽车趋于减少不足转向量。影响汽车前轴和后轴左、右车轮的垂直载荷变动量的主要因素有：前、后悬架的侧偏刚度，悬挂质量，质心位置，前、后悬挂侧翻中心位置等。这些也是悬架系统影响操纵稳定性的参数。

二、转向系统的影响

当车厢侧倾时，转向系统与转向系统的运动学关系如果不协调，将会引起转向车轮侧倾，干涉转向。在汽车直线行驶中，车厢与车桥发生相对运动会引起前轮转动而损害汽车的操纵稳定性。汽车的转向系统刚度会引起转向车轮的变形转向，转向系统刚度低，转向车轮的变形转向角大，从而增加了汽车的不足转向趋势；转向系统刚度高，转向车轮的变形转向角小，则减小了汽车的不足转向趋势。

三、传动系统的影响

纵向驱动力会增加前驱动汽车的不足转向趋势。当然，用发动机进行制动将使汽车有增加过多转向的趋势。所以，在大功率的前驱动汽车的加速过程中，若将加速踏板踩到底后突然松开，则汽车的转向特性会发生明显的变化，甚至成为过多转

拓展知识

向。因此，汽车会发生出乎意料的突然驶向弯道内侧的"卷入"现象。可以通过采用自动变速器、有限差速作用差速器（LSD）和使驱动轮在制动时能产生不足变形转向的悬架来减少、消除卷入现象。

后轮驱动汽车在进行发动机制动时，由于制动力的作用增大了后轴侧偏角，产生了过多转向的趋势，加上其他因素的综合影响，因此也常有"卷入"现象。

模块小结

汽车在其行驶过程中会碰到各种复杂的情况，有时沿直线行驶，有时沿曲线行驶。在出现意外情况时，驾驶员还要做出紧急的转向操作，以求避免事故。此外，汽车还要经受来自地面不平、坡道、大风等各种外部因素的干扰。一辆操纵性能良好的汽车必须具备以下能力。

1. 根据道路、地形和交通情况的限制，汽车能够正确地遵循驾驶员通过操纵机构所给定的方向行驶的能力——汽车的操纵性。

2. 汽车在行驶过程中具有抵抗力图改变其行驶方向的各种干扰，并保持稳定行驶的能力——汽车的稳定性。

操纵性和稳定性有紧密的关系：操纵性差导致汽车侧滑、倾覆，汽车的稳定性就被破坏了。如汽车稳定性差，则会失去操纵性，因此，通常将两者统称为汽车的操纵稳定性。

汽车的操纵稳定性是汽车的主要使用性能之一，随着汽车平均速度的提高，操纵稳定性显得越来越重要。它不仅影响着汽车的行驶安全，而且与运输生产率与驾驶员的疲劳强度有关。

思考与练习

1. 何谓汽车的操纵稳定性？
2. 何谓汽车的侧偏特性？侧偏特性对汽车行驶有何影响？
3. 轮胎的结构对侧偏特性有何影响？
4. 何谓中性转向、不足转向、过多转向？哪种转向有益于汽车的操纵稳定性？为什么？
5. 汽车不发生纵向倾覆的条件是什么？

模块 9

汽车的平顺性

🚗 学习目标

1. 掌握平顺性的评价指标；
2. 了解平顺性的影响因素。

📝 学习重点

1. 平顺性的评价指标；
2. 平顺性的影响因素。

🚗 学习难点

汽车振动系统的简化。

📝 模块概述

随着汽车的广泛普及，汽车作为最常用的乘载工具，其"活动房间"的功能在日益扩大，因此，汽车的舒适性越来越受到重视。

当汽车在不平的道路上行驶时，如果振动传至车内，那么将导致驾驶员和乘员产生不同程度的疲劳和不舒适感。振动会影响人的舒适性、工作效能、身体健康，影响货物的完整性以及零部件的性能和寿命。

平顺性研究的目的是有效控制汽车振动系统的动态特性。本章将着重介绍汽车平顺性的评价指标和评价方法。

9.1 汽车的行驶平顺性

汽车的行驶平顺性是指汽车在一般行驶速度范围内行驶时，避免因汽车在行驶过程中所产生的振动和冲击，使人感到疲劳，甚至损害人体健康，或者使货物损坏的性能。由于行驶平顺性主要是根据乘员的舒适程度来评价，所以又称为乘坐舒适性。

汽车是一个复杂的多质量振动系统，其车身通过悬架的弹性元件与车桥连接，而车桥又通过弹性轮胎与道路接触，其他如发动机、驾驶舱等，也是以橡皮垫固定于车架上。由于道路不平而引起的冲击和加速、减速时的惯性力，以及发动机与传动轴振动等产生的激振力作用于车辆系统，系统发生复杂的振动，这对乘员的生理反应和所运货物的完整性均会产生不利的影响。在坏路上，汽车的允许行驶速度受动力性的影响不大，主要取决于行驶平顺性。而首先，因坏路被迫降低行车速度，因而使汽车的平均技术速度降低、运输生产率下降。其次，振动产生的动载荷加速了零件的磨损，乃至引起损坏，降低了汽车的使用寿命。此外，振动还引起能量的消耗，使燃料经济性变差。因此，减少汽车本身的振动，不仅关系到乘坐的舒适和所运货物的完整，而且关系到汽车的运输生产率、燃料经济性、使用寿命和工作可靠性等方面。

汽车行驶平顺性的评价方法通常是根据人体对振动的生理反应及保持货物完整的要求制定的。常用车身振动的固有频率和振动加速度评价汽车的行驶平顺性。

机械振动对人体的影响取决于振动的频率、强度、作用方向和持续时间，而且每个人的心理与身体素质不同，对振动的敏感程度有很大差异。尽管20世纪30年代以来在这一方面进行了许多试验研究工作，但我们难以得到公认的评价方法和指标。直到1974年，国际标准化组织（ISO）在综合大量有关人体全身振动研究成果的基础上，制定了国际标准 ISO 2631：《人体承受全身振动评价指南》，后来对它进行过修订、补充。从1985年开始进行全面修订，于1997年公布了 ISO 2631—1：1997（E）《人体承受全身振动评价——第一部分：一般要求》，此标准对于评价长时间作用的随机振动和多输入点多轴向振动环境对人体的影响能与主观感觉更好地符合。许多国家都参照它进行汽车平顺性的评价，我国对相应标准进行了修订，公布了 GB/T 4970—1996《汽车平顺性随机输入行驶试验方法》。

试验表明，为了保证汽车具有良好的行驶平顺性，车身振动的固有频率应为步行时人体上、下运动的频率，为 $60\sim85$ 次/分，振动加速度的极限值为 $0.2\sim0.3g$。为了保证运输货物的完整，车身振动加速度也不宜过大。如果车身振动加速度达到 $1g$，则未经固定的货物也有可能离开车厢底板，所以，车身振动加速度的极限值应低于 $0.6\sim0.7g$。

9.2 汽车振动系统的简化

汽车是一个复杂的多质量振动系统，为了便于分析，我们需要对其进行简化。在研究振动时，常将汽车用当量系统代替，即把汽车视为由彼此相联系的悬架质量与非悬架质量所组成。

9.2.1 四轮汽车的简化振动系统

图 9.1 所示为一个把汽车车身质量看作刚体的立体模型。汽车的悬挂（车身）质量为 m_2，它由车身、车架及其上的总成构成。该质量绕通过质心的横轴 y 的转动惯量为 I_y，悬挂质量通过减振器和悬架弹簧与车轴、车轮相连接。车轮、车轴构成的非悬挂（车轮）质量为 m_1。车轮再经过具有一定弹性和阻尼的轮胎支撑在不平的路面上。车身质量在讨论平顺性时主要考虑垂直、俯仰、侧倾 3 个自由度，4 个车轮质量有 4 个自由度，这一立体模型共 7 个自由度。

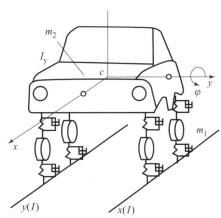

图 9.1　四轮汽车简化的立体模型

当汽车对称于其纵轴线，且左、右车辙的不平度函数 $x(I) = y(I)$ 时，汽车车身只有垂直振动 z 和俯仰振动 φ，这两个自由度的振动对平顺性影响最大。图 9.1 所示为汽车简化成 4 个自由度的平面模型。在这个模型中，又因轮胎阻尼较小而予以忽略，同时把质量为 m_2，转动惯量为 I_y 的车身按动力学等效的条件分解为前轴上、后轴上及质心 c 上的三个集中质量 m_{2f}、m_{2r}、m_{2c}。这三个质量由无质量的刚性杆连接，它们的大小由下述三个条件决定。

（1）总质量保持不变，即：

$$m_{2f} + m_{2r} + m_{2c} = m_2 \qquad (9-1)$$

（2）质心位置不变，即：

$$m_{2f}a - m_{2r}b = 0 \qquad (9-2)$$

（3）转动惯量 I_y 的值保持不变，即：

$$I_y = m_2 \rho_y^2 = m_{2f}a^2 + m_{2r}b^2 \qquad (9-3)$$

式中　ρ_y——绕横轴 y 的回转半径；

a、b——车身质量部分的质心至前、后轴的距离。

由上述三式得出三个集中质量的值为：

$$m_{2f} = m_2 \frac{\rho_y^2}{aL} \qquad (9-4)$$

$$m_{2r} = m_2 \frac{\rho_y^2}{bL} \quad (9-5)$$

$$m_{2c} = m_2 \left(1 - \frac{\rho_y^2}{ab}\right) \quad (9-6)$$

式中 L——轴距。

通常令 $\varepsilon = \frac{\rho_y^2}{ab}$，称其为悬挂质量分配系数。由式（9-6）可知，当 $\varepsilon = 1$ 时，联系质量 $m_{2c} = 0$。据统计，大部分汽车 $\varepsilon = 0.8 \sim 1.2$，即接近 1。而通过分析可知，在 $\varepsilon = 1$ 的情况下，前、后轴上方车身部分集中质量 m_{2f}、m_{2r} 的垂直方向运动是相互独立的。这样在 $\varepsilon = 1$ 的情况下，当前轮遇到由路面不平度而引起的振动时，质量 m_{2f} 运动而质量 m_{2r} 不运动，反之亦然。因此在这种特殊情况下，可以分别讨论图 9.2 上 m_{2f} 和前轮轴以及 m_{2r} 和后轮轴所构成的两个双质量系统的振动。

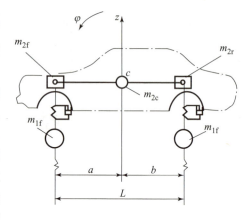

图 9.2 双轴汽车简化的平面模型

在远离车轮部分固有频率 f_t（10～16 Hz）的较低激振频率范围内（如 5 Hz 以下），轮胎动变形很小，忽略其弹性与车轮质量，得到分析车身垂直振动最简单的单质量系统。

9.2.2 单质量系统的自由振动

图 9.3 所示为分析车身振动的单质量系统模型，它由车身质量 m_2 和弹簧刚度 K、减振器阻尼系数为 C 的悬架组成。q 是输入的路面不平度函数。

车身垂直位移坐标 z 的原点取在静力平衡位置，根据牛顿第二定律，得到描述系统运动的微分方程为：

$$m_2 \ddot{z} + C(\dot{z} - \dot{q}) + K(z - q) = 0 \quad (9-7)$$

此方程的解由自由振动齐次方程的解与非齐次方程特解之和组成。

令 $2n = \frac{C}{m_2}$，$\omega_0^2 = \frac{K}{m_2}$，则齐次方程为：

$$\ddot{z} + 2n\dot{z} + \omega_0^2 z = 0$$

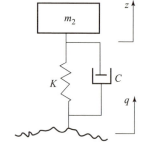

图 9.3 车身振动的单质量系统模型

ω_0 称为系统固有圆频率，而阻尼对运动的影响取决于 n 和 ω_0 的比值 ζ，ζ 称为阻尼比，即

$$\zeta = \frac{n}{\omega_0} = \frac{C}{2\sqrt{m_2 K}} \quad (9-8)$$

汽车悬架系统阻尼比 ζ 的数值通常在 0.25 左右，属于小阻尼，此时微分方程的解为：

$$z = Ae^{-nt}\sin(\sqrt{\omega_0^2 - n^2}\, t + a) \quad (9-9)$$

这个解说明，有阻尼自由振动时，质量 m_2 以有阻尼固有频率 $\omega_r = \sqrt{\omega_0^2 - n^2}$ 振动，其振幅

按 e^{-nt} 衰减，如图 9.4 所示。

阻尼比 ζ 对衰减振动有以下两方面的影响。

（1）与有阻尼固有频率 ω_r 有关。

$$\omega_r = \sqrt{\omega_0^2 - n^2} = \omega_0 \sqrt{1 - \xi^2} \tag{9-10}$$

由式（9-10）可知，ζ 增大，ω_r 下降，当 $\zeta = 1$ 时，$\omega_r = 0$，此时运动失去振荡特征。汽车悬挂系统阻尼比 ζ 大约为 0.25，ω_r 比 ω_0 只下降了 3% 左右，在工程上可以近似认为 $\omega_r \approx \omega_0$，车身部分振动的固有圆频率 ω_0（rad/s）、固有频率 f_0（s^{-1} 或 Hz）为：

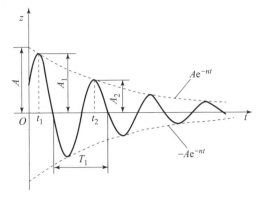

图 9.4 衰减振动曲线

$$\omega_0 = \sqrt{\frac{K}{m_2}} \tag{9-11}$$

$$f_0 = \frac{\omega_0}{2\pi} = \frac{1}{2\pi}\sqrt{\frac{K}{m_2}}$$

（2）决定振幅的衰减程度。

图 9.4 上两个相邻的振幅 A_1 与 A_2 之比称为减幅系数，用 d 表示为

$$d = \frac{A_1}{A_2} = \frac{Ae^{-nt_1}}{Ae^{-n(t_1+T_1)}} = e^{nT_1} = e^{\frac{2\pi\zeta}{\sqrt{1-\zeta^2}}} \tag{9-12}$$

对式（9-12）取自然对数：

$$\ln d = \frac{2\pi\zeta}{\sqrt{1-\zeta^2}} \tag{9-13}$$

可以由实测的衰减振动曲线得到减幅系数 d，由下式求出阻尼比 ζ：

$$\zeta = \frac{1}{\sqrt{1 + 4\pi^2/\ln^2 d}} \tag{9-14}$$

9.3 汽车平顺性的主要影响因素

我们对汽车这一复杂的振动系统进行了简化，将汽车视为由彼此相联系的悬挂质量与非悬挂质量所组成。汽车的悬挂质量由车身、车架及其上的总成所构成。该质量由减振器和悬架弹簧与车轴、车轮相连；车轮、车轴构成非悬挂质量，车轮再经过具有一定弹性和阻尼的轮胎支撑在路面上。

悬架结构、轮胎、悬挂质量和非悬挂质量是影响汽车平顺性的重要因素。

9.3.1　悬架结构

悬架结构主要指弹性元件、导向装置与减振装置，其中弹性元件与悬架系统的阻尼对平顺性影响较大。

一、弹性元件

将汽车车身看成一个在弹性悬架上做单自由度振动的质量时，减少悬架刚度可降低车身的固有频率，提高汽车行驶的平顺性。但是，如果增加高频的非悬挂质量的振动位移，大幅度的车轮振动有时会使车轮离开地面，在紧急制动时，则会产生严重的汽车"点头"现象。为解决这一问题，可采取一些相应措施，如采用具有非线性特性的变刚度悬架，即悬架的刚度随载荷而变，这样可以使得在载荷变化时，保持车身振动的固有频率不变，从而获得良好的平顺性。悬挂的非线性弹性特性，可通过下述方法来实现：在线性悬架中，加入辅助弹簧、复合弹簧，采用适当的导向机构以及车架的支撑方式等；选用具有非线性特性的弹性元件，如空气弹簧、油气弹簧、橡胶弹簧和硅油弹簧等。

二、悬架系统的阻尼

为了衰减车身自由振动和抑制车身、车轮的共振，以减小车身的垂直振动加速度和车轮的振幅，悬架系统中应具有适当的阻尼。

在悬架系统中，引起振动衰减的阻尼来源很多，如在轮胎变形时橡胶分子间产生摩擦，系统中的减振器、钢板弹簧叶片间的摩擦等。

减振器的阻尼效果好可提高汽车行驶的平顺性，改善车轮与道路的接触条件，防止车轮离开路面，因而可改善汽车的稳定性，提高汽车的行驶安全性。改进减振器的性能对提高汽车在不平道路上的行驶速度有很大的作用。

9.3.2　轮胎

由于轮胎本身的弹性在很大程度上吸收了因路面不平所产生的振动，因此它和悬架系统共同保证了汽车行驶的平顺性。

轮胎性能的好坏是用轮胎在标准气压和载荷下压缩系数的大小（轮胎被压下的高度与充气断面高度的百分比）来表示的。在最大允许负荷作用下，普通轮胎的压缩系数为10%~12%，为了乘坐舒适，客车轮胎的压缩系数稍大些，为12%~14%。

近年来，随着车速的提高，我们希望轮胎的缓冲性能越来越好。目前，提高轮胎缓冲性能的方法如下：

（1）增大轮胎断面、轮辋宽度和空气容量，并相应降低轮胎气压。

（2）改变轮胎结构型式，如采用子午线轮胎。它因轮胎径向弹性大可以缓和不平路面的冲击，并吸收大部分冲击能量，使汽车行驶的平顺性得到改善。

（3）提高帘线和橡胶的弹性，要用较柔软的胎冠。

车轮旋转质量的不平衡对汽车行驶的平顺性和稳定性都有影响。为了避免因转向轮不平衡而引起的振动,必须对每个车轮有静平衡和动平衡的要求。越是车速高的轿车,对平衡的要求就越高。

9.3.3 悬挂质量

如上所述,悬挂质量分配系数为 $\varepsilon = \dfrac{\rho_y^2}{ab}$,$\varepsilon$ 是评价汽车行驶的平顺性极其重要的参数。它取决于悬挂质量的分布情况。悬挂质量的布置应使 $\varepsilon \approx 1$。当 $\varepsilon \approx 1$ 时,前、后悬挂质量的振动彼此互不影响。

9.3.4 非悬挂质量

减少非悬挂质量可以减少传给车身的冲击力。非悬挂质量的振动对悬挂质量振动加速度有较显著的影响,会使其数据值加大。因此,为了提高汽车行驶的平顺性,采用非悬挂质量较小的独立悬挂更为有利。

非悬挂质量对行驶平顺性的影响常用非悬挂质量与悬挂质量之比 $\dfrac{m}{M}$ 进行评价。比质量越小,行驶平顺性越好。

总之,影响行驶平顺性的结构参数有很多,并且彼此间的关系较为复杂,所以必须对这些参数进行综合分析,才能正确地选择参数,提高汽车行驶的平顺性。

9.4 汽车平顺性试验

9.4.1 试验目的和任务

(1)学习与该试验有关的数字信号采集和处理的知识。

(2)对汽车相应部位振动信号进行采集,并对信号进行处理,作出对被试验汽车平顺性的评价。

(3)根据主观感觉的舒适性来评价被检车辆的平顺性,同时,通过试验发现其在平顺性方面存在的问题,探索产生问题的原因,为汽车平顺性设计提供改进措施。

9.4.2 试验内容和条件

一、试验内容

(1)随机输入行驶试验。测定汽车在随机不平路面上行驶时的振动对乘员及货物的影响，评价试验汽车行驶的平顺性。试验时，汽车在稳速段内以规定的车速稳定行驶，然后以该稳定车速匀速地驶过试验路段，记录各测量点的加速度时间历程（样本记录长度不小于 3min）和平均行驶车速。

（2）脉冲输入行驶试验。测定汽车行驶过单凸块时对乘员及货物的冲击响应，评价试验汽车行驶的平顺性。试验车速分别为 10 km/h、20 km/h、30 km/h、40 km/h、50 km/h、60 km/h，每种车速的试验次数不少于 8 次。当汽车行驶到距凸块 50 m 远时车速应稳定在试验车速上，而后以稳定的车速驶过凸块，同时用磁带记录仪记录汽车振动的全过程，待汽车驶过凸块并冲击响应消失后，停止记录。测试系统应适宜于冲击测量，其性能应稳定、可靠，频响为 0.1～100 Hz，其中加速度传感器的量程不得小于 10 g。

二、试验条件

（1）根据试验内容和国标 GB/T 4970—2009 的要求，本次试验在沥青路面上进行，路面平直、干燥，纵坡不大于 1%，长度不小于 3 km，两端有 30～50 m 稳速段，风速不大于 5 m/s。

（2）汽车各总成、部件、附件及附属装置（包括随车工具与备胎）必须按规定装备齐全并在规定的位置上，调整状况应符合该车技术条件的规定，轮胎气压符合汽车技术条件的规定，误差不超过 ±10 kPa。

（3）测试部位的乘员应全身放松，两手自由地放在大腿上，其中驾驶员的两手自然地置于转向盘上，在试验过程中应保持乘坐姿势不变。一般乘员不靠在靠背上。

9.4.3 试验仪器和试验装置

1. 试验车辆

某型号轿车。

（1）整车质量　1 930　kg。

（2）相应轴载质量：前轴　1 062　kg、后轴　868　kg。

（3）悬架型式。

前轴：麦弗逊式独立悬架；后轴：扭力梁式拖曳臂悬架。

（4）轮胎型式和轮胎气压。

前轮：255/45 R19 104Y x1，2.1 bar[①]；后轮：255/45 R19 104Y x1，2.1 bar。

（5）轴距：3 122 mm。

（6）座椅型式：双排座椅。

2. 人体参数

人体质量 65 kg、身高 175 cm。

乘坐姿势的规定：测试部位的乘员应全身放松，两手自由地放在大腿上，其中驾驶员的两手自然地置于转向盘上，在试验过程中应保持乘坐姿势不变。一般乘员不靠在靠背上。

3. 试验仪器

仪器系统包括加速度传感器、放大器、磁带记录仪或数据处理器、计算机、人体振动

---

① 1 bar = 100 kPa。

测试仪。其中，磁带记录仪的信噪比应优于 40 dB。测试系统的性能应稳定可靠，测人-椅系统的频响为 0.1~100 Hz，加速度传感器的量程不得小于 10 g。

4. 试验装置

根据国际标准的要求，脉冲输入试验需采用两种形状的单凸块作为脉冲输入，即三角形和长坡形，并推荐采用木质材料，外包铁皮。

三角形凸块如图 9.5 所示，具体为：轿车、旅行客车及总质量小于或等于 4 t 的货车——$h = 60$ mm；H——按需要而定，但必须大于轮宽。

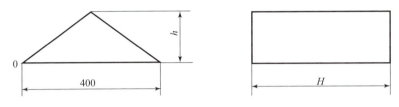

图 9.5 三角形凸块的结构及参数

9.4.4 试验方法和过程

一、随机输入行驶试验

（1）将加速度传感器安装在左侧前排和后排座椅上。安装在座椅上的加速度传感器应能测量三个方向的振动，以测量垂直振动（即 z 轴向的直线振动）、横向振动（即左右方向 y 轴向和前后方向 x 轴向的直线振动）的加速度时间历程。传感器应与人体紧密接触，并且在人体与座椅间放入一个安装传感器用的垫盘。

（2）试验时，汽车在稳速段内要稳定车速，然后以规定的车速匀速驶过试验路段。在进入试验路段时启动测试仪器以测量各测试部位的加速度时间历程，同时测量通过试验路段的时间以计算平均车速。

注意：样本记录长度不短于 3 min。

二、脉冲输入行驶试验

（1）将加速度传感器安装在下列位置：左侧前排、后排座椅上及这些座椅底部的地板上。安装在座椅上的传感器应与人体紧密接触，并在人体与座椅间放一个安装传感器用的垫盘，其结构型式按 GB/T 4970—2009 附录 B 的规定进行选择。

（2）将凸块放置在试验道路中间，并按汽车车轮距离调整好两个凸块间的距离。为保证汽车左右车轮同时驶过凸块，应将两凸块放在与汽车行驶方向垂直的一条线上。

（3）汽车以规定的车速匀速驶过凸块。在汽车通过凸块前 50 m 应稳定车速，并用测速装置测量车速。当汽车前轮接近凸块时开始记录，待汽车驶过凸块且冲击响应消失后，停止记录。

（4）试验时，用三角形凸块作为脉冲输入，根据需要可做长坡形凸块试验，每种车速的试验次数不得少于 8 次。

9.4.5 试验注意事项

(1) 试验道路应平直,纵坡不大于1%,路面干燥,不平度应均匀无突变,长度不小于3 km,两端应有30~50 m的稳速路段。

(2) 试验时,汽车在稳速段内要稳定车速,然后以规定的车速匀速驶过试验路段。在试验路段用数据采集系统采集各测量点的加速度时间历程,测量通过试验路段的时间以计算平均车速。

(3) 测试部位的乘员应全身放松,两手自由地放在大腿上,其中驾驶员的两手自然地置于转向盘上,在试验过程中应保持乘坐姿势不变。一般乘员不靠在靠背上。

(4) 测试仪器的性能应稳定可靠,测人-椅系统的频率响应为0.1~100 Hz,记录样本长度不短于3 min。

9.4.6 附录

$$q = \frac{100}{2}\left(1 - \cos 2\pi \frac{x}{5\,000}\right)(0 < x < 5\,000)$$

式中 q——汽车平顺变数值。

长坡形凸块的结构及参数如图9.6所示。其中 B 按需要而定,但必须大于轮宽。

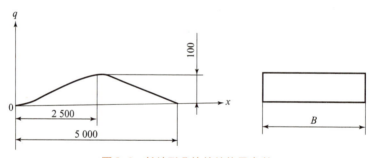

图9.6 长坡形凸块的结构及参数

x 与 q 的关系如表9.1所示。

表9.1 x 与 q 的关系　　　　　　　　　　　　　　　　　　　mm

x	500	1 000	1 500	2 000	2 500	3 000	3 500	4 000	4 500
q	9.55	34.55	65.45	90.45	100	90.45	85.45	34.55	9.55

汽车的噪声

汽车噪声对人体健康的影响是多方面的。汽车噪声不但加剧驾驶员和乘员的疲

拓展知识

劳程度，而且影响汽车的行驶安全。一方面，噪声作用于人的中枢神经系统，使人的大脑皮层的兴奋与抑制平衡失调，导致条件反射异常，使脑血管张力遭到损害。这些生理上的变化在早期能够恢复原状，但时间一久，就会导致病理上的变化，使人产生头痛、脑涨、耳鸣、失眠、记忆力衰退和全身疲乏无力等症状。如果孕妇长期乘坐噪声较大的车辆，则噪声会通过中枢神经系统影响胎儿发育。

另一方面，噪声对消化系统、心血管系统也有严重不良影响，会造成消化不良、食欲不振、恶心呕吐，从而导致胃病及胃溃疡病的发病率提高，使高血压、动脉硬化和冠心病的发病率比正常情况明显提高。噪声对视觉器官也会造成不良影响。

汽车给世界带来了现代物质文明，但同时也带来了环境噪声污染等社会问题。作为汽车乘坐舒适性的重要评价指标，汽车噪声也会在很大程度上反映出生产厂家的设计水平及工艺水平。因此，控制汽车噪声在最低水平也是汽车设计者追求的方向。

一、汽车噪声的形成和分类

我们先来说说行驶中汽车的噪声是怎么产生的。当汽车高速行驶的时候会产生各种动态汽车的噪声。

（1）发动机汽车噪声问题：车辆发动机是汽车噪声的一个来源，机械噪声的产生是随着发动机转速的不同而不同的（主要通过前翼子板、发动机舱盖、挡火墙、排气管产生汽车噪声并传递到车厢内）。

（2）路噪汽车噪声问题：路噪是车辆在高速行驶时候风切入形成的汽车噪声及行驶带动底盘振动产生的汽车噪声，还有路上沙石冲击车底盘产生的汽车噪声（主要通过四车门、行李舱、前翼子板、前轮弧产生汽车噪声并传递到车厢内）。

（3）胎噪汽车噪声问题：胎噪是车辆在高速行驶时，轮胎与路面摩擦所产生的，视路况和胎纹来决定胎噪大小，路况越差，胎噪越大。另外，沥青路面与混凝土路面所产生的胎躁有很大区别（主要通过四车门、行李舱、前翼子板、前轮弧产生汽车噪声并传递到车厢内）。

（4）风噪汽车噪声问题：风噪是指车辆在高速行驶的过程中迎面而来的风的压力通过车门的密封阻力进入车内而产生的，行驶速度越快，风噪声音越大（主要通过四车门密封间隙，包括整体薄钣金产生的汽车噪声传递到车厢内）。

（5）共鸣声和其他汽车噪声问题：车体本身就像是一个箱体，而声音本身就有折射和重叠的性质，当声音传入车内时，如没有吸声和隔声材料来吸收和阻隔，噪声就会不断折射和重叠，形成共鸣声（主要通过叠加、折射产生噪声进入车内）。

二、有效解决汽车噪声的办法

利用汽车隔声材料对汽车的钣金进行减振和密封处理，改善喇叭安装环境的缺陷，还原汽车音响的音压和音质效果，降低汽车钣金结构传递的噪声，提高驾驶舒适度。汽车隔声工程不但隔声，还能有效地将发动机工作产生的高温阻隔在外，提

拓展知识

高空调效应，令人倍感清凉。车身机盖、车门、行李舱、车顶、翼子板中非关键部位钣金铁皮都比较薄弱，在加装隔声材料后，车身更坚固，在发生碰撞时，被动安全系数得到提高。特别是安装在后部的低声炮会导致行李舱振动，音效降低，这是因为没有做过妥善的减振，汽车的结构无法承受超重低音的冲击，发出"吱吱"声音。在经过隔声施工后，隔声材料消除了车身金属的共振，同时又有良好的吸声作用，我们能感觉音响更加清晰、浑厚、澎湃。

模块小结

1. 汽车行驶平顺性的评价指标：汽车行驶平顺性的评价方法通常是根据人体对振动的生理反应，以及对保持货物完整性的需求制定的，并用振动的物理量，如频率、振幅、加速度等作为行驶平顺性的评价指标。目前常用汽车车身振动的固有频率和振动加速度评价汽车行驶的平顺性。

2. 人体对振动反应的三种感觉界限如下。

（1）暴露极限：承受的振动强度在这个极限之内时，人体将保持健康或安全。通常把此极限作为人体可以承受振动量的上限。

（2）疲劳－降低工作效率界限：这个界限与保持工作效率有关。当承受的振动在此界限内时，驾驶员能保持正常地驾驶。

（3）舒适降低界限：此界限与保持舒适有关，它影响人在车上进行吃、读、写等的动作。

这三个界限只是容许的振动加速度值不同。暴露极限的值为疲劳－降低工作效率界限的2倍，舒适降低界限为疲劳－降低工作效率界限的1/3.15。

3. 简化汽车振动系统和车身振动的单质量系统模型。

4. 汽车平顺性的影响因素：悬架结构（弹性元件、导向装置与减振装置）、轮胎、悬挂质量和非悬挂质量。

思考与练习

1. 评价汽车行驶平顺性的方法有哪些？
2. 人对振动的三种不同的感觉界限是如何划分的？
3. 在什么情况下易于采用变刚度悬架？为什么？

模块 10

汽车的通过性

🚗 学习目标

1. 掌握汽车通过性评价指标及几何参数；
2. 了解影响汽车通过性的主要因素。

✏️ 学习重点

汽车通过性评价指标及几何参数。

🚗 学习难点

汽车通过性的评价指标。

📓 模块概述

在一定车载质量下，汽车能以足够高的平均车速通过各种坏路及无路地带和克服各种障碍的能力，称为汽车的通过性。汽车通过性可分为轮廓通过性和牵引支承通过性。前者是表征车辆通过坎坷不平路段和障碍（如陡坡、侧坡、台阶、壕沟等）的能力；后者是指车辆能顺利通过松软土壤、沙漠、雪地、冰面、沼泽等地面的能力。本章主要介绍了汽车通过性的评价指标以及几何参数，通过对这些参数的分析找出影响汽车通过性的主要因素。

10.1 汽车通过性的评价指标及几何参数

汽车的通过性（亦称越野性）是指汽车在一定载质量下，能以足够高的平均车速通过各种坏路和无路地带（如松软的土壤、沙漠、雪地、沼泽等松软地面及坎坷不平地段）和克服各种障碍（如陡坡、侧坡、台阶、壕沟等）的能力。

汽车在松软地面上行驶时，受到的最大土壤推力（指驱动轮对地面施加向后的水平力，地面随之发生剪切变形，相应的剪切力所构成的力）常比在一般路面上受到的附着力要小得多，而汽车遇到的土壤阻力（指轮胎对土壤的压实作用、推移作用所产生的压实阻力、推土阻力和充气轮胎变形引起的弹滞损耗阻力）要比在硬路面上受到的滚动阻力大得多。因此，不能满足汽车行驶附着条件的要求是松软地面限制汽车行驶的主要原因。

汽车的通过性主要取决于地面的物理性质及汽车的结构参数和几何参数。同时，它还与汽车的其他性能有密切的关系，如是否具有良好的动力性以提供足够大的驱动力，从而克服行驶时较大的道路阻力。

10.1.1 汽车通过性的评价指标

汽车通过性的指标评价：牵引系数、牵引效率及燃油利用指数。

一、牵引系数 T_C

牵引系数是指单位车重的挂钩牵引力（净牵引力）。其表明汽车在松软地面上加速、爬坡及牵引其他车辆的能力。其表达式为：

$$T_C = F_d / G$$

式中 F_d——汽车的挂钩牵引力（kN）；
G——汽车重力（N）。

二、牵引效率（驱动效率）T_E

牵引效率是指驱动轮输出功率与输入功率之比。其反映了车轮功率传递过程中的能量损失。其表达式为：

$$T_E = \frac{F_d}{T_W} \frac{v_a}{\omega} = \frac{F_d r (1 - s_r)}{T_W}$$

式中 v_a——汽车的行驶速度（km/h）；
T_W——驱动轮输入转矩（N·m）；

ω —— 驱动轮角速度（rad/s）；
r —— 驱动轮动力半径（m）；
s_r —— 滑移率。

三、燃油利用指数 E_f

燃油利用指数是单位燃油消耗所输出的功。其表达式为：
$$E_f = F_d v_a / Q_t$$
式中　Q_t —— 单位时间内的燃油消耗量（L/h）。

10.1.2　汽车通过性的几何参数

由于汽车与地面的间隙不足而被地面托住、无法通过的情况称为间隙失效；由于车辆中部的零部件碰到地面而被顶住、无法通过的情况称为顶起失效；由于车辆前端或尾部触及地面而不能通过的情况则分别称为触头失效和托尾失效。

与间隙失效有关的汽车通过性几何参数主要有最小离地间隙 h、纵向通过角 ρ_1、接近角 γ_1 和离去角 γ_2、最小转弯直径 $d_{\min}$、转弯通道圆等。

一、最小离地间隙 h

最小离地间隙 h 是汽车在满载、静止时，支撑平面与汽车上的中间区域最低点之间的距离。它反映了汽车无碰撞地通过地面凸起的能力，如图 10.1 所示。

二、纵向通过角 ρ_1

纵向通过角 ρ_1 是汽车在满载、静止时，分别通过前、后车轮外缘作垂直于汽车纵向对称平面的切平面，两切平面交于车体下部较低部位时所夹的最小锐角。它表示汽车能够无碰撞地通过小丘、拱桥等障碍物的轮廓尺寸，如图 10.2 所示。

图 10.1　最小离地间隙 h

图 10.2　纵向通过角 ρ_1、接近角 γ_1 和离去角 γ_2

三、接近角 γ_1

接近角 γ_1 是汽车在满载、静止时,前端凸出点向前轮所引切线与地面间的夹角,如图 10.2 所示。γ_1 越大,越不容易发生触头失效。

四、离去角 γ_2

离去角 γ_2 是汽车在满载、静止时,后端凸出点向后轮所引切线与地面间的夹角,如图 10.2 所示。γ_2 越大,越不容易发生托尾失效。

五、最小转弯直径 d_{min}

最小转弯直径 d_{min} 为在转向盘转到极限位置、汽车以最低稳定车速转向行驶时,外侧转向轮的中心平面在支撑平面上滚过的轨迹圆直径,如图 10.3 所示。它表征了汽车能够通过狭窄弯曲地带或绕过不可越过的障碍物的能力。

六、转弯通道圆

在转向盘转到极限位置、汽车以最低稳定车速转向行驶时,车体上所有点在支撑平面上的投影均位于圆周以外的最大内圆称为转弯通道内圆;车体上所有点在支撑平面上的投影均位于圆周以内的最小外圆,称为转弯通道外圆,如图 10.4 所示。

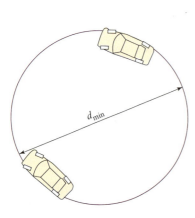

图 10.3　最小转弯直径 d_{min}

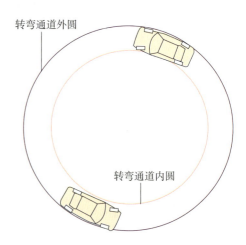

图 10.4　转弯通道圆

10.2　影响通过性的主要因素

1. 发动机的动力性

为保证汽车的通过性,必须提高汽车的动力性,增大汽车的最大动力因数。因此,具有良好通过性的越野汽车首先要有足够大的单位汽车重力发动机转矩 M_e/G，或较大的比功率 P_e/G。

2. 传动系统的传动比

当汽车的行驶速度降低时，土壤的剪切力和车轮滑转倾向减小。因此，汽车用低速行驶克服困难路段，可改善汽车的通过性。为此，越野汽车传动系统的最大总传动比一般较大。

3. 差速器

在汽车传动系统中安装差速器，可使左、右驱动轮以不同的角速度转动。其中机件间的摩擦作用对提高汽车的通过性是有益的。这种摩擦作用使差速器把较大的转矩传给不滑转的车轮。越野车上通常采用凸块或蜗杆等高摩擦差速器，总驱动力可增加 10%～15%，如采用强制锁止差速器，总驱动力可增加 20%～25%。

4. 汽车车轮

车轮对汽车通过性有着决定性的影响。为了提高汽车的通过性，必须正确选择轮胎的花纹、直径与宽度、气压、前轮距与后轮距，驱动轮数目等，使汽车行驶时的滚动阻力较小、附着力较大。

（1）轮胎花纹。

轮胎花纹对附着系数有很大影响。正确选择轮胎花纹对提高汽车在一定类型地面上的通过性有很大作用。越野汽车的轮胎具有宽而深的花纹，当汽车在湿路面上行驶时，由于只有花纹的凸起部分与地面接触，所以轮胎对地面有较高的单位压力，足以挤出水层；而在松软地面上行驶时，轮胎下陷，嵌入土壤的花纹凸起的数目增加，轮胎与地面的接触面积及土壤剪切面积都迅速增加，因而同样能保证有较好的附着性能。越野轮胎花纹的形状应具有脱掉自身泥泞的特点。

（2）轮胎直径与宽度。

增大轮胎直径和宽度能降低轮胎的接地比压。用增大车轮直径的方法来减小接地比压、增大接触面积以减小土壤阻力和减少滑转，这要比增大车轮宽度更为有效。但增大轮胎直径会使惯性增大、汽车质心升高、轮胎成本增加，并需要采用大传动比的传动系统。因此，大直径轮胎的推广使用受到了限制。

（3）轮胎的气压。

在松软地面上行驶时，应相应降低轮胎的气压，以增大轮胎与地面的接触面积，降低接地比压，从而减小轮胎在松软地面上的沉陷量及滚动阻力，提高土壤推力。当轮胎气压降低时，虽然土壤的压实阻力减小，但这使轮胎本身的迟滞损失增加。所以在一定的地面上有一个相应于最小地面阻力的轮胎气压。在低压条件下工作的超低压越野轮胎的帘布层数较少，具有薄而坚固又富有弹性的胎体，以减少由于轮胎变形引起的迟滞损失，并保证使用寿命。

（4）前轮距与后轮距。

当汽车在松软地面上行驶时，各车轮都需要克服形成轮的阻力（滚动阻力）。如果汽车前轮距与后轮距相等，并有相同的轮胎宽度，则前轮辙与后轮辙重合，后轮就可沿被前轮压实的轮辙行驶，使汽车总滚动阻力减小，提高汽车的通过性。所以，多数越野汽车的前轮距与后轮距相等。

（5）驱动轮数目。

增加驱动轮数目可增大汽车的相对附着质量，增大驱动轮与地面的接触面积，能充分利用其驱动力，因此，越野汽车均采用全轮驱动。

5. 液力传动

装有液力变矩器或液力耦合器的汽车可以提高在松软路面上的通过能力。这种汽车在起步时驱动轮的转矩增加缓慢，因而可以避免汽车起步时驱动轮转矩急剧增长而产生的对路面的冲击，避免因土壤层破坏和轮辙深度增加而导致车轮滑转。液力传动的汽车能维持长时间稳定的低速（0.5～1 km/h）行驶，从而避免了机械式有级变速的汽车在坏路面上行驶所产生的问题，即在换挡时动力中断或惯性力不足，不能克服较大的行驶阻力，导致停车；在重新起步时，又可能因破坏土壤而造成起步困难。

拓展知识

提高汽车通过性的做法

选择一款合适的轮胎，无论是轮胎的花纹、尺寸还是气压，都要在不同的路段进行合理的配置，从而在行驶的时候降低阻力，同时提高附着力，以适应不同路段。在坏路的时候要低速行驶，速度慢的时候，路面和轮胎打滑的概率会小一些，但也要注意"慢过水、紧过沙"，在不同的路况选择不同的速度。压着前轮的车辙走，行驶的时候，如果有前车走过，那么沿着前车的车辙走的话，会降低打滑的概率、降低阻力、提升通过性。定期检查汽车的发动机分电器、火花塞、蓄电池、曲轴箱通风口、机油尺等的密封状况，同时，提高空气滤清器的位置，保证不会在走水路的时候进水。把汽车的悬挂调的稍软一些，提升底盘高度，这样从汽车的角度来讲会好些。同时记清楚汽车的宽度和高度，这样在过较窄空间和地面有凸出物或者坑的时候，我们会信心十足地通过。

模块小结

1. 汽车通过性的几何参数是与防止间隙失效有关的汽车本身的几何参数。它们主要包括最小离地间隙、纵向通过角、接近角、离去角等。另外，汽车的最小转弯直径和转弯通道圆及车轮半径也是汽车通过性的重要轮廓参数。

2. 影响汽车通过性的主要因素见表10.1。

表10.1 影响汽车通过性的主要因素

发动机的动力性	提高发动机的动力性有利于增加汽车的通过性
传动系统的传动比	增大汽车传动系统最大总传动比有利于增强汽车的通过性
差速器	差速器的安装可以增大总驱动力

续表

汽车车轮	车轮对汽车通过性有着决定性的影响，为了提高汽车的通过性，必须正确选择轮胎的花纹尺寸、结构参数、气压等，使汽车行驶滚动阻力较小，附着能力较大
液力传动	液力变矩器或液力耦合器的安装能提高汽车发动机工作的稳定性，使汽车可以长时间稳定地以低速（0.5～1.5 km/h）行驶，从而可减小滚动阻力和提高附着力，改善汽车的通过性

思考与练习

1. 什么是汽车的通过性？
2. 为什么说车轮对汽车通过性有决定性影响？
3. 评价汽车通过性的指标有哪些？

参考文献

[1] 徐衡，曾虎. 汽车发动机原理 [M]. 南昌：江西高校出版社，2010.
[2] 洪水，郭玲. 汽车理论 [M]. 北京：北京交通大学出版社，2009.
[3] 闫大建. 汽车发动机原理与汽车理论 [M]. 北京：国防工业出版社，2008.
[4] 徐兆坤. 汽车发动机原理 [M]. 北京：清华大学出版社，2010.
[5] 于洪水. 发动机与汽车理论 [M]. 北京：北京大学出版社，2005.
[6] 张西振，李晗. 发动机原理与汽车理论 [M]. 北京：人民交通出版社，2013.
[7] 吴建华. 汽车发动机原理 [M]. 北京：机械工业出版社，2005.
[8] 余志生. 汽车理论 [M]，第3版. 北京：机械工业出版社，2002.
[9] 郭彬. 汽车发动机原理与汽车理论 [M]. 北京：北京大学出版社，2009.
[10] 赵福堂. 汽车发动机原理构造及电控 [M]. 北京：北京理工大学出版社，2010.